TOUT SUR LES ANGES

Découvrez les anges gardiens, les messagers et les compagnons surnaturels qui vous entourent

M. J. Abadie

Traduit de l'anglais
par Normande Poirier

AdA Inc.

Titre original anglais : The Everything Angels Book

Éditeur : François Doucet
Traduction : Normande Poirier
Révision linguistique : Féminin Pluriel
Correction d'épreuves : Suzanne Turcotte, Isabelle Veillette, Marie-Lise Poirier
Montage de la couverture : Matthieu Fortin
Design de la couverture et illustrations : Barry Littmann
Mise en page : Sylvie Valois
ISBN : 978-2-89565-549-7
Première impression : 2008
Dépôt légal : 2008
Bibliothèque et Archives nationales du Québec
Bibliothèque Nationale du Canada

Éditions AdA Inc.
1385, boul. Lionel-Boulet
Varennes, Québec, Canada, J3X 1P7
Téléphone : 450-929-0296
Télécopieur : 450-929-0220
www.ada-inc.com
info@ada-inc.com

Diffusion

Canada :	Éditions AdA Inc.
France :	D.G. Diffusion
	Z.I. des Bogues
	31750 Escalquens — France
	Téléphone : 05.61.00.09.99
Suisse :	Transat - 23.42.77.40
Belgique :	D.G. Diffusion - 05.61.00.09.99

Imprimé au Canada

Participation de la SODEC.
Nous reconnaissons l'aide financière du gouvernement du Canada par l'entremise du Programme d'aide au développement de l'industrie de l'édition (PADIÉ) pour nos activités d'édition.
Gouvernement du Québec - Programme de crédit d'impôt pour l'édition de livres - Gestion SODEC.

Catalogage avant publication de Bibliothèque et Archives nationales du Québec et Bibliothèque et Archives Canada

Abadie, M. J. (Marie-Jeanne)

Tout sur les anges : découvrez les anges gardiens, les messagers et les compagnons surnaturels qui vous entourent
Traduction de: The everything angels book.
ISBN 978-2-89565-549-7
1. Anges. I. Titre.

BL477.A2214 2008 202'.15 C2008-940980-9

Table des Matières

Chapitre cinq ✧ Les anges dans les cultures non chrétiennes ✧ 51

DEUXIÈME PARTIE

LE MONDE DES ESPRITS INVISIBLES ✧ 69

Chapitre six ✧ Qu'est-ce qu'un ange ? ✧ 71

Chapitre sept ✧ La description et le nom des anges ✧ 79

Chapitre huit ✧ Les formes que prennent les anges ✧ 95

Chapitre neuf ✧ Les anges déchus ✧ 109

Troisième partie

LA CONNAISSANCE DES ANGES ✧ 129

Chapitre dix ✧ La hiérarchie des anges ✧ 131

Chapitre onze ✧ Les fonctions des anges ✧ 141

Chapitre douze ✧ Le chœur céleste : la musique des anges ✧ 157

Chapitre treize ✧ Les anges dans l'art et la littérature ✧ 167

Quatrième partie

LES ANGES ET LEURS INTERACTIONS AVEC LES HUMAINS ✧ 179

Chapitre quatorze ✧ Les anges existent-ils ? ✧ 181

Chapitre quinze ✧ Des histoires d'anges : les témoignages ✧ 195

Chapitre seize ✧ Comment reconnaître la présence d'un ange ? ✧ 225

Chapitre dix-sept ✧ La communication avec les anges ✧ 243

Je dédie affectueusement ce livre
à mon ange personnel

Mary Orser

en reconnaissance de son aide et de son soutien inestimables.

Permissions

J'exprime toute ma reconnaissance pour la permission obtenue de publier les extraits suivants :

« L'échapper belle », de LouAnn Thomas, tiré de *Angels on Earth* (sept.-oct. 1999). Copyright © 1999 Guideposts, Carmel, New York 10512.

« Les anges existent-ils ? », de Mary Orser, tiré d'un livre à venir dont le titre est *What Is Reality ?* (Qu'est-ce que la réalité ?) Reproduit avec la permission de Mary Orser.

« L'ange du motel » et « L'ange de la route », de M. J. Abadie, tirés d'un livre à venir dont le titre est *Everyday Angels* (Des anges ordinaires). Reproduits avec la permission de M. J. Abadie.

« Le jour où nous avons vu les anges », tiré de *A Life After Death* (Une vie après la mort) de S. Ralph Harlow. Copyright ©1961 Doubleday, une division de Bantam Doubleday Dell Publishing Group, Inc. Utilisé avec la permission de Doubleday, une division de Random House, Inc.

INTRODUCTION

Nous ne sommes pas seuls

Présences angéliques

Nous ne vivons pas seulement en compagnie des hommes ; des invités célestes, des spectateurs bénis de Dieu, des observateurs pleins de sympathie, qui sont les témoins de nos pensées, de nos sentiments et de nos actions, et qui les apprécient, nous côtoient également.

— Henry Ward Beecher, *Royal Truths* (Des vérités supérieures)

SELON MOI, LA QUESTION DES ANGES est très privée. Il est rare qu'un ange se manifeste à des groupes de personnes, quoiqu'il existe des histoires qui font le récit de telles rencontres. La plupart du temps, chacun fait individuellement l'expérience de ces êtres célestes.

C'est pourquoi je commencerai cet exposé sur les anges en affirmant que j'ai fait personnellement l'expérience directe d'anges, à l'instar de très nombreuses personnes, comme l'attestent les innombrables histoires d'anges publiées. Sans doute existe-t-il aussi un nombre tout aussi considérable d'histoires non publiées dont le souvenir demeure dans l'intimité des mémoires.

La question de l'existence des anges a été amplement débattue, non seulement par les groupes opposés d'allégeance religieuse ou scientifique, mais aussi par les Églises de diverses appartenances, pour la plupart chrétiennes, qui, dans l'ensemble, ont peu de points de convergence sur la question des anges. Ce livre n'a pas pour objet de convaincre quiconque d'un système particulier de croyances en ce qui regarde les anges. Mon ambition est de fournir de l'information

qui pourra guider tous ceux qui, pour une raison ou une autre, sont intéressés par cette question.

Enfant, j'entretenais régulièrement des conversations avec les anges et je ne considérais l'expérience ni étrange ni bouleversante. Les anges étaient mes amis. En examinant le fait selon une perspective psychologique, car je suis psychothérapeute, il est tentant de conclure que — étant une orpheline qui a grandi dans une institution catholique — ces conversations avec des êtres célestes étaient, tout au plus, le produit de mon imagination, et que parler avec les anges n'était qu'une projection enfantine, le résultat d'une immersion dans une ambiance pétrie de religiosité.

Et pourtant non. Les religieuses décourageaient vivement ce genre d'activité spirituelle indépendante ; c'est pourquoi je gardais le plus grand secret en ce qui concernait mes contacts avec les anges. Selon mon frère beaucoup plus âgé que moi, à qui il m'est arrivé de mentionner que je parlais aux anges, j'étais « extrêmement réticente » à dévoiler ce que les anges me disaient.

En côtoyant des gens qui ont rencontré des anges, je me suis aperçue que mon désir de garder le secret est chose courante. Ceux qui ont « vu » des anges, ou qui ont « parlé » avec des anges, sont presque toujours hésitants à révéler les détails de leur expérience. Nombre de personnes ont l'impression qu'on ne les croirait pas, ou pire encore, qu'on les ridiculiserait. D'autres pensent simplement que l'expérience comporte un aspect si solennel qu'elles préfèrent ne pas en parler. Néanmoins, il semble que tous ceux qui ont fait l'expérience d'une présence angélique souhaitent conserver pour eux et savourer ce précieux souvenir sans risquer de le voir terni par l'incrédulité des autres. Ils *savent* qu'ils ont — peut-être pendant un bref instant — vu le voile se soulever et laisser apparaître une autre réalité, extrêmement riche.

Aujourd'hui, malheureusement, je n'ai pas de souvenirs précis de mes premières conversations avec les anges. Néanmoins, les anges m'ont accompagnée, sous une forme ou une autre, pendant la majeure partie de ma vie. Enfant, les enseignements religieux que je recevais ne mentionnaient que rarement la question des anges. Tout au plus me dit-on que j'avais, comme tout le monde, un ange gardien qui m'avait été assigné à la naissance pour veiller sur moi.

Lorsqu'il écrivit *Les anges, agents secrets de Dieu* en 1975, Billy Graham dit qu'il n'a presque pas trouvé d'écrits contemporains publiés sur le sujet des anges. Aujourd'hui, la popularité du thème des anges est croissante. Non seulement des douzaines de livres traitant des anges sortent des presses régulièrement, mais encore des histoires à leur sujet, inventées ou véridiques, font l'objet d'émissions de télévision populaires diffusées en soirée et joignant de vastes auditoires, comme la très populaire série *Les anges du bonheur.* À l'occasion, Hollywood donna aussi la vedette aux anges. Dans l'un des films les plus populaires sur ce thème, *La vie est belle*, un ange plutôt idiot appelé Clarence tente de convaincre affectueusement un homme suicidaire, rôle joué par James Stewart, que sa vie vaut la peine d'être vécue et qu'il doit rester fidèle à ses principes. James Stewart affirma tout au long de sa vie que ce rôle était son préféré. Un autre film, *Jusqu'au bout du rêve*, qui n'évoque pourtant que très subtilement les esprits angéliques, eut un tel impact sur le public que le terrain de base-ball en Iowa, où le film fut tourné, attire chaque année des milliers de touristes.

En pensant à tout cela, je ne peux que supposer que, pour une quelconque raison, les anges ont décidé que le temps était venu de se manifester et de se révéler. Mon impression est qu'ils agissent ainsi pour répondre aux nombreuses prières venues du cœur que font des gens de toutes croyances et de toutes catégories sociales.

Une autre raison expliquant, selon moi, cet extraordinaire regain d'intérêt pour les anges — et aussi, apparemment, le nombre croissant de leurs apparitions et de leurs interactions avec la vie des humains — pourrait bien être le rôle de contrepoids qu'ils jouent en ce siècle hautement mécanique et trop souvent sans âme qui est le nôtre, résultat d'une technologie électronique en plein essor.

Ne serait-ce pas que les anges sont maintenant plus actifs dans notre vie pour la simple raison que nous avons *besoin* d'eux? Nous sommes-nous si éloignés de notre être intérieur et de nos besoins spirituels profonds que nous avons maintenant besoin, plus qu'auparavant, de leur intervention et de leurs conseils?

Je ne prétends pas connaître la réponse à ces questions; cependant, je crois qu'elles valent la peine d'être posées si nous nous proposons d'explorer le thème des anges dans notre vie. Mon expérience me permet d'attester que les anges se manifestent sous différents aspects; ils sont guides, professeurs autant que sauveteurs, et ils accomplissent pour les humains de nombreuses fonctions bénéfiques. De plus, comme l'illustrent les histoires véridiques qui sont racontées dans ce livre, le contact individuel avec un ange peut aussi prendre des formes variées.

Les anges peuvent apparaître comme des personnages ou comme des événements; ils peuvent entrer en contact avec nous durant notre sommeil, pendant que nous rêvons, ou ils peuvent prendre l'apparence de quelqu'un que nous rencontrons, bien réveillés, dans notre vie de tous les jours. Ces manifestations relèvent d'un mystère très profond et très fascinant. Faire l'expérience d'une présence angélique, sous quelque forme que ce soit, est comme toucher du doigt le bord du plan divin.

De nombreuses traditions enseignent qu'en plus de notre ange gardien, d'autres guides angéliques nous accompagnent de la naissance à la mort. D'après moi, ces guides angéliques et ces enseignants vont et viennent à nos côtés; ils se relaient selon nos besoins et notre degré de progrès spirituel.

Toute discussion à propos de l'Esprit, ou à propos de ce qui est d'ordre spirituel, est complexe. Qu'est-ce que l'Esprit, au juste? Et où se trouve-t-il? Est-il à l'« extérieur » de nous, un Dieu immense dans le ciel? Ou bien est-il à l'« intérieur », se trouvant quelque part en nous? Notre spiritualité s'exprime-t-elle uniquement dans un endroit réservé pour le culte, ou peut-elle s'exprimer simplement partout lorsque nous prions? L'exercice de la spiritualité requiert-il une connaissance quelconque, ou une pratique prescrite? La spiritualité est-elle à la portée de tous, ou s'agit-il d'une dimension difficile à atteindre?

La vérité toute simple est que nous sommes *tous* des êtres spirituels. Le problème est que, trop souvent, nous n'avons pas pleinement conscience de la dimension sacrée qui est la nôtre ni de celle du monde qui nous entoure.

Malheureusement, nombre d'entre nous sont coupés de cette source vivifiante de spiritualité. Nous sommes paralysés et entravés par l'idée qu'il faut chercher une chose qui existerait quelque part à un moment donné ou dans un endroit donné, ou qu'il faut nous rendre dans un lieu de culte particulier pour l'obtenir. Aujourd'hui, de nombreuses personnes cherchent la source intérieure de leur spiritualité à leur façon. D'après moi, la montée de cette recherche de spiritualité personnalisée n'est pas étrangère à l'extension du phénomène des rencontres angéliques et de l'intérêt qu'il suscite. De plus en plus de gens découvrent que c'est la *qualité* de la rencontre qui lui donne son sens.

Inévitablement, une question se pose : que sont les anges? Personne ne peut le dire avec certitude, mais je crois que ce sont des formes incarnées d'intelligence céleste; d'autres diront que ce sont des êtres de pure lumière dont la fréquence vibratoire très élevée les rend ordinairement invisibles. Toutefois, à la différence des êtres humains, ils peuvent changer leur fréquence vibratoire à volonté et prendre différentes formes. Lorsqu'ils abaissent leur fréquence vibratoire au niveau approximatif de celle des êtres humains, ils sont visibles à nos yeux, ou leur présence se manifeste de quelque autre façon. Nous prenons conscience de leur présence par des pensées, des idées ou des expériences, et plus particulièrement au cours de rêves ou d'états modifiés de conscience comme ceux que nous atteignons par la méditation.

Par conséquent, il nous faut maintenant explorer en détail la nature de nos relations avec les anges, car toute rencontre avec un ange, même la plus simple, comporte une signification immense, non seulement pour la personne, mais aussi pour toute la planète. Les plus éminents physiciens déclarent que le cosmos que nous habitons est vivant ; or, dans un cosmos vivant, toute communication est un acte sacré. Chaque rencontre que nous faisons, si aléatoire soit-elle, même avec ce qui nous apparaît de l'ordre du non-vivant (ou inorganique), porte en elle la possibilité d'une communion avec la présence divine, laquelle est partout et en toute chose. C'est grâce à l'observation et par la manière dont nous entrons en relation avec toute chose que nous apprenons à discerner la présence de l'âme. C'est pourquoi, d'une certaine façon, nous communiquons intimement avec les anges en tout temps, que nous en soyons conscients ou pas.

Ainsi, le soir du premier jour que je passai à écrire ce livre, après une longue et épuisante journée de travail, je quittai mon bureau — j'avais la tête qui tournait en pensant à des histoires d'anges et au long travail qui m'attendait — et je m'assis à une petite table, éclairée par une lampe à abat-jour rose, pour trier mon courrier. Tout à coup, la plus belle phalène que je n'avais jamais vue (certaines de ces créatures, lorsqu'on les regarde de près, ressemblent à de véritables œuvres d'art) se mit à voler dans ma direction et atterrit sur l'abat-jour. La soirée était fraîche, et toutes les portes et les fenêtres étaient closes, comme d'ailleurs elles l'avaient été tout le jour. Comment ce petit camarade volant était-il entré ? Je regardai mon splendide visiteur ailé s'installer calmement dans la plus grande immobilité, à quelques centimètres seulement de mon visage, l'éclat rosé de la lampe lui servant de toile de fond ; je pris conscience que c'était un ange qui me rendait visite à domicile, comme pour approuver le travail que j'avais accompli ce jour-là et pour me soutenir dans mon entreprise. Ce n'était pas un simple insecte, loin de là : c'était une manifestation divine. Un peu à la manière d'un coup de brosse qui efface la craie du tableau noir, ma fatigue disparut, et je fus remplie de joie et d'énergie à l'idée du travail qui s'amorçait.

Les anges, qui apparaissent surtout lors de circonstances exceptionnelles — comme lorsqu'ils interviennent pour sauver des vies —, animent les choses familières de vie intérieure et de lumière. Il importe peu que les anges soient « réels », c'est-à-dire des entités à part, séparées de nous-mêmes, ou qu'ils soient des puissances abstraites ou des énergies dont nous ne comprendrons jamais le fonctionnement. L'important est qu'ils nous parlent de différentes manières, et sur différents plans. Ils peuvent exister simultanément sous des formes variées, exprimant ainsi l'étendue de leur extraordinaire diversité, ainsi que la nôtre. De la même façon qu'il n'y a pas deux êtres humains identiques, il ne peut y avoir, non plus, deux anges identiques. Comme le physicien David Bohm nous le dit, c'est la façon dont nous entrons en relation avec nos expériences qui nous permet de voir ce que nous voyons, et même de participer à l'élaboration de ces visions.

C'est pourquoi il est nécessaire que les êtres humains collaborent aux projets des anges. Il nous faut prendre conscience, comme nous l'enseignent les paroles de Jésus rapportées dans l'un des évangiles gnostiques (découvert en 1945 dans un village de Haute-Égypte appelé Nag Hammadi), que « le Royaume du Père est répandu sur la terre et les hommes ne le voient point ».

En vérité, Dieu est partout, et les anges en sont, pour nous, les représentants immédiats. Il n'y a qu'à regarder et à écouter, à porter attention aux petits détails, à développer notre *conscience*, car il y a toujours un ange près de nous, n'attendant qu'à être reconnu.

Par cette communication avec les anges nous est offerte la possibilité unique d'apercevoir le paradis, à chaque instant, et de sentir la part d'éternité qui existe en chacun de nous. Il s'agit d'apprendre de nouvelles façons d'être attentifs, et d'ouvrir les yeux et le cœur au potentiel spirituel qui habite la partie la plus profonde et la plus sacrée de notre être. Quand nous rencontrons des anges, nous écartons le voile qui nous empêche de prendre conscience de notre propre divinité, et nous avons le privilège d'entrevoir, pendant un bref instant, la séparation illusoire qui existe entre le ciel et la terre.

La tradition soufie nous apprend qu'il existe un sens caché à toute chose, que tout a une signification intérieure autant qu'extérieure, et qu'à toute forme extérieure correspond une réalité intérieure qui en est l'essence éternelle cachée.

Traitez tous les aspects de votre vie, les bons et les mauvais, avec compassion, gentillesse, patience et respect, et vous découvrirez la dimension sacrée de votre vie quotidienne, avec toutes ses occupations terre-à-terre. Vous serez surpris des changements positifs qui peuvent se produire si vous vous ouvrez au caractère sacré de la vie de tous les jours et découvrez que l'Esprit vivant est partout, illimité. C'est ainsi que vous vous retrouverez en compagnie des anges.

Première partie

Les anges dans l'histoire

CHAPITRE UN

Les anges de l'Antiquité

Les nombreux livres qui traitent des anges, publiés aujourd'hui, sont le signe d'un renouveau d'intérêt pour la question qui va croissant. Les anges ont une longue tradition. Toutefois, nous ignorons s'ils sont apparus aux hommes préhistoriques ; cela est possible, car ils ont coutume d'apparaître aux gens qui vivent en communion avec la nature et ont recours davantage à leur intuition qu'à leur pensée rationnelle. Néanmoins, partout au monde, dans de nombreuses cultures, depuis que l'histoire a commencé à être consignée, nous trouvons des images d'anges. Ce fait nous porte à penser que la notion d'« ange » est inscrite dans la psyché humaine.

De la cité d'Ur, dans la vallée de l'Euphrate, et datant de l'époque entre 4000 et 2500 av. J.-C., nous vient une stèle montrant un personnage ailé, descendu de l'un des sept cieux, versant l'eau de vie d'une jarre débordante. Certains érudits affirment qu'il s'agit là de la plus ancienne représentation d'ange connue ; cependant, il existe d'autres précurseurs. En Mésopotamie, on a trouvé des créatures ailées géantes, en partie humaines, en partie animales, connues sous le nom de « griffons ». Et en Égypte, les peintures et les bas-reliefs nous montrent Néphtys, la sœur jumelle de la déesse Isis, enveloppant les morts de ses ailes magnifiques.

Partout en Asie Mineure, dans différentes cultures du monde antique civilisé, et à l'ouest, en Grèce et en Italie, on trouve des représentations d'anges. Iris, l'« arc-en-ciel » de Zeus, et Hermès, le messager des dieux et le guide des âmes, ont des ailes et remplissent des fonctions angéliques, portant des messages aux humains et leur prodiguant du soutien. La fameuse sculpture grecque *La victoire ailée* est le précurseur des représentations d'anges ailés de la Renaissance italienne, dont la forme nous est aujourd'hui familière.

Les anges sont ordonnés en une hiérarchie ayant Dieu, ou le ciel, à sa tête. Les chérubins occupent un rang de cette hiérarchie ; le mot « chérubin » vient du mot assyrien « *karibu* » signifiant « celui qui prie » ou « celui qui communique ». La forme islamique du mot est

Un messager des dieux

« Le personnage mystérieux d'Hermès, le dieu grec, guide des âmes et messager des dieux, constitue le parfait paradigme du guide et du professeur [de nature angélique] que nous rencontrons dans l'"autre monde" au cours du voyage que nous effectuons au merveilleux royaume de notre être.

Hermès, que les Romains appellent Mercure, apparaît d'abord dans les épopées grecques d'Homère, *L'Iliade* et *L'Odyssée*. Sa puissance est considérable ; il relie les mondes de l'être et du non-être, du réel et de l'irréel, du conscient et de l'inconscient. »

— M. J. Abadie,
Your Psychic Potential
(Votre potentiel psychique)

« *el-karrubiyan* », signifiant « près d'Allah ». Les chérubins louent Dieu sans relâche, nuit et jour.

Dans l'art assyrien, les personnages de chérubins sont appelés « griffons » ; on les représente avec des ailes et un visage d'homme ou de lion, et un corps d'aigle, de taureau ou de sphinx. Hautement symboliques, ces griffons incarnent les quatre signes zodiacaux marquant les solstices et les équinoxes de l'astronomie primitive mésopotamienne : le Taureau (Taurus, ou l'équinoxe du printemps, et l'est) ; le Lion (Leo, ou le solstice d'été, et le sud) ; l'Aigle (Scorpio, ou l'équinoxe d'automne, et l'ouest) ; et l'Eau (Aquarius, ou le solstice d'hiver, et le nord).

Souvent, ces personnages transportent de petites gourdes d'eau symbolisant l'élixir de vie éternelle. Ils jouent le rôle de gardiens, tout comme les anges qui gardent les portes du jardin d'Éden avec des épées de flammes, après qu'Adam et Ève en ont été chassés, pour les empêcher de revenir manger du fruit de l'Arbre de vie éternelle. Cependant, des anges d'une époque encore plus ancienne n'interdisaient pas aux humains de s'approcher de cet arbre, au contraire, ils en favorisaient le culte. Un sceau cylindrique datant d'environ 700 ou 600 av. J.-C., conservé à la Morgan Library de New York, nous montre deux personnages ailés, ou génies, versant l'élixir de leur gourde au pied de l'Arbre de vie éternelle pour l'engraisser.

« *Aggelos* » est un mot de grec ancien qui signifie « messager ». Sous cet aspect, on peut rapprocher la fonction des anges de celle de Mercure, ou d'Hermès, dont l'une des filles est appelée « ange » par Pindare. Une fille de Zeus, Iris, la déesse de l'arc-en-ciel, est aussi décrite comme un ange par le poète Hésiode. On peut donc penser que les anges sont des porteurs spéciaux de messages venant des dieux. Les écrits traitant des anges, provenant de nombreuses cultures, y compris celles antérieures aux écrits bibliques, sont imprégnés de cette idée.

S'appuyant sur des données archéologiques et sur d'autres informations datant de la préhistoire, on peut affirmer, sans se tromper, que les anges existaient avant l'entrée en scène du christianisme ; et même que les anges remontent plus loin que le judaïsme primitif. Outre les personnages de la Grèce antique, Hermès, portant des ailes aux talons, et Iris, nous avons des personnages d'anges, aussi appelés « griffons », dans de nombreuses cultures antiques. Une tombe étrusque datant d'environ 100 av. J.-C. présente deux énormes personnages de pierre, les épaules ornées de magnifiques ailes. Néanmoins, ces exemples remarquables sont récents en comparaison des personnages qui nous viennent de l'Égypte ancienne, de la Mésopotamie et des civilisations hittite et perse.

Par exemple, en Égypte, Néphtys, considérée au même titre qu'Isis et Osiris comme l'une des déesses à l'origine du monde, apparaît souvent comme un personnage ailé. Elle est ainsi représentée sur la porte droite du troisième vestibule du tombeau de Toutankhamon, lequel date des environs du quatorzième siècle av. J.-C. Elle apparaît haute et fière, de profil, à la manière égyptienne, et déployant ses bras minces, auxquels sont attachées de grandes ailes finement sculptées (contrairement à la coutume qui est de représenter les ailes fixées aux épaules), en un vaste mouvement vers l'avant, comme pour englober le pharaon décédé et le protéger de tout mal (exposée au musée du Caire). Il est intéressant de remarquer que cette représentation angélique était placée à l'intérieur du tombeau et qu'elle n'était pas visible lorsque les portes étaient fermées, ce qui devait certainement être le cas à l'époque où le jeune Tout y était enseveli.

D'autres cultures primitives présentent des lions et des taureaux ailés, à tête humaine, qui ont pour but de chasser le mal, et qui occupent l'espace entre le royaume de la myriade de dieux caractérisant l'époque et leurs adorateurs humains. Parfois, les griffons sont totalement humains, comme dans le cas des deux génies ailés qui déversent l'élixir fertilisant au pied de l'Arbre de vie, représentés sur le sceau assyrien, datant d'environ 700 ou 600 av. J.-C, mentionné précédemment.

Les Égyptiens de l'Antiquité croient que toute personne venant au monde possède un double sur le plan surnaturel, appelé « *ka* » ; ce double naît au même moment que la personne et continue d'exister, même après la mort de celle-ci. En un sens, le *ka* correspond à ce que nous appelons aujourd'hui « l'ange gardien », mais il représente aussi l'âme, ou la part de l'être humain qui peut se séparer du corps et voyager seule. Pour désigner ce que nous appelons aujourd'hui « des expériences de sortie hors du corps », les anciens Égyptiens disaient simplement que leur *ka* était ailleurs, détaché de leur corps, et ne et ne voyaient rien d'anormal à ce sujet.

Un monde complet

Selon le spécialiste de l'Antiquité, Walter F. Otto, « l'univers d'Hermès, ou de Mercure, est complet... le monde qu'Hermès crée, et sur lequel il règne, est un monde au sens complet du terme, un monde total, et non quelque fragment du tout ».

Akhenaton

Une théorie traitant de l'évolution des anges de l'Antiquité remonte au règne du pharaon Amenhotep IV, plus connu sous le nom d'Akhenaton, et dont l'épouse était la belle Néfertiti. Malgré qu'il

Les anges dans les différentes cultures

« Les esprits ailés — les anges — font partie du mystère de chaque civilisation... Les Vikings les appellent « *valkyries* » [on remarque que le terme se rapproche du terme anglais « *faeries* »]. Les Grecs les appellent « *horae* ». En Perse, il y avait les « *fereshta* », que l'on confondait parfois avec les « *peri* » ou les « *horis* », ces êtres célestes de nature féminine, mais dépourvus d'organes génitaux (eh oui !) chargés de combler de délices sensuels les habitants du paradis, à ne pas confondre non plus avec les « *apsaras* » hindoues, ces belles fées du ciel chargées de combler les dieux de délices sensuels et érotiques. Plus tard, on insista sur le fait que les anges ne connaissent pas le désir charnel ; cet enseignement émanait des chrétiens... Cependant, dans les mythes indo-européens précoces, les anges pouvaient avoir des enfants ; ces derniers poussaient dans leur giron comme des choux et avaient cinq ans à la naissance. »

— Sophy Burnham, *Le livre des anges*

grandit avec le panthéon de tous les dieux et déesses, Akhenaton décida qu'il ne devait y avoir qu'une seule divinité à laquelle toutes les autres devaient se soumettre. Pour ce rôle, il choisit Ra, ou le soleil. Comme Akhenaton était le souverain suprême, le peuple n'eut d'autre possibilité que de s'incliner devant ce changement très peu orthodoxe de ses pratiques et de ses croyances religieuses, plusieurs fois centenaires, que le roi avait établi. Durant toute la vie et le règne d'Akhenaton, les Égyptiens n'auront adoré d'autres dieux que Ra.

Toutefois, malgré qu'il eût fait disparaître les divers noms des dieux et déesses des monuments, Akhenaton, qui n'était pas idiot, savait bien qu'il ne pouvait simplement pas, d'un seul coup, effacer des mémoires des siècles d'adoration. C'est pourquoi, pour apaiser ses sujets inquiets, il permit que les anciens dieux et déesses demeurassent présents dans le panthéon, mais il réduisit leur importance ; selon un chroniqueur de l'époque, ceux-ci « attendent comme des officiers ayant perdu leur grade et accomplissent des petits travaux pour le dieu en chef... des anges en devenir ».

Comme il était extrêmement difficile d'éradiquer une tradition ancestrale, les efforts d'Akhenaton pour instaurer ce monothéisme avant l'heure échouèrent, et leurs effets disparurent avec lui et son élégante épouse.

Zoroastre

Au sixième siècle av. J.-C., les dieux de la Perse antique connaissent un destin analogue à celui des dieux égyptiens quand le prophète Zoroastre proclame que, désormais, il n'y a plus qu'un seul et unique dieu, dont le nom est Ahura Mazda (les spécialistes ne s'entendent pas sur la date exacte de l'événement ; selon le professeur Eduard Meyer, Zoroastre aurait vécu aux environs de 1000 av. J.-C.).

Pas plus qu'Akhenaton, Zoroastre, malgré tout le pouvoir qu'il exerce sur la masse, ne parvient à éradiquer tout le panthéon des divinités que le peuple a honorées pendant des siècles : un panthéon qui comprend des hommes-taureaux ailés, un dieu nommé Nebo, une déesse lune et d'autres personnages appelés « *sukalli* », ou messagers anges, qui sont les enfants des divinités. C'est pourquoi il a l'idée ingénieuse de leur donner des rôles dans sa nouvelle religion. Il déclare donc que les anciens dieux sont des « immortels bénéfiques », ou de bons esprits, ou encore des démons. Sous l'une ou l'autre désignation, ils demeurent en place : un autre contingent d'anges en devenir.

Comme Bouddha le fera un demi-millénaire plus tard, Zoroastre tente d'établir une forme de monothéisme fondé sur des principes éthiques mettant l'accent sur la bonté (bonnes pensées, paroles, actions) et devant l'emporter sur le mal. Il formule l'idée, qui est alors nouvelle, que le monde est polarisé dans un combat perpétuel entre les forces du bien et les forces du mal, et que les humains doivent choisir entre les deux.

Ainsi, dans le zoroastrisme, le bien est sous la tutelle du dieu souverain Ahura Mazda (ou grand sage), qui représente la pure et suprême lumière. Ahura Mazda est assisté dans sa tâche par des archanges ou des esprits saints, chacun représentant un des sept principes moraux fondamentaux proposés par Zoroastre. Son ennemi est Angra Mainyu (une forme primitive de Satan) ; ce dernier est à l'origine du mal : c'est le principe sombre, ou l'esprit du mal. Ce dieu du mal est entouré de démons.

Une autorité en la matière a traduit les sept principes moraux de Zoroastre par la Bonne expérience (la Sagesse), la Vérité (la Voie), la Piété, le Salut, l'Immortalité (l'Extase dans la beauté), l'Obéissance et la Bonne fortune méritée. À chacun de ces immortels bénéfiques est assignée une chose qu'il protège. Ainsi, la Sagesse protège la Terre, la Voie protège le Feu, l'Extase dans la beauté protège la Végétation, et ainsi de suite.

Un autre ange de ce système zoroastrien est Ashi, le bon Ange des bénédictions. Ashi est la forme féminine de Asha, lequel règne sur la Vérité, la Justice, la Vertu, la Sainteté, les Lois cosmiques et l'Ordre. Ahura Mazda, en tant que chef des dieux, répand ses bénédictions sur ceux qui honorent Asha, ou la Vérité et les Lois divines (comme définies par Zoroastre).

À son tour, Armaiti, l'Ange de la dévotion, ou de l'amour de Dieu, protège Ashi et ses trois frères : Sraosha, l'Ange de l'intuition divine ; Rashnu, l'Ange de la justice, qui — à l'instar de la déesse Maat du panthéon égyptien, laquelle déposait la « plume de vérité » dans le plateau de la balance opposé à celui contenant l'âme d'un défunt, afin de décider si ce dernier pouvait entrer dans le monde souterrain d'Osiris — prend la mesure des bonnes et des mauvaises actions de l'âme lorsqu'elle atteint les portes souterraines de la mort ; et Meher, l'Ange de la lumière et de la miséricorde, qui réconforte l'âme au cours de son voyage dans les enfers (ce dernier n'a pas un rôle très différent du dieu grec Hermès, dont la fonction est de guider l'âme). Il est évident que les formulations de ces religions primitives s'entremêlent de diverses façons.

Le prophète Zoroastre

Zoroastre, ou Zarathoustra (le nom signifie « celui qui possède de nombreux chameaux »), a vécu entre 1000 et 600 av. J.-C. Né en Médie, enseignant en Bactriane, Zoroastre est un prophète qui tente de réformer la religion de l'époque. Celle-ci ressemble aux Védas hindous et comporte le culte du feu et le sacrifice de bétail. Elle inclut probablement aussi le culte de la Grande Déesse (lequel n'est pas encore complètement disparu) sous ses diverses incarnations — celles-ci étant très nombreuses dans l'hindouisme —, et il est possible que le culte de Baal, ou Baalim, en fasse partie.

L'héritage de Zoroastre

Selon le professeur Meyer, Zoroastre a été « le premier à travailler d'une manière créative pour transformer le cours de l'histoire religieuse ». Akhenaton avait bien fait une tentative ; cependant, son monothéisme solaire n'a pas tenu la route. Comme résultat — et pour faire contraste à la religiosité métaphysique tenace de l'Orient, pour laquelle l'ordre cosmique est un cycle ininterrompu, majestueux et immuable, que l'homme ne peut changer ou modifier —, la religion proposée par Zoroastre, selon Joseph Campbell, « trouvera de nombreuses résonances en grec, en latin, en hébreu, en araméen, en arabe et dans toutes les langues de l'Occident ».

En ce qui a trait aux autres puissances relevant du Créateur, les enseignements zoroastriens parlent également d'anges, ou de yazatas, parmi lesquels était Psychopompe (encore une autre allusion à Hermès, à qui est appliquée l'épithète de « psychopompe »), qui jouait le rôle d'accompagnateur céleste, ou seigneur du plan terrestre. Un autre yazata, connu sous le nom de Vata, régnait sur l'Air et les Vents. Un troisième, Mithra — celui qui possède dix mille yeux —, est considéré comme le médiateur angélique entre le ciel et la terre, le juge et le protecteur du monde.

Comme les prézoroastriens avaient coutume de sacrifier du bétail, il est intéressant de remarquer que, sur les monuments antiques, Mithra est représenté sous la forme d'un beau jeune homme plantant une dague dans le cou d'un taureau ! Annonciatrices de pratiques chrétiennes ultérieures, sont aussi fascinantes les cérémonies du culte à Mithra, qui se tiennent dans des catacombes et qui font intervenir le baptême, la consommation de pain et d'eau consacrés et l'onction avec du miel.

Avant l'époque de Zoroastre, l'Être suprême n'était pas séparé entre le bien et le mal : on présumait que la Source ultime, quel qu'en soit le nom (qui est probablement la Grande Déesse), contenait à la fois le bien et le mal, sans associer l'idée de « bon » ou de « mauvais » à l'un ni à l'autre. Même si les gens percevaient chacune de leurs expériences terrestres comme étant bénéfique ou mauvaise, ils assumaient que la Divinité suprême voyait à ce que chaque expérience contienne à la fois les germes du bien et du mal. Il n'y avait pas de situations qui étaient bonnes et d'autres mauvaises : chaque situation portait en elle le bien et le mal. Et c'est seulement depuis l'avènement du zoroastrisme que l'Univers se partage en deux : une partie bonne et une partie mauvaise, lesquelles sont toujours en guerre l'une contre l'autre. Depuis, cette dualité contribue aux tourments de l'humanité : les bons anges, rangés d'un côté, et les mauvais démons, alignés de l'autre, se livrent un combat sans fin pour conquérir l'âme des humains.

Comme on le sait, les Grecs ont persécuté les disciples de Zoroastre, et au quatrième siècle av. J.-C., Alexandre le Grand s'empresse d'exterminer le zoroastrisme quand il conquiert triomphalement le Levant. Au septième siècle apr. J.-C., les quelques disciples qui restent disparaissent à la suite de la conquête de l'Asie Mineure par les musulmans ; celui qui, autrefois, était le grand Ahura Mazda est déclaré mort. Chose étonnante, son nom apparaît aujourd'hui sur des ampoules électriques et des voitures. Les rares petits groupes de disciples, qui ont survécu, émigrent finalement en Inde au dixième siècle apr. J.-C., où on les appelle « les Parsis ». Ils forment aujourd'hui une secte dont l'importance diminue constamment, en raison de son assimilation à la culture hindoue.

Les anges dans différentes croyances

On trouve aussi des anges dans les cultures orientales représentées par le bouddhisme et le taoïsme. Les anges de l'Assyrie ancienne et de la Mésopotamie constituent une tradition qui se perpétue grâce aux folklores manichéen, judaïque, chrétien et islamique, dont les croyances, en ce qui concerne les anges, s'influencent. Il ne fait aucun doute que la notion d'« ange » est d'abord apparue en Asie Mineure, berceau de notre civilisation, et qu'elle s'est ensuite répandue dans le bassin méditerranéen de la Grèce et de l'Italie, subissant au passage quelques transformations.

En Grèce, l'idée d'« ange » a pris la forme de la fameuse déesse ailée de la victoire, Niké ; cette sculpture a servi de modèle aux anges de la Renaissance, que l'on trouve en abondance au Moyen Âge, et grâce auxquels, durant cette période, le concept d'« ange » a pris solidement racine. Les personnages impressionnants de la vision d'Ézéchiel — ces terrifiantes créatures armées d'épées de feu qui gardent l'entrée du jardin d'Éden pour en interdire l'accès à Adam et Ève, qui en ont été chassés —, les chérubins, autrefois cruels, deviennent des amours ou de mignons petits bébés roses. De forme et d'apparence enfantines, ces derniers sont généralement représentés, comme de petits cupidons, voletant autour de belles femmes sereines, qui, souvent, sont enceintes ou présentées en compagnie de petits enfants.

Le mithraïsme

Les derniers Perses redonnent à Mithra sa place comme divinité principale et créent une religion appelée le « mithraïsme ». Il s'agit d'un culte syncrétique qui devient la religion la plus importante de l'empire et qui constitue un type d'hérésie zoroastrienne. Durant la période romaine, le mithraïsme s'impose comme rival important du christianisme, tant en Asie qu'en Europe. Il se répandra jusqu'au sud de l'Écosse. Il est intéressant de constater que, dans cette religion, le néophyte est appelé « corbeau », lequel est un autre de nos amis ailés.

Chamanisme

Même la plus ancienne pratique religieuse du monde, le chamanisme, comme l'exerçaient les Amérindiens, comporte des relations avec des créatures ailées. Ces dernières se présentent souvent sous la forme d'aigles, de corbeaux ou d'esprits, et ont habituellement peu de chose en commun avec l'iconographie angélique qui se développera ultérieurement.

Chez les Amérindiens, on croit que de grands oiseaux — corbeau et aigle — aident les humains, qu'ils opèrent des guérisons, qu'ils ont apporté le feu et qu'ils sont porteurs de messages venant de Dieu.

Dans cette tradition, il existe aussi des esprits amicaux et familiers, qui côtoient les gens et les protègent du mal. On considère que ces créatures ailées assistent grandement le chaman dans son travail.

On ne sait si l'idée d'« ange » a vu le jour indépendamment dans les différentes cultures, ni si l'idée s'est transmise d'une culture à l'autre, ni lesquelles des idées d'une culture se sont révélées fécondes pour les autres. Partout en Asie, de Byzance à Cathay, pendant des milliers d'années, errent et se mêlent entre eux des commerçants et des mercenaires, des sages et des prêtres, des prophètes et des païens, et tous les déracinés de la famine et de la guerre. Les idées n'ont pas d'origine ; souvent, elles semblent émerger de nulle part. C'est pourquoi nous trouvons le concept d'« ange » dans la mythologie de presque toutes les cultures anciennes connues aujourd'hui. Le concept d'« ange » a voyagé au cours des siècles selon un thème conducteur autour duquel chaque culture a apporté ses propres variations.

De ce long et sinueux courant concernant les anges, qui a finalement atteint l'Occident, il ne fait pas de doute que le personnage le plus important et le plus durable — celui qui constitue le véritable prototype de ce que vont devenir les versions judéo-chrétienne et islamique des anges — est la figure imposante d'Hermès Trismégiste du panthéon grec : celui que nous connaissons sous le nom de Mercure.

Selon le grand spécialiste de l'Antiquité, Karl Kerényi, Hermès « est l'*aggelos*... le messager des dieux ». Le sens profond du rôle d'Hermès, en tant que messager des dieux, est qu'il permet que s'établisse la communication entre le moi conscient et le royaume de l'inconscient (ou les états modifiés de conscience comme le rêve). Cette signification du rôle des anges est plus subtile que celle que l'on rencontre habituellement dans les traités sur les anges ; néanmoins, cette expression de rôle des anges est l'élément le plus important permettant de comprendre comment les anges exercent leur action, surtout quand ils agissent comme guides ou professeurs.

La personne qui se lance dans une quête spirituelle invite les forces invisibles à intervenir dans sa vie. Ces énergies créatives se manifestent de différentes façons, et la voie privilégiée qu'elles empruntent est celle des anges. Les anges nous apportent la grâce et nous montrent la route. Faire la rencontre d'un ange — et les anges prennent de nombreuses formes —, c'est pénétrer dans un autre univers, dans un lieu de grands pouvoirs et parfois très secret. Bien que ses hôtes prennent des formes humaines ou animales, ce royaume

La vision angélique d'Élan-Noir

« Je regardai en direction des nuages : deux hommes descendaient la tête la première comme des flèches ; tout en descendant, ils chantaient un chant sacré, et le tonnerre roulait comme un tambour. Je vais chanter ce chant pour vous. Le chant et le roulement du tambour donnaient ceci : "Voici qu'une voix sacrée t'appelle ; dans tout le ciel, une voix sacrée appelle." »

— *Élan-Noir parle*

appartient au monde invisible. Le fait d'entrer en contact avec ce monde peut vous toucher au point de changer votre vie. Grâce aux anges, nous entrons dans l'univers du pouvoir suprême, non pas sur le plan matériel, mais sur le plan de l'ordre invisible, celui qui soutient et nourrit notre monde et notre vie ici-bas. Nous pénétrons dans un royaume sacré.

L'Hermès de la Grèce classique, le « guide des âmes », est l'emblème de ce type d'anges. À la question : « Qu'est-ce qu'Hermès a apporté aux Grecs ? », Kerényi répond :

[...] Il représente la source supra-individuelle d'une expérience et d'une configuration particulières du monde ouvrant la possibilité de l'existence d'un guide transcendant et d'un meneur, aussi capable de procurer des impressions à la conscience, mais d'un type nouveau : des impressions qui sont palpables et manifestes, et qui, de plus, ne contredisent en rien les observations et les conclusions des sciences naturelles, et qui vont au-delà des attitudes qui sont monnaie courante aujourd'hui [...]. La totalité des voies qu'emprunte Hermès ; les accidentels « coups de chance » de la vie relevant de l'influence d'Hermès ; les transformations du personnage que nous découvrons [...]. Voilà le monde, le monde unique, auquel Hermès nous convie.

Toujours selon cet auteur, l'« activité d'Hermès » nous renvoie « aux choix que la vie nous présente, à la dissolution des contraires fatidiques et aux violations secrètes des limites et des lois ». En d'autres mots, au renversement du monde rationnel mené par l'esprit et à la découverte des pouvoirs magiques des univers, à la fois intérieur et extérieur, dans lesquels nous vivons et dans lesquels notre être évolue.

Ce que dit la Bible des anges

« Car à Ses anges Il prescrira pour toi de te garder dans tous tes chemins ; sur leurs mains ils te porteront, de crainte que ton pied ne heurte quelque pierre. »

— Psaumes 91,11-12

Sept anges de l'Antiquité

La ministre de l'Église unie, Catherine Ponder, distingue sept types d'anges anciens auxquels nous pouvons recourir dans la poursuite d'objectifs reliés à *d'autres personnes.* Ce sont :

1. L'ange d'Éphèse, pour ceux qui font appel à nous, mais qui sont difficiles à joindre.
2. L'ange de Smyrne, pour les amoureux de la beauté et de l'ornement qui ont tendance à se mettre en péril financièrement.
3. L'ange de Pergame, pour ceux dont l'attachement aux relations familiales et d'affaires est très fort, et qui craignent les étrangers, les nouveaux amis et les nouvelles idées.
4. L'ange de Thyatire, pour les idéalistes qui ont du mal à obtenir des résultats concrets.
5. L'ange de Sardes, pour ceux qui sont timides, inquiets, craintifs, indécis et hypocondriaques.
6. L'ange de Philadelphie, pour les organisations qui prêchent l'amour fraternel, mais ne le mettent pas en pratique.
7. L'ange de Laodicée, pour les personnes instables, perturbées, versatiles, errant à la recherche de nouvelles doctrines et de nouveaux lieux.

Pour obtenir une présentation complète des techniques pour écrire aux anges, des exemples typiques et des modèles de lettres écrites à ces sept types d'anges, voyez le livre de Ponder intitulé *La prospérité par les chemins de l'amour.*

CHAPITRE DEUX

Le point de vue de l'Ancien Testament sur les anges

Abraham et Sara

Dans la Genèse (21,14-20), l'apparition des anges est orchestrée selon un scénario étonnamment dramatique qui n'a rien à envier à Hollywood. Imaginez la situation suivante : une jeune femme tombe enceinte des œuvres d'un homme important, dont l'épouse est une femme forte. Cette dernière, à sa grande désolation, est stérile. L'infortunée jeune fille est dans une position inférieure, la plus basse qui soit : moins qu'une servante, c'est une esclave. L'épouse a offert la jeune fille à son mari — qui n'est plus un jeune homme — pour qu'il en fasse sa concubine. Comme chacun sait, les hommes peuvent engendrer à un âge plus avancé que les femmes ; c'est ainsi que la jeune esclave et concubine, qui s'appelle Agar, se retrouve enceinte.

Comme dans les histoires dramatiques, l'épouse, Sara, est moins qu'enchantée d'apprendre que la concubine, donnée en cadeau, a été fécondée par son mari. Elle s'emploie à transformer la vie de la pauvre Agar en un véritable enfer.

Un jour, n'en pouvant plus de supporter les mauvais traitements de Sara, la pauvre fille s'enfuit. Naturellement, à cette époque, les refuges pour femmes n'existent pas. N'attend Agar que l'étendue déserte, remplie de bêtes sauvages et de toutes sortes de dangers. De plus, elle n'a pas d'argent, quoique l'argent n'ait pas été d'un grand secours dans les circonstances.

Dans sa fuite, sur la route de Shur, elle trouve un ruisseau, et elle s'y arrête pour se reposer et se rafraîchir. C'est là que se produit la première des deux rencontres qu'elle a avec des anges, que les juifs appelaient des « saints ». La Bible raconte que « l'ange de Dieu a trouvé Agar… et lui a dit de retourner vers sa maîtresse et de lui obéir, parce qu'elle était enceinte et qu'elle aurait un fils qu'elle devait appeler Ismaël ».

Ne sachant que faire d'autre, Agar obéit à l'ange et elle retourne à la maison d'Abraham, où elle donne naissance à un garçon ; elle l'appelle Ismaël comme l'ange lui a dit de le faire. Plus tard, Agar se retrouve de nouveau dans le désert, cette fois, non pas comme

Combien existe-t-il d'anges ?

Les anges s'entrecroisent dans l'Ancien et le Nouveau Testament. Selon Billy Graham, il est question d'anges dans la Bible, directement et indirectement, environ trois cents fois. On raconte que David aurait dénombré vingt mille anges parcourant le ciel parmi les étoiles. Même sans télescope moderne — ni lunette d'approche —, au chapitre 68 des Psaumes, verset 18, il note que « le char de Dieu est fait de milliers et de milliers de myriades (d'anges) ».

Certains exégètes bibliques, fondant leur opinion sur le commentaire que l'on retrouve dans Hébreux 12,22, où il est question aussi de myriades d'anges, croient que les anges se comptent par millions.

une fuyarde, mais parce qu'on l'a chassée. À quelque distance, son fils est étendu à l'ombre clairsemée d'un arbrisseau, mourant de soif. Craignant pour la vie de son fils, Agar se met à prier comme on le lui a enseigné ; pendant qu'elle prie, elle entend la même voix que précédemment :

> *« Qu'as-tu Agar ? Ne crains pas ; car Dieu a entendu la voix du garçon, là où il est », disait l'ange de Dieu, et Agar a repris courage en entendant cette voix du ciel.*
>
> *« Puis, Dieu lui ouvrit les yeux, et elle vit un puits d'eau ; elle alla remplir l'outre d'eau et fit boire le garçon. Et Dieu fut avec le garçon. »*
>
> (Genèse 21)

La Genèse nous dit qu'Abraham, lui aussi, reçoit la visite d'anges ; toutefois, ceux-ci ont l'apparence d'hommes ordinaires. Ils prennent un repas avec lui et son épouse, Sara, à laquelle ils promettent qu'elle enfantera, malgré son grand âge.

Ces anges sont au nombre de trois, et l'un d'eux, à ce qu'il paraît, est Yahvé lui-même. Ils partagent le repas d'Abraham, et ils prennent même du plat de viande : ce détail sera chaudement débattu, plus tard, par les exégètes bibliques spécialisés dans l'étude des anges. En effet, les anges ne sont pas censés consommer autre chose que de la manne, cette même substance qui a permis aux disciples de Moïse, qui s'enfuyaient d'Égypte, de ne pas mourir de faim.

Quoi qu'il en soit — et personne ne pourra affirmer avec certitude la vérité —, la Genèse nous dit qu'en partant, les anges informent Sara qu'elle aura un enfant, un fils qu'elle nommera Isaac, et dont les descendants formeront une grande nation juive. C'est à cette prédiction étonnante, compte tenu de l'âge du couple, qu'Abraham comprend qu'ils ont eu la visite d'êtres saints, c'est-à-dire d'anges.

Une épouse pour Isaac

Lorsque le fils d'Abraham et de Sara est en âge de se marier, Abraham confie la tâche de trouver une épouse appropriée pour son fils à son fidèle serviteur. Il lui dit : « Yahvé, Dieu du ciel, qui m'a pris de la maison de mon père et de mon pays natal, qui m'a parlé et qui m'a dit avec serment : “À ta descendance je donnerai ce pays”, c'est lui

Le prophète Isaïe parle des anges

« Quiconque a des doutes [sur la grandeur des anges] doit lire les descriptions de première main d'anges, comme ils se manifestaient à l'époque de l'Ancien Testament. Voici ce qu'Isaïe dit de ces créatures célestes :

"L'année de la mort du roi Ozias, je vis le Seigneur assis sur un trône haut et élevé, et les pans de son [manteau] remplissaient le temple. Des séraphins se tenaient au-dessus de lui ; chacun avait six ailes, deux dont il se couvrait la face, deux dont il se couvrait les pieds, et deux dont il volait." (Isaïe 6,1-2)

Dans un autre passage, Isaïe mentionne que chaque séraphin avait quatre faces… Il existe une sculpture syrienne représentant un démon, qui a été réalisée selon la description faite par Isaïe ; ce démon remonte au huitième siècle av. J.-C. Il a six ailes, il tient un serpent dans chaque main et il est terrifiant. Des spécialistes ont fait remarquer que le mot hébreu "*saraph*", probablement à l'origine du mot "séraphin", signifie "serpent". Le mot "séraphin" a été traduit par "ceux qui brûlent"… Mais revenons à Isaïe :

"L'un criait à l'autre et disait : 'Saint, saint, saint est Yahvé des armées ! Toute la terre est pleine de sa gloire.' Les fondements des seuils vacillèrent à la voix de celui qui criait, et la maison se remplit de fumée. Je dis : 'Malheur à moi ! Je suis perdu !'… L'un des séraphins vola vers moi, ayant dans sa main une pierre brûlante qu'il avait prise avec des pinces de dessus l'autel. Il lui fit toucher ma bouche et dit : 'Vois ; ceci a touché tes lèvres : ta faute est écartée et ton péché expié.'" » (Isaïe 6,3-7)

— Emily Hahn, *Breath of God*
(Le souffle de Dieu)

qui enverra son ange devant toi, pour que tu prennes de là-bas une femme pour mon fils. » (Genèse 24,7)

Il semble que l'ange s'acquitte bien de sa tâche, comme convenu. Prenant les devants du serviteur d'Abraham, et jouant les marieurs, il trouve l'épouse parfaite pour Isaac : la belle Rébecca, qui sait ce qu'il murmure à l'oreille de celle-ci quand le serviteur lui demande si elle souhaite le suivre et devenir la femme d'Isaac. Quand on lui demande : « Veux-tu aller avec cet homme ? », elle répond sans hésiter : « Oui, j'irai. » (Genèse 24,58) C'est ainsi que tout un pan de l'histoire des juifs s'accomplit. On pourrait dire que c'est un mariage arrangé par les dieux.

La rencontre d'anges semble chose courante dans cette famille, car le neveu d'Abraham, Lot, qui habite la ville de Sodome, reçoit, lui aussi, la visite de deux étrangers, qui s'avèrent être des anges. Des hommes de la ville viennent à la maison de Lot et ils menacent celui-ci et ses hôtes de les attaquer et de les violer. En guise de représailles pour une conduite aussi inhospitalière, les anges « frappent ces hommes d'aveuglement » (Genèse 19,11). Le matin suivant, au moment de partir, remerciant Lot de son hospitalité, ils lui recommandent de quitter la ville au plus vite. Étonné, Lot demande pourquoi, et on lui répond que Dieu va détruire la ville à cause de tous les péchés qu'il s'y commet. Prenant conscience qu'il s'agit là d'une information judicieuse venant d'une source surnaturelle, Lot fait ses bagages, quitte la ville et est ainsi épargné. Malheureusement, sa femme, qui avait été avertie de fuir sans se retourner, n'obéit pas, et elle est immédiatement changée en statue de sel ! Par contre, Lot et ses deux filles à marier, qui se montrent obéissants, ont la vie sauve, lorsque Sodome et Gomorrhe sont détruites par les flammes. Ces mêmes anges, qui ont rendu visite à Lot, ont allumé le feu destructeur. Cette histoire illustre que les « saints » peuvent être source de salut autant que de destruction.

Une armée d'anges

Dans la kabbale juive, le nombre d'anges est établi à quarante-neuf millions, alors qu'ailleurs on dit qu'il en existe quatre cent quatre-vingt-seize mille, répartis en sept divisions, comme dans une armée. Dans une vision qu'il a eue, Daniel raconte que « mille milliers le servaient, et une myriade de myriades se tenaient debout devant lui ». (Daniel 7,10)

Jacob

Pour sa part, le petit-fils d'Abraham, Jacob, a maille à partir avec les anges ; toute la nuit, dans le noir, il se bat contre l'un de ceux-ci, sans avoir aucune idée du nom de son adversaire, car ce dernier a pris l'apparence d'un homme ordinaire, et il n'y a sur lui aucune trace d'ailes.

Or, il se trouve que Jacob, jeune homme, a détourné l'héritage de son frère Ésaü, en trompant leur père aveugle. Par ruse, il a aussi dépossédé son oncle Laban de tous ses biens ; à la suite de quoi, il est parti, il s'est marié deux fois et il a engendré douze fils (le nombre de filles qu'il a eues, s'il en a eues, est inconnu). De plus, il a entretenu de nombreuses liaisons avec des servantes, desquelles il a eu des enfants illégitimes. Après ce déploiement d'activité procréatrice, Jacob décide de rentrer au foyer. Vu sa conduite passée, il n'est pas certain d'être le bienvenu. C'est pourquoi il établit son campement à une demi-journée de caravane du campement d'Ésaü, et il envoie des présents : des troupeaux entiers de moutons et de chèvres, trente chamelles laitières et leurs petits, vingt ânesses et leurs dix ânons, et quarante vaches, espérant ainsi faire bonne mesure. Le lait est très apprécié dans ce climat désertique.

Malgré toutes ces offrandes de réconciliation, Jacob n'a pas l'esprit en paix : il sait qu'il a mal agi. Il craint qu'Ésaü ne vienne le tuer, maintenant qu'il le sait à proximité. Une nuit, un ange vient. Toute la nuit, Jacob se bat avec l'ange, sans connaître l'identité de son adversaire. Jacob l'emporte finalement. Il demande à l'ange de lui accorder une faveur (ou une bénédiction) ; ce dernier accepte sans même lui révéler son nom. Néanmoins, Jacob comprend qu'il a eu affaire à un être surnaturel, et, puisqu'il l'a emporté, il conclut que tout se déroulera bien avec son frère.

Le jour suivant, il prend des arrangements pour rencontrer Ésaü. Emmenant ses épouses, tous ses serviteurs, son bétail et ses biens, métaux précieux, tapis, tissus de laine, bijoux et autres richesses, il descend la vallée et il traverse la plaine jusqu'à l'endroit où son frère l'attend. Ésaü est accompagné de quatre cent cinquante hommes armés; néanmoins, il offre le pardon et la paix à Jacob, et il déclare qu'il est content d'avoir retrouvé son frère.

L'ange de Jacob n'est jamais revenu. Comme Jacob a trompé son frère innocent, qui avait confiance en lui, nous pouvons penser que cette bataille avec l'ange symbolise, sur le plan psychologique, un combat intérieur et des conflits entre le bien et le mal. Il n'importe. Nulle part, il n'est énoncé précisément si les anges sont à l'intérieur de nous, ou à l'extérieur. Pour ma part, j'ai la certitude qu'ils peuvent être tantôt intérieurs, tantôt extérieurs, tantôt les deux.

À la suite de ces expériences, il semble que Jacob ait appris à reconnaître les anges quand ils se manifestent à lui. Dans la Genèse (32,1-2), on lit le passage suivant : « Jacob allait son chemin quand des anges de Dieu le rencontrèrent. Jacob dit, en les voyant : "C'est un camp de Dieu !", et il appela ce lieu du nom de Mahanaïm. »

Il est clair que les anges ont manifesté leur présence à Jacob tout au long de sa vie; au terme de celle-ci, passant en revue ses

La cour céleste

« Les juifs des temps primitifs prétendaient que l'Univers était organisé selon une hiérarchie : Dieu était au sommet et les autres entités rayonnaient vers le bas à partir de Lui. Ils croyaient que les anges constituaient une cour céleste. Leurs écrits mentionnent "les anges de Dieu" et les mots "*bene Élohim*", qui signifient "fils de Dieu". »

— Joan Wester Anderson, *Par la grâce des anges gardiens*

expériences avec les êtres bénéfiques, Jacob, émerveillé, déclare : « Dieu… a été mon berger pendant toute ma vie jusqu'à ce jour, l'ange qui m'a protégé de tout mal. »

C'est le même Jacob que celui de la fameuse « échelle de Jacob ». En effet, un jour, Jacob a la vision d'une multitude d'anges qui montent et descendent une échelle s'élevant jusqu'au ciel. À l'époque, il sait reconnaître la présence des anges. La Bible ne mentionne pas si les anges de l'échelle de la vision de Jacob ont, ou pas, des ailes ; on peut penser que non, puisqu'ils se déplacent sur l'échelle.

Aucun de ces anges ne porte d'habit particulier ni ne présente de traits qui permettraient de le distinguer d'un homme ordinaire. Ils n'ont pas de nimbe autour de la tête (celui-ci fera son apparition plus tard, dans l'art médiéval), et ils ne sont pas vêtus de la tunique brillante du Seigneur. Ce sont simplement des anges travailleurs, habillés de vêtements ordinaires, rien de plus.

De telles apparitions d'anges ressemblent à celles que des dieux de la mythologie grecque auraient faites à des mortels. Hermès (ou Mercure, comme les Romains l'appellent) apparaissait sous les traits d'un jeune étranger, indiquant le chemin à prendre, ou rendant quelque autre service.

Les étrangers et les anges

« N'oubliez pas l'hospitalité, car c'est grâce à elle que, sans le savoir, certains ont hébergé des anges. »

— Hébreux 13,2

Abraham et Isaac

L'une des histoires d'anges les plus connues rapportées dans la Bible est celle d'Abraham et de son fils, Isaac. Un jour, Abraham entend la voix de Dieu, qui lui parle par l'entremise d'un ange (le premier devoir des anges étant de servir de messagers). Dans la Genèse (22,11), on lit : « Mais l'ange de Yahvé l'appela du ciel et dit : "Abraham ! Abraham !" Il dit : "Me voici." »

La voix lui ordonne de sacrifier son fils, Isaac. Pour montrer à Dieu sa véritable et entière dévotion, Abraham doit amener son fils au sommet d'une montagne éloignée, lui trancher la gorge, comme on le faisait aux agneaux offerts en sacrifice, et laisser son sang couler en offrande. En immolant ce qu'il a de plus cher, son fils unique, Abraham fera la preuve qu'il a confiance en Dieu au point de s'abandonner totalement à sa volonté.

Sans remettre en question l'ordre qui lui vient du ciel, Abraham fait les préparatifs du sacrifice, il aiguise son couteau et il ramasse du bois pour faire du feu. Il ne parle de son dessein à personne, pas même à sa femme (imaginons ce qui arriverait s'il révélait à cette dernière le message particulier qu'il a reçu de Dieu). Puis, il prend son fils, se fait accompagner par un serviteur, et il part dans l'étendue sauvage.

Laissant le serviteur au pied de la montagne, il continue la route avec le garçon, qui le suit en toute confiance, car il pense qu'il va assister son père dans le sacrifice d'un agneau.

À un certain moment, Isaac s'aperçoit qu'il n'y a aucun animal avec eux et il demande : « Père ? », ce à quoi Abraham répond, comme il a lui-même répondu à l'ange : « Me voici, mon fils. »

Le fils poursuit : « Nous avons le couteau et le bois pour faire le feu, mais je ne vois pas d'agneau. »

« Dieu y pourvoira », répond Abraham, sachant très bien que Dieu a déjà prévu l'agneau du sacrifice et que c'est son fils bien-aimé. On peut se demander à quoi pense cet homme et ce qu'il éprouve pendant qu'il se prépare à accomplir l'impensable. Lorsqu'ils atteignent un certain endroit, Abraham et Isaac construisent un autel avec des pierres et ils font un feu. Lorsque le feu est bien pris, Abraham saisit le garçon et lui lie les mains et les pieds. Le posant près de l'autel, il lève son couteau à la lame bien acérée et l'approche de la gorge de son fils. Il est sur le point d'immoler la chair de sa chair, lorsque l'ange arrête son geste. « Ne porte pas ta main sur le garçon », ordonne-t-il. Sans doute très reconnaissant, Abraham obéit ; à ce moment, il aperçoit un bélier bien laineux, retenu par les cornes dans un buisson. Il va prendre le bélier et l'offre en holocauste à la place de son fils. (Genèse 22,1-14)

La voix de l'ange qu'Abraham a entendue était-elle intérieure, ou ce dernier a-t-il vraiment entendu quelqu'un lui parler ? Nul ne le sait.

Moïse

Plus tard, quand les enfants d'Israël entreprennent ce qui semble la tâche impossible de vaincre les puissantes nations de Canaan afin de prendre possession de leurs terres, Yahvé s'adresse à Moïse pour l'assurer qu'il n'a rien à craindre. « Sois sur tes gardes, a-t-il dit, voici que moi, je vais envoyer un ange devant toi pour te garder en chemin et pour te faire entrer dans le lieu que j'ai préparé. » (Exode 23,20-23)

En fait, le processus d'être guidé par Yahvé vers « la terre promise » avait commencé plus de quarante ans auparavant, c'est-à-dire au moment où les Israélites étaient maintenus en esclavage en Égypte et que le tout-puissant pharaon refusait de les affranchir.

Désespérant que son peuple ne puisse jamais atteindre la liberté, Moïse déclare : « Nous avons crié vers Yahvé, et il a entendu

Un ange guérisseur

Dans la littérature mystique juive, l'ange Raphaël est considéré comme le plus grand des anges guérisseurs. Selon Rabbi Abba, dans le Zohar, « Raphaël est chargé de guérir la terre, laquelle, grâce à lui, constituera une patrie pour les humains, qu'il contribuera aussi à guérir de leurs maladies ». Selon une légende hébraïque, c'est l'ange Raphaël que Dieu envoie près de Jacob pour panser ses blessures résultant d'une bataille livrée contre un autre ange. Vers 300 av. J.-C., dans les écrits mystiques et apocalyptiques hébreux, il est fermement établi que Raphaël est l'ange qui guérit l'homme des maladies et de tous les maux.

Les guides intérieurs

« En ces jours-là, les anges intervenaient surtout en qualité de guides intérieurs plutôt que comme des forces agissant de l'extérieur. Aujourd'hui, les gens cherchent une lumière analogue en tenant leur journal. À cette époque lointaine, l'on pouvait compter sur les anges pour apparaître chaque fois qu'on les appelait. Jacob lutta toute la nuit avec un ange qui refusa de lui révéler son nom : que nous enseigne ce curieux récit si ce n'est que, à cette époque révolue des nomades, les hommes (et j'espère, les femmes aussi) avaient à s'empoigner avec leurs sentiments intérieurs de culpabilité ? »

— Sophy Burnham,
Le livre des anges

notre voix; il a envoyé un ange et nous a fait sortir d'Égypte. » (Nombres 20,16)

Après avoir libéré les Israélites d'Égypte et avoir supervisé leur affranchissement du pharaon, l'ange ne les abandonne pas à eux-mêmes, mais il les accompagne tout au long du voyage. Il va même jusqu'à ouvrir les eaux de la mer Rouge afin qu'ils puissent la traverser à gué.

Ils s'enfuient, la puissante armée égyptienne à leurs trousses. « L'ange de Dieu qui marchait devant le camp d'Israël se déplaça et marcha derrière eux; et la colonne de nuée se déplaça de devant eux et se tint derrière eux. Elle vint entre le camp des Égyptiens et le camp d'Israël — et cette nuée était ténèbres et éclairait la nuit — en sorte que l'on ne s'approcha pas l'un de l'autre, de toute la nuit. » (Exode 14,19-20)

L'ange de la Mort

Chose étonnante, le seul ange qui soit appelé par son nom dans les livres de l'Ancien Testament est l'ange de la Mort. Cet ange, comme son nom l'indique, est un agent de destruction, et il agit, vraisemblablement, selon les ordres de Dieu lui-même.

À l'époque de David, cet ange a détruit quatre-vingt-dix mille personnes. En une autre occasion, dans les camps assyriens, l'ange a tué cent quatre-vingt-cinq mille soldats du roi Sennachérib; ce dernier se préparait à envahir la Judée, et ses armées étaient déployées aux alentours de Jérusalem. Cette dernière intervention divine est considérée comme tellement miraculeuse que l'on en trouve plusieurs descriptions détaillées. Voici l'une d'entre elles :

> Or, cette nuit-là, l'ange de Yahvé sortit et frappa dans le camp des Assyriens cent quatre-vingt-cinq mille hommes; et quand on se leva le matin, voilà que tous étaient des cadavres, des morts! (2 Rois 19,35)

À la suite de quoi, il n'est pas étonnant que Sennachérib soit retourné à Ninive et qu'il ait laissé les juifs en paix en Judée.

Élie

Dans un chapitre précédent de la Bible, 1 Rois 18,22-40, Élie, l'un des plus grands prophètes d'Israël, lance un défi aux prophètes du dieu païen Baal. À l'issue de ce combat, les perdants vont périr, car en ce temps-là, quand on perd, c'est pour toujours.

C'est une époque de grande sécheresse ; Élie suggère que chacune des deux parties en cause construise un autel de sacrifice et prie son dieu respectif d'y mettre le feu. Les prêtres de Baal érigent un autel sur lequel ils placent le taureau du sacrifice, puis se retirent afin de laisser Élie et ses disciples construire le leur. Ce qui est accompli comme convenu, et l'animal du sacrifice est placé sur l'autel. Toutefois, pour mettre une touche finale, Élie demande à ses hommes de creuser une tranchée autour de l'autel et de la remplir d'eau. Puis, ils arrosent d'eau l'autel lui-même : le bois, les pierres et le bouvillon.

Ensuite, Élie prie Yahvé (Jéhovah) d'envoyer le feu, et en un instant, une énorme flamme jaillit de l'autel arrosé avec une telle force et dégageant une telle chaleur que tout brûle ; il n'en reste rien qu'un tas de poussière.

Après cette démonstration plutôt spectaculaire, les prêtres de Baal sont faits prisonniers et ils sont tués près du ruisseau Kishon. À la suite de ces meurtres vient la pluie : un véritable déluge après ce qui fut une longue et désastreuse sécheresse.

Malgré qu'Élie ait eu le courage de croire que Yahvé allait mettre le feu à l'autel, si on l'en priait, lorsqu'il entend dire que la reine Jézabel, en colère, a le dessein de le tuer pour se venger de l'assassinat de ses prophètes, « il a peur, part et s'en va pour sauver sa vie ». (1 Rois 19,3)

En quoi il n'a pas tort, car les armées de la reine tuent quatre cent cinquante prêtres hébreux. Sentant qu'il est responsable de ces morts, Élie se met à errer dans le désert dans une sorte d'autoexpiation. Se laissant aller à l'apitoiement et à la récrimination contre lui-même, prêt à tout abandonner, il prie : « C'en est assez maintenant, Yahvé ; prends ma vie, car je ne vaux pas mieux que mes pères. » (1 Rois 19,4)

Il se couche ensuite et il s'endort d'un sommeil qu'il croit le dernier, mais il est réveillé par quelqu'un qui lui touche l'épaule : un ange, naturellement. L'ange a apporté de la nourriture à Élie et il lui ordonne : « Debout ! Mange ! » Étonné d'être ainsi délivré, « il regarde et voici qu'il y a à son chevet une galette cuite sur des pierres brûlantes et une jarre d'eau. Il mange et il boit, puis il se recouche. L'ange de Yahvé revient une seconde fois, le touche et dit : "Debout ! Mange, car le chemin est trop long pour toi." Il se lève, mange et boit, puis, fortifié par cette nourriture, il marche quarante jours et quarante nuits jusqu'à la montagne de Dieu, l'Horeb. » (1 Rois 19,5-8)

Les archanges des dix séphiroth

1. Métatron, pour Kether (la couronne)
2. Raziel, pour Hokmah (la sagesse)
3. Tzafkiel, pour Binah (l'intelligence)
4. Tzadkiel, pour Hesed (la miséricorde)
5. Kamaël, pour Geburah (la rigueur)
6. Raphaël, pour Tipheret (la beauté)
7. Haniel, pour Netzah (la victoire)
8. Michaël, pour Hod (la splendeur)
9. Gabriel, pour Yesod (la fondation)
10. Sandolphon, pour Malkut (le royaume)

— S. L. MacGregor Mathers, *The Kabbalah Unveiled* (La kabbale dévoilée)

Daniel

La dernière, et non la moindre, des interventions angéliques rapportées dans l'Ancien Testament est l'histoire de Daniel dans la fosse aux lions. Le roi Darius, un homme capable de reconnaître la piété et le courage quand il les voit, prédit que la foi sauvera Daniel et l'empêchera d'être dévoré. Il vient voir Daniel au moment où celui-ci est sur le point d'être jeté dans une fosse contenant des lions affamés, et il lui dit : « Puisse ton Dieu, que tu sers avec constance, te sauver lui-même. »

Au matin, apparemment inquiet du sort que les bêtes affamées auraient pu réserver à Daniel durant la nuit, le roi s'approche de la fosse et dit à Daniel : « Daniel, serviteur du Dieu vivant, ton Dieu, que tu sers avec constance, a-t-il pu te sauver des lions ? »

Toujours vivant et bien portant, Daniel répond au roi qui s'inquiétait : « Ô roi, vis éternellement ! Mon Dieu a envoyé son ange (dans la fosse avant que j'y sois jeté) et fermé la gueule des lions, et ils ne m'ont pas fait de mal. » (Daniel 6,16-23)

À propos de cette visite angélique, C. Leslie Miller, dans *All about Angels*, nous dit : « L'Être bénéfique savait exactement ce dont Daniel avait besoin, c'est pourquoi il frappa temporairement les lions de tétanos et donna ainsi au prophète une bonne nuit de sommeil. »

CHAPITRE TROIS

Le point de vue du Nouveau Testament sur les anges

Avec l'avènement du Nouveau Testament, les anges changent considérablement. Terminée l'ère des anges de mort et de vengeance, également terminée l'ère des exploits héroïques accomplis par les anges. Finie l'époque où des anges apportent la mort et la destruction à des cités corrompues comme Sodome et Gomorrhe ; on ne verra plus d'anges tuer les premiers-nés des incroyants, comme ils l'ont fait la nuit au cours de laquelle les juifs, pour sauver la vie de leur enfant, ont dû marquer leur porte du sang d'un agneau sacrifié, afin que l'ange de la Mort épargne leur maison. Désormais, les anges ne sont plus la cause de fléaux et de maladie, comme ils l'ont été en Égypte, à l'époque où le pharaon refusait de libérer les juifs de l'esclavage.

C'est la rencontre des patriarches, des apôtres et des anges qui constitue le fondement sur lequel les Pères de l'Église primitive s'appuient pour établir les bases et le cadre de l'angéologie. La plupart des questions importantes concernant l'angéologie renvoient à des références bibliques. Toute l'angéologie des premiers chrétiens s'appuie sur les histoires d'anges rapportées dans l'Écriture sainte ainsi que sur l'interprétation qu'en donnent les Pères de l'Église.

C'est pourquoi l'interprétation des histoires d'anges de la Bible faite dans l'Église primitive est de la plus haute importance, car elle établit le fondement sur lequel s'appuie la vision que l'on aura des anges au cours du haut Moyen Âge, et elle constitue l'héritage que ce dernier s'emploiera à enrichir.

La plupart des anges de l'Ancien Testament étaient des créatures plutôt ternes, sans véritable personnalité : des garçons de courses ou des agents de Dieu. En revanche, le récit que Luc fait de l'archange Gabriel et de l'Annonciation nous présente l'image d'un ange ayant plus de caractère. C'est probablement dans cet ordre d'idées que l'ange évolue à partir de l'Ancien Testament, parcourant le Moyen Âge, et jusqu'à l'époque moderne, pour finir par acquérir des traits de personnalité presque humains. De simples prolongements abstraits

Un combat d'anges

« Les chrétiens croient que Dieu a créé les anges au même moment, ou environ en même temps, qu'Il a créé l'Univers (saint Augustin pensait que les deux événements étaient concomitants), mais avant de créer les êtres humains. Le Créateur a pourvu les anges d'intelligence et de libre arbitre, tout comme nous, mais ils n'ont pas de corps. À un certain moment, selon le livre de l'Apocalypse, certains anges ont souhaité être des dieux, et il y a eu une terrible bataille dans le ciel. Les anges vaincus, ayant à leur tête Satan, sont devenus les esprits du mal, et ils vagabondent dans le monde depuis ce jour. »

— Joan Wester Anderson, *Par la grâce des anges gardiens*

de Dieu qu'ils sont au départ, les anges deviennent les *amis* des êtres humains et des puissances en lesquelles ces derniers peuvent avoir recours dans les situations difficiles.

Ainsi, au verset 9 de l'Épître de saint Jude, Michaël discute avec le diable au sujet de l'âme de Moïse décédé. Il semble que l'idée des premiers chrétiens selon laquelle les anges combattent les esprits malins dans l'intérêt des humains se fonde sur ce passage. De plus, on représente Michaël conduisant les âmes au paradis ; une idée qui, tout probablement, découle d'une analogie avec Hermès, le dieu grec dont le rôle est de guider les âmes après la mort.

Une autre idée importante est que non seulement l'âme est emportée au paradis par un ange, mais encore que ce dernier pose une couronne sur la tête du défunt, une fois arrivé à destination : le moins que l'on puisse dire est que la perspective est séduisante. Imaginez : être couronné au ciel par un ange !

Les anges sont toujours en compagnie de Dieu. Comme il est mentionné dans l'évangile de Matthieu (18,10), ils « regardent constamment la Face de mon Père ». Cela est spécialement vrai des anges gardiens. À partir des passages de Matthieu (18,10), des Actes des Apôtres (12,15) et de Tobie (3,25), les ecclésiastiques affirment que Dieu a assigné un ange à chacun d'entre nous, pour se tenir à nos côtés et pour veiller sur notre âme. Cela correspond à la notion d'« ange gardien » avec laquelle nous sommes familiers. L'ange gardien nous accompagne tout au long de la vie, dès le moment de notre naissance.

Deux passages de l'évangile de Matthieu indiquent que les anges seront présents au Jugement dernier. Au chapitre 24, verset 31, il dit : « Et il [le Fils] enverra ses anges avec la grande trompette, et ils rassembleront ses élus des quatre vents, des extrémités des cieux à leurs extrémités. »

Au chapitre 13, versets 41 et 42, il dit encore : « Le Fils de l'homme enverra ses anges, et ils récolteront de son Royaume tous les fauteurs de scandales et ceux qui commettent l'illégalité, et ils les jetteront dans la fournaise de feu ; là seront les sanglots et les grincements de dents. » Voilà une vision peu engageante. Non seulement les bons chrétiens seront sauvés par les anges, mais encore ces derniers feront cercle autour des gens mauvais et s'assureront qu'ils seront traités comme ils le méritent.

Cependant, il faut se rappeler que les premiers chrétiens se préoccupent beaucoup de la fin du monde, ou de l'Apocalypse. Dans ses sermons, Jésus lui-même parle d'Apocalypse, et ses disciples croient que la fin du monde est proche. Naturellement, les anges auront un rôle important à jouer au cours de cet événement.

Les anges sont mentionnés tout au long de l'Apocalypse, le dernier livre de l'Écriture sainte nous donnant une grande vision de la victoire finale :

> Et il y eut une guerre dans le ciel : Michaël et ses anges faisaient la guerre au Dragon. Et le Dragon fit la guerre, ainsi que ses anges, et ils n'eurent pas le dessus, et l'on ne trouva plus leur place dans le ciel. Et il fut jeté, le Dragon, le grand Dragon, le Serpent, l'antique Serpent, celui qu'on appelle Diable et le Satan, celui qui égare le monde entier; il fut jeté sur la terre, et ses anges furent jetés avec lui. Et j'entendis une voix forte dans le ciel, elle disait :
>
> > *C'est à présent le salut, et la puissance, et le règne de notre Dieu et le pouvoir de son Christ, car il a été jeté, l'Accusateur de nos frères, celui qui les accusait devant notre Dieu jour et nuit. Et eux l'ont vaincu à cause du sang de l'Agneau et à cause de la parole de leur témoignage, et ils ont méprisé leur vie jusqu'à mourir. Voilà pourquoi, exultez, cieux, et vous qui y séjournez! Malheur à la terre et à la mer, car le diable est descendu chez vous, avec une grande fureur, sachant qu'il n'a que peu de temps.*
>
> — Apocalypse 12,7-12

« Toute chose visible de ce monde est confiée à la garde d'un ange. »

— Saint Augustin, *Sur les huit questions*

La terminologie des anges

Une certaine confusion s'est transmise, des écrivains de l'Ancien Testament à ceux du Nouveau, en ce qui concerne des questions de terminologie (c'est-à-dire ce qu'est un ange exactement, et comment on les appelle) et d'ailes. Tertullien déclare catégoriquement que « tout ange, ou démon, possède des ailes »; il n'est cependant qu'un dernier arrivé dans le domaine, puisqu'il est né au deuxième siècle apr. J.-C., et il se peut qu'il ne connaisse pas toute l'histoire concernant les anges qui s'est déroulée avant lui. En fait, les ailes des anges ont fait leur apparition après la conversion de Constantin.

Un messager du ciel

« Dans la langue originale des textes de l'Ancien et du Nouveau Testament, les mots qui ont été traduits par « ange » signifiaient littéralement et simplement « messager ». Et c'est ainsi, le plus souvent, que l'on retrouve les anges dans la Bible : ils apportent un message. Lorsque leur céleste intervention se produit dans une histoire de la Bible, le plus souvent, c'est pour dire quelque chose, guider un peuple errant, claironner une étonnante nouvelle ou mettre de l'ordre dans une situation. »

— Timothy Jones, *Celebration of Angels* (Célébration des anges)

L'Annonciation

Naturellement, du point de vue des premiers chrétiens, la manifestation d'un ange la plus importante est l'Annonciation, et les paroles célèbres prononcées par l'ange : *Ave Maria, gratia plena, Dominus tecum* (Je te salue Marie, pleine de grâce, le Seigneur est avec toi).

Bien que, sur le coup, Marie ne comprenne pas très bien ce que l'ange veut dire, elle se rend compte qu'il s'agit d'un message très important, et elle se demande ce que la salutation qu'il lui fait signifie. Et l'ange lui dit : « Sois sans crainte, Marie, car tu as trouvé grâce auprès de Dieu. Et voici que tu concevras et tu enfanteras un fils, et tu l'appelleras du nom de Jésus. Il sera grand et sera appelé Fils du Très-Haut. Et le Seigneur Dieu lui donnera le trône de David son père, et il régnera sur la maison de Jacob pour tous les siècles, et son règne n'aura pas de fin. » (Luc 1,30-33)

Lorsqu'il est évident que Marie est enceinte, Joseph, son mari, un homme beaucoup plus âgé qu'elle, est très embarrassé de la situation. Il souhaite éloigner Marie afin d'éviter la honte que sa condition pourrait lui causer, ainsi qu'à sa famille. « Comme il y réfléchissait, voici que l'ange du Seigneur lui apparut en songe et lui dit : "Joseph, fils de David, ne crains pas…, car ce qui a été engendré en elle est de par l'Esprit-Saint. Elle enfantera un fils, et tu l'appelleras du nom de Jésus ; car c'est lui qui sauvera son peuple de ses péchés." » (Matthieu 1,20-22)

Après la naissance du Sauveur, l'ange du Seigneur continue de veiller sur la sécurité de la famille. Hérode, roi de Jérusalem, désigné par les Romains, entend des rumeurs disant qu'un nouveau-né peut constituer une menace pour lui. Il en conçoit de la jalousie et s'inquiète de ce que cette naissance signifie ; il décide donc de faire tuer l'enfant.

Encore une fois, l'ange apparaît à Joseph en songe, et il lui dit : « Lève-toi, prends avec toi l'enfant et sa mère, et fuis en Égypte, et restes-y jusqu'à ce que je te le dise ; car Hérode va rechercher l'enfant pour le faire périr. » (Matthieu 2,13) Hérode mort, l'ange apparaît de nouveau en songe à Joseph et il lui dit : « Lève-toi, prends avec toi l'enfant et sa mère, et va au pays d'Israël ; car ils sont morts, ceux qui en voulaient à la vie de l'enfant. » (Matthieu 2,19-20)

On dit aussi qu'après avoir passé quarante jours et quarante nuits dans le désert et avoir été tenté par Satan, Jésus, épuisé, est réconforté par des anges. Néanmoins, le Nouveau Testament ne parle pas ou parle très peu des anges, si ce n'est de ceux qui sont apparus après la crucifixion du Christ.

Les anges après la crucifixion du Christ

L'Évangile selon saint Matthieu mentionne que deux anges — qui ne portent pas d'ailes, mais dont l'« aspect est étincelant » et les « habits blancs comme neige » — sont assis près du tombeau dans lequel le Christ a été enseveli. À leur mine triste, les femmes qui les aperçoivent pensent que ce sont probablement des disciples de Jésus.

Marie-Madeleine et Marie (la mère de Jacques, et non la Vierge Marie) sont venues au tombeau pour embaumer le corps, mais voilà qu'il n'y a plus de corps. Il a disparu. L'un des anges informe les femmes remplies de crainte et de joie que le corps a disparu, car le Christ s'« était levé et il n'était plus là ».

Ne sachant que penser de cet événement extraordinaire, les femmes courent rejoindre les hommes qui les attendent (on n'explique pas pourquoi les femmes se sont rendues seules au tombeau ; il se peut que le soin du corps d'un défunt soit considéré comme une « tâche de femme ») afin de leur annoncer le miracle. Naturellement, les hommes se montrent sceptiques ; néanmoins, ils se précipitent en haut de la colline afin de constater par eux-mêmes la situation. Ils trouvent, en effet, le tombeau vide. Les différents évangélistes donnent des versions différentes de l'histoire ; cependant, les éléments de base sont les mêmes.

« [...] car Dieu daignera
Visiter souvent la demeure du juste, ravi,
Et pour un dialogue fréquent, y enverra
Ses messagers ailés porteurs de sa grâce surnaturelle. »

— John Milton, *Le paradis perdu* (Livre VII, 569-573)

Les anges et la Loi de Moïse

Les premiers chrétiens ont du mal à distinguer la Nouvelle Alliance, découlant du Christ et de la révélation, de l'Ancienne Alliance conclue par Moïse. C'est pourquoi ils croient que ce sont des anges, et non Dieu lui-même, qui ont donné les textes de la Loi à Moïse. Dans les Actes des Apôtres (7,30-38), on considère que la flamme du buisson ardent, qui guide Moïse dans le désert, est la manifestation d'un ange. Plus loin, l'Épître aux Galates (3,19), écartant Dieu de la question, mentionne que la Loi « a été édictée par le ministère des anges ».

Il semble donc que la Loi transmise par Moïse ait servi, au fil des siècles, à préparer les gens au message de l'Évangile — et il faut se rappeler que tous les chrétiens étaient des Juifs avant leur conversion au christianisme ; ainsi, les anges ont préparé les croyants à l'avènement du Christ.

Malgré qu'à l'époque du Christ, les juifs s'accordassent pour dire que c'étaient des anges qui avaient donné la Loi à Moïse, il était absolument crucial que l'Église primitive établisse une nette distinction entre le Christ et les anges, ces derniers étant considérés comme des intermédiaires entre Dieu et son peuple, de moindre importance que celui-ci. Il est certain que les anges ont une raison d'être : accomplir les missions de Dieu, ou du Seigneur; cependant, le Christ est le principal médiateur entre Dieu et les hommes : c'est, en quelque sorte, le directeur général du conseil des anges.

La colère de Dieu

La grande foi en la puissance de Dieu qu'ont les chrétiens ne prend pas son origine seulement dans les histoires d'anges. À propos de la mort du Christ sur la croix et de sa résurrection, saint Paul dit que « Dieu a dévêtu les principautés et les pouvoirs, et il les a bafoués publiquement, les emmenant avec lui dans son cortège triomphal. » (Colossiens 2,15)

L'ange de Paul

Dans le Nouveau Testament apocryphe, au chapitre « Vision de Paul », un ange guide ce dernier le long d'un périple compliqué et chaotique par les chemins du ciel et de l'enfer. Le récit oscille entre la beauté et l'horreur : Paul voit l'enfer de même que plusieurs lieux saints. Il voit des scènes de félicité suprême ainsi que des scènes de châtiments terribles. Dans cette vision d'une grande richesse imaginaire, l'ange guide joue un rôle intéressant. Il finit par conduire Paul aux portes du troisième ciel. Paul dit : « Et j'ai vu qu'il y avait une barrière dorée et deux tables dorées, pleines de lettres, reposant sur des piliers. [Ces lettres servaient à former les noms des justes, déjà inscrits au ciel, alors qu'ils vivent encore sur la terre.] Et l'ange s'est de nouveau tourné vers moi, me disant : "Béni sois-tu, toi qui franchis cette porte." »

Après avoir franchi l'entrée du paradis, Paul rencontre le prophète Énoch, qui lui recommande de ne pas révéler ce qu'il a vu dans le troisième ciel. Puis, l'ange, avec Paul à sa suite, descend au deuxième ciel, et enfin au paradis sur la terre, à l'endroit où les âmes des justes attendent la résurrection.

En ce lieu, Paul voit les quatre fleuves du paradis, dans lesquels coulent respectivement le lait, le vin, le miel et l'huile d'olive, et sur les rives de ces fleuves, il aperçoit les âmes de ceux qui ont fait preuve d'une vertu particulière durant leur vie : le fleuve de lait est pour les âmes innocentes et chastes; le fleuve de vin est la récompense de ceux qui ont fait preuve d'hospitalité envers les étrangers; le fleuve de miel est pour ceux qui ont soumis leur volonté à la volonté de Dieu; et le fleuve d'huile, pour ceux qui, pour l'amour de Dieu, ont renoncé aux plaisirs et aux gains matériels.

L'ange fait monter Paul dans un bateau doré, et le récit se poursuit : « Environ trois mille anges chantaient des cantiques, m'accompagnant jusqu'à ce que j'atteigne la cité du Christ. »

Les pécheurs qui ont montré du repentir pour leurs fautes sont rassemblés dans une forêt, où ils attendent la résurrection. La cité du Christ comporte douze murailles, chacune plus grandiose que celle qui la précède, et Paul, pénétrant au centre de ce qui semble un dédale, dit :

> Au milieu de cette cité se trouvait un grand autel, très haut ; brillant comme le soleil, David se tenait près de l'autel, tenant dans les mains un psautier et une harpe et chantant des psaumes et des alléluias. Toute la cité lui répondait jusqu'à en faire trembler les fondations… Me retournant, j'ai vu des trônes dorés, placés à chaque porte, sur lesquels étaient assis des hommes portant des couronnes dorées et des joyaux : et j'ai observé attentivement et j'ai vu, entre les hommes, l'ordre glorieux des trônes… que personne ne peut louer assez… Ces trônes appartiennent à ceux qui font preuve de bonté et de compréhension et ne craignent pas de montrer leur dévotion au Seigneur Dieu.

Paul est en train d'admirer les arbres du paradis lorsqu'il aperçoit Marie, précédée de deux cents anges chantant des cantiques. Marie l'informe que c'est un rare privilège de pouvoir ainsi connaître cet endroit avant de mourir.

(Il est à remarquer que les trônes désignent également un ordre dans la hiérarchie des anges [voir chapitre 10].)

L'ange d'Isaïe

L'histoire de l'ascension d'Isaïe (dans le Nouveau Testament apocryphe) n'a pas cette complexité. Le prophète est ravi de son corps et conduit au premier ciel au-dessus du firmament : « Au milieu, je vis un trône ; à sa droite et à sa gauche étaient des anges [chantant des louanges]. » Il demande à qui s'adressent ces louanges, et les anges lui répondent : « Elles s'adressent à la gloire du septième ciel, à celui qui repose dans le monde saint et à son Bien-Aimé pour qui j'ai été envoyé vers toi. »

Le « ciel au-dessus du firmament » est le premier ciel (d'un ensemble de sept cieux). Ensuite, les anges amènent Isaïe au second ciel, où il voit de nouveau un trône et des anges qui sont à sa droite et à sa gauche. Terrifié, le saint prophète se prosterne pour adorer l'ange sur le trône (il existe ici une certaine confusion : le trône est-il

Les anges du Nouveau Testament

« Et l'ange me montra un fleuve d'eau de la vie, resplendissant comme du cristal, qui sortait du trône de Dieu et de l'Agneau. Au milieu de la place de la ville et de part et d'autre du fleuve, un arbre de vie, fructifiant douze fois, donnant son fruit chaque mois, et les feuilles de l'arbre sont pour la guérison des nations. »

— Apocalypse 22,1-2.

un ange, ou l'ange est-il sur le trône ?). On lui ordonne, cependant, de ne pas faire cela : il ne faut pas adorer les anges.

À mesure qu'il s'élève, il constate que chaque ciel est plus glorieux que celui qui le précède, et le sixième ciel brille d'un tel éclat qu'en comparaison, les cinq premiers semblent sombres. Isaïe, bien sûr — comme ceux qui ont fait l'expérience d'une mort imminente —, veut demeurer dans cet endroit magnifique et ne souhaite pas revenir à son existence terrestre monotone. Cependant, l'ange lui explique que sa mission sur terre n'est pas terminée : « Si tu es saisi de joie à la vue d'une telle lumière, combien plus dans le septième ciel, quand tu verras les lumières là où réside le Seigneur avec son Bien-Aimé par qui j'ai été envoyé… Pour ce qui est de ne pas retourner dans ton corps, tes jours ne sont pas encore accomplis pour venir ici. »

Pauvre Isaïe ! Toutefois, Jésus lui-même l'accueille au septième ciel, que le prophète décrit ainsi : « […] et j'y vis une lumière admirable et des anges innombrables. J'y vis tous les justes depuis Adam. […] J'y vis Énoch et tous ses compagnons, dépouillés du vêtement de la chair : je les vis avec leurs vêtements précieux, ils étaient, comme les anges qui se tenaient là, dans une grande gloire. »

Il poursuit : « Mais ils n'étaient pas sur leur trône et ne portaient pas leur couronne de gloire. » C'est parce que ces justes de l'Ancien Testament n'atteindront la gloire qu'au moment où le Verbe deviendra chair du Christ.

À la fin de la vision, Isaïe redescend sur terre, escorté par le Christ, et il est témoin de l'Annonciation et de l'Incarnation.

Après la conversion de Constantin le Grand (306-337), empereur de Byzance, les anges sont désormais pourvus d'ailes ; l'idée vient probablement des Grecs et de leur *Victoire ailée*. Constantin a la vision d'une croix dans le ciel, et cette vision est assez puissante pour entraîner sa conversion au christianisme, lequel est une religion minoritaire à l'époque. Le martyre enduré par les chrétiens, livrés aux lions au cours des jeux romains, ou tués de quelque autre horrible manière, ne fait qu'encourager toujours plus de gens à devenir membres de la secte méprisée. Bientôt, l'Église se met à croître comme un champ de fleurs sauvages laissé à lui-même. La conversion de Constantin a pour effet de convaincre nombre de personnes, qui ne montraient pas, au départ, d'intérêt particulier pour le christianisme, que ce pourrait être une bonne idée d'y adhérer. Même la mère de Constantin fait un pèlerinage en Terre sainte, et elle revient avec un éclat de la sainte Croix et, chose très étonnante, avec un

Les chérubins

Le mot « chérubin » signifie « rempli de connaissance de Dieu ». Il vient du mot assyrien « *karibu* » signifiant « celui qui prie » ou « celui qui communique ». Les chérubins louent Dieu sans relâche, nuit et jour.

éclat de la petite crèche de paysan qui a servi de berceau au Christ enfant. Rien n'égale le pouvoir d'une mère.

Cependant, compte tenu peut-être de l'adhésion de non-juifs et de membres d'autres peuples à l'Église primitive, celle-ci devient le théâtre de débats théologiques. C'est au premier concile œcuménique de Nicée qu'est adopté le principe de « coïnhérence ». Ce dogme est édicté afin de marquer, de façon claire, la séparation entre le corps et l'âme. L'essentiel est l'âme ; tout ce qui est matériel (c'est-à-dire le corps, le monde physique et matériel) n'a aucune valeur.

Pour l'Église primitive, la question des anges est difficile ; surtout lorsqu'il s'agit de trancher s'ils ont un corps ou s'ils sont immatériels, ou de purs esprits. Dans l'Écriture sainte, on mentionne que les anges prennent l'aspect d'hommes, mais aussi que les anges sont des esprits (Hébreux 1,14). La question des anges qui ont rendu visite à Abraham et à Sara pour les informer de la grossesse imminente de cette dernière, et qui sont censés avoir pris un repas en compagnie de leurs hôtes, soulève des débats considérables. Les anges ont-ils vraiment consommé de la viande ? Les anges, bien sûr, ne sont censés manger que la nourriture qui leur est appropriée, ou de la manne ; c'est pourquoi il faut débattre cette question afin de ne pas créer de précédent fâcheux.

Il est certain que Constantin joue un rôle important dans la recrudescence de l'intérêt pour les anges en les représentant pourvus d'ailes. Comme les gens ont l'habitude des fées, le pas n'est pas difficile à franchir entre la fée ailée et l'ange pourvu d'ailes. Cependant, le fait que les gens du peuple adorent les anges préoccupe grandement les Pères de l'Église ; cela n'est pas souhaitable, puisque seuls Dieu et son Fils sont dignes d'adoration.

Le problème est réglé par saint Paul. Avec l'attitude de celui qui a toujours raison, que l'on appellerait du « zèle », et en des termes non équivoques, Paul attaque « le culte des anges auquel, aveuglées par leur orgueil et les limites de leur esprit humain, s'adonnent certaines personnes ».

Néanmoins, il est décidé, au premier concile de Nicée, en 325, que la croyance aux anges est un dogme de l'Église. Il semble que cette décision entraîne une recrudescence du culte des anges, tant abhorré par saint Paul. Un autre concile, tenu moins de vingt ans après Nicée, en 343, proclamera que le culte des anges est de l'idolâtrie.

Finalement, en 787, afin de mettre un terme à la controverse, est tenu un second concile à Nicée, appelé le Septième Synode

La fin des anges dépourvus d'ailes

Les anges dépourvus d'ailes, comme ceux qui sont apparus au tombeau du Christ, sont bientôt remplacés par des créatures ailées dans toutes les descriptions littérales d'apparitions d'anges que l'on trouve dans les évangiles. Les ailes deviennent une caractéristique distinctive des anges, permettant de les reconnaître aisément.

« N'oubliez pas l'hospitalité, car c'est grâce à elle que, sans le savoir, certains ont hébergé des anges. »

— Hébreux 13,2

« Le Fils de l'homme enverra ses anges, et ils récolteront de son Royaume tous les fauteurs de scandales et ceux qui commettent l'illégalité, et ils les jetteront dans la fournaise de feu ; là seront les sanglots et les grincements de dents. »

— Matthieu 13,41-42

œcuménique. Ce concile proclame un dogme limité concernant les archanges ; il statue sur leur nom, leur rôle spécifique, et permet officiellement la représentation artistique d'anges (pourvus d'ailes ou non).

Bien que les auteurs de la Genèse n'aient pas prévu toutes ces questions qui préoccupent les Pères de l'Église primitive, les événements portent à penser que les premiers théologiens chrétiens, qui ont réfléchi sur le sujet, et dont les conclusions ne sont pas nécessairement unanimes, sentent néanmoins que les anges doivent avoir une forme qui les caractérise, soit-elle solide, éthérée ou flamboyante.

Il reviendra aux théologiens du Moyen Âge de régler la question des anges une fois pour toutes.

CHAPITRE QUATRE

Le point de vue du Moyen Âge chrétien sur les anges

À MESURE QUE LE CHRISTIANISME CONTROVERSÉ DES premiers temps évolue, il devient évident que les anges qui convenaient aux patriarches juifs et à leurs disciples ne conviennent pas du tout à la nouvelle religion chrétienne en pleine expansion. C'est pourquoi les diverses autorités ecclésiastiques — les théologiens, les historiens, les artistes sacrés et les enlumineurs — font évoluer le concept d'« ange » en quelque chose de totalement différent de ce qui est présenté dans les livres des anciens prophètes.

Avec la croissance de l'Église catholique et l'élargissement de son influence temporelle, toute une angéologie se développe. Au cours de tout le Moyen Âge, non seulement les anges sont très populaires (comme ils le sont aussi aujourd'hui grâce à une nouvelle résurgence), mais encore ils constituent une question épineuse dont débattent intensément toutes les autorités ecclésiastiques responsables de ce que l'Église approuve et de ce que les chrétiens doivent croire.

Aujourd'hui, il peut paraître ridicule que des hommes adultes — et de sérieux érudits en la matière — passent leur temps à discuter de la question de savoir si les anges sont faits ou non de pure lumière. Les gens prenaient ces questions très au sérieux, de la même manière qu'aujourd'hui, les spécialistes (et les politiciens) débattent de certaines questions et traînent dans la boue tous ceux qui ne partagent pas leur avis. À l'époque, néanmoins, vu l'importance de l'enjeu, et comme l'Église était l'arbitre suprême en ce qui concernait la plupart des aspects de la vie des gens ordinaires (maintenant, il existe peu ou pas de débats religieux en Europe, sauf en ce qui a trait à quelques juifs, qui vivent isolés et doivent se soumettre à certaines lois, comme celle leur interdisant d'acquérir une propriété), il arrivait qu'une partie traite l'autre d'« hérétique ».

Il ne fait pas de doute que le public a aussi une opinion sur le sujet, car les gens du peuple sont habitués à voir les anges des Écritures dans un large éventail de médias, d'ordre liturgique, dévotionnel et pictural. Les prières, les sermons, les récits de visions, les manuels de théologie et les traditions iconographiques indiquent que les profanes, autant que les ecclésiastiques, s'intéressent à la question des anges, et qu'ils discutent de la question des anges dans l'Écriture sainte, faisant de ces débats et de ces spéculations un élément essentiel et courant de la chrétienté médiévale.

Pour toutes ces raisons, les chrétiens du Moyen Âge souhaitaient savoir exactement ce qui en était des anges : ils souhaitaient connaître quel était le rapport de ceux-ci avec la nature et avec leur « Seigneur des armées ». Le Moyen Âge a hérité des interprétations des anges de la Bible proposées par l'Église primitive, a fondé ses croyances sur celles-ci et en a assuré la continuité d'une manière étonnante. Ainsi, Isidore de Séville, auteur de *Etymologiae*, renvoie aux traités de Grégoire le Grand et de saint Jérôme sur les anges, ne soulevant aucune nouvelle question. Souvent, on propose des réponses très traditionnelles aux questions concernant les anges, qui font l'objet des plus grandes discussions, comme pourquoi les anges ont des ailes (la réponse est que cela en fait des messagers plus rapides).

Au début du douzième siècle, un autre auteur, Honorius d'Autun, écrit un traité sur la création et la chute des anges qui ne soulève, non plus, aucune nouvelle question concernant la façon traditionnelle de voir ces derniers. Les ouvrages patristiques — quoique augmentés et discutés — restent essentiellement dominants jusqu'au treizième siècle. La plupart des théologiens, même sur les questions pour lesquelles ils sont en désaccord, continuent de poser les mêmes questions, sans sortir du cadre établi par la tradition.

Aux douzième et treizième siècles, les érudits révolutionnèrent la vision que les chrétiens avaient des anges et de leur nature. Selon Marcia L. Colish, qui a étudié les écrits de Pierre Lombard et d'autres théologiens de l'époque, le changement s'est produit en trois étapes.

Les anges et la Création

Au cours de la première phase, les théologiens érudits — prenant conscience de la nécessité de trouver une méthode systématique d'enseigner la théologie — établissent que l'angéologie doit être envisagée dans le contexte de la Création. Dès lors, la réflexion sur les anges se concentre sur les divers récits de la Création existants, ce qui entraîne des débats portant sur les points de ressemblance et de différence des différentes versions, soit celle de la Genèse et celle des écrits platoniciens et néoplatoniciens comme le *Timée*. Bien que ces érudits, pour la plupart, ne faisaient simplement que réitérer les idées traditionnelles en ce qui a trait à la problématique question des anges, au moins, ils abordaient le sujet selon une toute nouvelle perspective, utilisant une méthodologie différente, ce qui, finalement, a amené une transformation totale de l'angéologie. Les travaux du théologien italien Pierre Lombard, qui fut évêque de Paris en 1159, sont le point culminant de cette période. Lombard a écrit *Sentences*, un ouvrage que commentera plus tard Thomas d'Aquin.

Durant la deuxième phase, époque qui correspond à la deuxième moitié du douzième siècle, Colish note que « l'intérêt pour les anges est presque inexistant ». À ce qu'il semble, les théologiens ont des préoccupations plus pressantes.

Alexandre et Bonaventure

La troisième et dernière phase de cette progression commence durant le premier quart du treizième siècle. À cette époque, des érudits comme Guillaume d'Auxerre et Alexandre de Hales entreprennent l'étude des anges et appliquent à celle-ci de nouvelles catégories philosophiques, ce qui les conduit à envisager la question d'un nouveau point de vue métaphysique et épistémologique. Bonaventure, dont Alexandre a été le mentor, poursuit le travail exploratoire de son maître, ce qui l'amène à dégager de grandes synthèses permettant de comprendre la question des anges au Moyen Âge.

Toutefois, quand on en vient aux questions métaphysiques concernant la nature des anges, les choses commencent à se gâter sérieusement. Au treizième siècle, deux écoles de pensée rivales s'affrontent. L'une est représentée par le théologien écossais John Duns Scot. La seconde est représentée par Thomas d'Aquin (canonisé, ou admis au nombre des saints, par le pape Jean XXII, en 1323, moins de cinquante ans après sa mort), qui est un philosophe érudit italien, que l'on appelle le « Docteur angélique » en raison de ses brillants exposés sur les anges. Il est aussi connu sous le nom de « Prince des érudits », en raison de son intelligence supérieure et de ses facultés mentales exceptionnelles.

La question fondamentale et brûlante qui intéresse ces deux écoles de pensée est la suivante : de quoi les anges sont-ils faits?

Peter Lombard

Bien que peu connu aujourd'hui, Lombard (1100? — 1160 ou 1164) est un important érudit de son époque. Son œuvre principale, *Sententiarum Libri Quatuor*, connue plus familièrement sous le nom de *Senteniae (Sentences)* est très populaire en son temps. *Sentences* regroupe un ensemble d'opinions émises par les Pères de l'Église, et l'ouvrage est couramment utilisé comme manuel dans les écoles de théologie du Moyen Âge. L'érudit exerce une grande influence dans la cristallisation de la doctrine concernant les sacrements de l'Église.

John Duns Scot

Selon Scot, les anges sont composés de « matière spirituelle ». C'est pourquoi, vu leur nature nébuleuse, il est difficile de les identifier et de les définir précisément. Scot ajoute que les anges sont incorporels et immatériels ; néanmoins, leur substance est plus dense que celle de Dieu, qui, selon Scot, est un être de pure irréalité. Scot pense aussi que les anges peuvent réfléchir et raisonner comme les êtres humains, et que, comme pour les chevaux et les chiens, ils constituent une espèce comportant un nombre infini d'individus, tous pourvus de traits de personnalité différents, à l'instar des hommes. Ce point de vue fait l'affaire de ceux qui se plaisent à penser que les anges sont des êtres chaleureux et doux, pas très différents des êtres humains, seulement meilleurs et plus proches de la perfection, qu'ils sont accessibles et non distants comme Dieu, et qu'ils existent dans une sphère supérieure, au-dessus de l'humanité. En d'autres mots, près de nous et attentifs à nos supplications, ils nous prodigueraient un amour céleste inconditionnel, comme celui d'une mère.

De plus, les anges acquièrent un nouvel aspect ; finies les apparitions terrifiantes des visions de l'Ancien Testament. Désormais, les anges ont le même nombre d'yeux que les humains, les mêmes yeux que ceux que nous apercevons quand nous nous regardons dans la glace ou que nous regardons une autre personne. De plus, bien que les anges soient radieux et d'une beauté surnaturelle, leur visage se reconnaît comme un visage. L'ajout d'ailes n'est pas exagéré non plus, car nous avons l'habitude de voir les créatures ailées que sont les oiseaux. Les gens aiment les ailes et ils sont toujours fascinés par elles et par la perspective de voler. Dans les cahiers du grand Léonard de Vinci, on trouve une abondance de notes concernant les ailes et la capacité de voler, accompagnées de nombreux croquis illustrant comment les êtres ailés non surnaturels font pour voler. Selon lui, « L'homme devrait avoir des ailes. Il devrait pouvoir voler. Il devrait être comme les dieux. » Il n'a pas tort diront tous ceux qui ont déjà observé un Boeing 747 s'élancer dans le ciel. Bien sûr, individuellement, les hommes sont incapables de voler ; cependant, combien nous le souhaiterions ! Néanmoins, en ce qui concerne l'avion, il s'agit bien de vol, et l'engin possède des ailes. La fascination qu'éprouve Léonard pour les ailes l'amène à anticiper l'avenir, bien que je doute que le grand De Vinci ait pu prévoir l'envolée spectaculaire qui a permis à l'homme d'aller sur la Lune.

Thomas d'Aquin

Pour sa part, Thomas d'Aquin pense autrement que Scot. Il propose son point de vue au cours d'une série de conférences publiques qu'il prononce en 1259, à l'Université de Paris. Il faut se rappeler qu'à l'époque, les livres étaient rares, et la plupart de ceux qui existaient étaient copiés à la main par des moines et conservés dans des monastères. La population en général était illettrée ; les gens ne savaient pas lire pour la bonne raison qu'il n'y avait pas de livres. (L'imprimerie de Gutenberg sera inventée quelque cent soixante-quinze ans plus tard.)

C'est pourquoi les gens qui aimaient la réflexion, qui souhaitaient être éduqués et acquérir la possibilité de se servir de leur esprit, assistaient à des conférences, presque comme s'il s'agissait de spectacles ; après une conférence, les gens discutaient entre eux du sujet abordé par le conférencier et des opinions qu'il avait exprimées.

Les grands professeurs de l'époque étaient de grands orateurs, comme Abélard et Thomas d'Aquin, attirant des foules considérables qui accouraient pour les entendre disserter sur différents sujets. Le public raffolait des questions controversées, des thèmes qui comportaient des arguments et des contre-arguments, surtout ceux qui portaient sur de longues citations de l'Écriture sainte ou sur des écrits anciens et qui faisaient appel à une logique et à des raisonnements complexes (comme Français, cela faisait partie de leur nature !). L'assistance appréciait l'éloquence d'un orateur particulier et la clarté de sa pensée, un peu comme les passionnés d'opéra raffolent de l'interprétation d'un rôle par une certaine chanteuse, et comparent les mérites de l'une et de l'autre dans les rôles de Aïda ou de Madame Butterfly. D'une certaine façon, le but de ces conférences n'était pas seulement d'instruire le public ; elles constituaient aussi un divertissement important à l'époque, une sorte de partie de football verbal.

À raison de quinze conférences par semaine, et grâce à une agilité d'esprit exceptionnelle, Thomas d'Aquin traite de tout ce qui est connu sur les anges et de toutes les interrogations à ce sujet, prenant les questions de l'auditoire et donnant des réponses.

Voici l'un des raisonnements tortueux que Thomas d'Aquin développe pour répondre à la question de savoir si les anges s'affligent des maux de ceux dont ils sont les gardiens : « Il semble que les anges s'affligent des maux de ceux dont ils sont les gardiens. » Citant Isaïe qui dit : « Les messagers de paix pleurent amèrement » (Isaïe 33,7),

« Le docteur séraphique »

Bonaventure, ou Bonaventura, qui va devenir plus tard saint Bonaventure, et dont le nom véritable est Giovanni di Fidanza, est un philosophe érudit italien né en Toscane. Il est un auteur majeur du Moyen Âge et un mystique qui écrit de nombreux ouvrages. Né en 1221, il meurt en 1274 après avoir été l'objet de vénération pendant toute sa vie. Membre de l'ordre des Franciscains, il est professeur de théologie à Paris et il est nommé cardinal par Grégoire X, en 1273.

il allègue cependant que, comme la tristesse est produite par les choses qui nous arrivent malgré nous et que la volonté des anges est parfaitement alignée sur celle de Dieu, rien ne peut arriver aux anges qui soit contraire à la volonté de Dieu (ou contre leur volonté, si toutefois ils en ont une qui leur soit propre). Il en déduit donc catégoriquement que « les anges ne s'affligent point des maux de ceux dont ils sont les gardiens ». Il s'applique ensuite à expliquer l'écart existant entre la citation de l'Écriture sainte qu'il a mentionnée et ses propres déductions :

> Les paroles d'Isaïe peuvent s'entendre des anges, c'est-à-dire des envoyés du roi Ézéchias, qui versèrent des larmes en entendant les paroles de Rabsacès, que le prophète rapporte lui-même (Isaïe 37). C'est là leur sens littéral. Dans le sens allégorique, les anges de la paix sont les apôtres et les prédicateurs qui pleurent pour les péchés des hommes. Si on les entend des bons anges dans le sens anagogique, alors ces expressions sont une métaphore qui indique que les anges veulent, en général, le salut des hommes. Car on attribue ordinairement à Dieu et aux anges des passions de cette nature.

Comme c'était l'usage à l'époque, ses conférences étaient prises en note au fur et à mesure, ce qui est heureux, parce que les idées qu'il a exprimées constituent le fondement des « connaissances » sur les anges dont nous disposons encore aujourd'hui.

Selon Thomas d'Aquin, considéré comme très crédible — et indubitablement exact —, les anges sont constitués d'intelligence seule ; voilà une conclusion peu étonnante venant de la part d'un homme qui est peut-être le plus grand esprit de son temps, et certainement l'un des plus grands esprits n'ayant jamais existé. Aujourd'hui, les psychologues diraient que Thomas se projetait sur les anges, voyant en eux, comme dans un miroir, ce qu'il était lui-même.

Quoi qu'il en soit, Thomas affirme que les anges sont « pure intelligence » et rien d'autre ; il n'y a en eux aucune matière ou substance corporelle. Selon lui, toutefois, les anges peuvent prendre l'aspect humain à volonté, et même manger des aliments destinés aux humains (ce qui règle la question de savoir si des anges ont vraiment partagé le repas d'Abraham et de Sara).

Les affirmations et les raisonnements de Thomas d'Aquin procèdent directement de l'Écriture sainte — c'est-à-dire de l'application de la logique et de la raison aux passages traitant des anges —, et non d'une connaissance empirique de ces derniers. (Les mystiques qui font l'expérience directe de rencontres avec des anges n'ont que faire de cette argumentation logique; le contact qu'ils ont avec les anges, qui peut prendre la forme d'apparitions, de rêves ou d'une voix qu'ils entendent intérieurement, et les messages que les anges leur transmettent les intéressent davantage.)

Une autre question d'importance fondamentale se pose au Moyen Âge : les anges sont-ils éternels? Comme les êtres humains et les étoiles, les anges sont-ils destinés à mourir, ou au contraire, sont-ils immortels? Les Pères de l'Église considèrent cette question et ils en débattent abondamment. Ils discutent aussi beaucoup des sous-questions que cette interrogation suscite. Si les anges sont destinés à mourir, cela implique-t-il que leur existence d'ange doit être ponctuée d'étapes et marquée d'une progression? S'ils ne sont que « pure intelligence », cela suppose-t-il qu'ils ont la capacité de réfléchir, comme les humains, et qu'ils utilisent la logique et le raisonnement? Ce dernier point est essentiel, car il soulève la question du libre arbitre des anges. Les anges sont-ils dotés de libre arbitre? Ont-ils la possibilité de choisir entre Dieu et Satan? Arrive-t-il parfois que de « bons anges » décident de devenir de mauvais anges, des anges déchus?

Selon Thomas d'Aquin, bien que les anges ne soient que « pure intelligence », ils n'ont pas la capacité de raisonner ni de choisir. Ils n'ont eu qu'un bref instant de choix, au moment de leur création; par la suite, la perfection dont ils ont été dotés fait qu'ils optent pour Dieu en toutes circonstances. Toujours selon cet auteur, les anges appartiennent à une sphère supérieure à celle des humains; de plus, les anges ne forment pas une espèce comme telle, mais chacun d'eux constitue un être unique distinct, une espèce en soi. Les croyances de Thomas d'Aquin, en ce qui a trait aux anges, correspondent au concept d'« ange » qui avait cours à l'époque.

Toutefois, en 1277, seulement trois ans après la mort de Thomas d'Aquin, la censure interdit des enseignements, parmi lesquels se retrouvent certains dont il est l'auteur. Cette mesure est le résultat d'un déplacement des centres d'enseignement des monastères vers les universités et de la prédominance des idées d'Aristote, qui vient d'être redécouvert après que ses textes ont été traduits de l'arabe au latin, les textes originaux en grec ayant été conservés, au cours des siècles, dans cette première langue.

Les universités du treizième siècle jouent un rôle primordial dans la refonte fondamentale de la pensée théologique, laquelle permettra

« Le docteur angélique »

Thomas d'Aquin, qui va devenir plus tard saint Thomas, se fait connaître particulièrement pour avoir structuré la théologie catholique et pour le système philosophique dont il est l'auteur, aujourd'hui appelé le « thomisme » ; ses disciples sont appelés les « thomistes ». Les idées qu'il a sur la nature des anges sont infiniment plus complexes et plus détaillées que celles que l'on retrouve dans les angéologies élaborées avant le douzième siècle. Il est l'auteur de *Summa Theologica*, *Summa de Veriate Catholicae Fidei contra Gentiles*, *Questiones Disputatae*, *Quodlibeta*, *Catena Aurea* et *Opuscula Theologicia*, et il a écrit un commentaire du *Sententiae* de Pierre Lombard.

à la vision des anges chez les chrétiens du Moyen Âge de se transformer de manière importante.

D'abord, grâce à l'influence d'Aristote, de nouvelles techniques et de nouvelles méthodes, fondées sur l'application de la pure logique, apparaissent et sont officialisées. La méthode dialectique devient la première façon d'aborder un problème, ce qui fait émerger de nouvelles questions à propos des anges et permet d'en approfondir des anciennes.

Toujours sous l'influence du philosophe grec, les douzième et treizième siècles sont les témoins d'un intérêt croissant portant sur la nature exacte de toutes les créatures, et les érudits commencent à employer des catégories philosophiques et métaphysiques pour explorer cette question.

C'est pourquoi, au cours de cette période cruciale, on étudie les anges non seulement en eux-mêmes (comme messagers) ou du point de vue de leur description de tâche, mais aussi sur le plan de leur nature véritable, c'est-à-dire de leur existence en tant qu'« intelligences » ou substances dotées d'une nature propre, ou d'« esprits ». Ce courant est d'une telle importance que l'étude des anges acquiert une position particulière dans la formation universitaire officielle. Dépassant le statut de simple sujet de discussion générale, l'étude des anges devient, dès lors, un préalable pour tous les étudiants de théologie et constitue une part importante de leur formation.

Il est intéressant de constater que les deux érudits jouant un rôle majeur dans le questionnement sur les anges, propre à l'époque, et dans l'examen des problèmes spécifiques sur les anges et leur nature, soulevés par celui-ci, Thomas d'Aquin et Bonaventure, meurent la même année, en 1274. En dépit des Condamnations de 1277 et, pour une bonne part, grâce à ces deux hommes, l'angéologie élaborée par les érudits du treizième siècle continuera d'être reconnue jusqu'à la fin du Moyen Âge.

D'abord, la patiente minutie et le souci du détail, dont Thomas d'Aquin et Bonaventure ont fait preuve dans leur travail, et leur élaboration de systèmes complets embrassant toutes les principales questions d'ordre naturel et métaphysique concernant les anges freinent les développements ultérieurs. Comme ils ont, pour ainsi dire, couvert tout le territoire dans le domaine de l'angéologie, il ne reste à leurs successeurs que rien, ou peu de chose, à explorer. Comme le signale David Keck : « Les principales questions ont été posées, et la fusion entre ces questions et les nouveaux concepts révolutionnaires a été réalisée. La science des anges a atteint son apogée au treizième siècle. »

Les anges, l'angéologie, la croyance en les anges, les raisonnements concernant les anges, toutes ces questions imprégnaient le Moyen Âge en Europe et en faisaient un univers si différent de ce que nous connaissons aujourd'hui que s'il était donné à quelqu'un de voyager dans le temps et de se retrouver à cette époque et en ce lieu, cette personne croirait avoir été amenée — peut-être par un ange — sur une autre planète.

Les Condamnations

Les Condamnations avaient pour but de rejeter les idées issues des Grecs et des Arabes ; certaines de ces idées ont aussi été rejetées par Bonaventure et Thomas d'Aquin, alors que d'autres, cependant, seront adoptées par Thomas d'Aquin. Plus particulièrement, le « Docteur angélique » a établi que les anges appartiennent à une catégorie différente en vertu de leur immatérialité, et que la matérialité est le fondement de toutes les espèces. Ceux qui sont venus après les Condamnations marchent sur la corde raide par crainte d'être excommuniés. Ainsi, en développant sa propre angéologie, Richard Fitz-Ralph (1300-1360) s'est exposé à la possibilité d'excommunication.

CHAPITRE CINQ

Les anges dans les cultures non chrétiennes

Les anges dans la tradition juive

Pendant qu'un débat passionné sur la question des anges se déroule dans l'Europe en grande partie chrétienne, une population juive vit tout à côté du monde chrétien, tout en demeurant totalement isolée de celui-ci. Il est difficile de concevoir comment des idées d'ordre métaphysique ou théologique auraient pu être échangées entre les deux groupes, dont l'un est nettement supérieur à l'autre, tant en nombre qu'en influence politique. Isolés et essayant de préserver leur identité comme peuple en conservant leur langue et leurs traditions, les juifs du Moyen Âge évoluent dans un vide religieux.

La kabbale

Apparemment, les grands maîtres chrétiens de la théologie dont nous avons parlé précédemment ne semblent pas avoir eu de contact avec le livre fondamental des juifs, la kabbale (aussi cabale, *kabbalah, kabala, kabbala, cabala, cabalah*). Le mot « kabbale » a comme racine « *kbl* » en hébreu, ce qui signifie « recevoir ». Le mot renvoie également à des contenus occultes (c'est-à-dire cachés) et à une connaissance d'ordre mystique si secrète qu'elle fait rarement l'objet d'écrits, et qu'elle est plutôt transmise verbalement du maître au disciple, ou au néophyte, pour empêcher que les secrets ne soient révélés à des personnes qui ne sont pas prêtes à les recevoir, ou qui en sont indignes.

Le livre sacré des écrits mystiques hébreux est extrêmement complexe et difficile à comprendre. Il comporte des formulations numériques infiniment compliquées, car il se fonde sur la croyance que les nombres sont à l'origine du monde.

Bien que la kabbale remonte au premier siècle apr. J.-C., époque au cours de laquelle elle est populaire en Palestine, les principaux textes n'apparaissent pas avant les douzième et treizième siècles, où ils sont concomitants aux traités chrétiens sur les anges. On les trouve surtout en Espagne, où, à l'époque, vit une population importante de

La vision des anges d'Énoch

« J'aperçus [...] un édifice bâti avec des pierres de cristal. Et au milieu de ces pierres, des langues d'un feu vivant ; mon esprit vit un cercle, qui entourait l'habitation enflammée des quatre côtés, et des fleuves de feu qui l'environnaient. Les séraphins, les chérubins et les ophanims se tenaient debout tout autour [...]. Et je vis des anges innombrables, des milliers de milliers, des myriades de myriades, qui entouraient cette habitation. »

— *Livre d'Énoch*

juifs. L'un de ces textes, le *Zohar*, ou le Livre de la lumière, date de cette période de l'histoire juive.

D'autres ouvrages, qui semblent avoir été écrits entre les troisième et sixième siècles, à commencer par le *Sefer Yetsirah*, ou Livre de la création, apparaissent aussi autour de cette période, de même que le Livre de la splendeur et le Livre de l'image.

Tous ces ouvrages de la kabbale constituent un ensemble systématique de conseils permettant d'atteindre Dieu ; le croyant est guidé par des anges à travers une série de vestibules célestes. La kabbale regorge de longues descriptions sur la façon d'effectuer le périple en toute sécurité, grâce à une arborescence d'anges, et elle donne des mots de passe secrets qui permettent d'éviter les démons que l'on pourrait rencontrer en chemin.

Les anges jouent un rôle central dans la tradition de la Merkaba, ce qui signifie « trône », ou « chariot de Dieu », ainsi que dans les autres traditions kabbalistiques. Selon une doctrine datant du douzième siècle, il y a quatre mondes, chacun ayant Dieu à son origine.

Dans la kabbale, il y a dix séphiroth, ou anges ; ceux-ci sont considérés comme des canaux fondamentaux d'énergie divine. Ce sont la Fondation, la Splendeur, l'Éternité, la Beauté, la Puissance, la Miséricorde, la Rigueur, la Sagesse, la Compréhension et la Couronne. Ils sont disposés de manière à former un arbre, qui est appelé « Arbre de vie ».

Au sommet de cet arbre se trouve l'ange Métatron, et au-delà de ce déploiement, on trouve la contemplation mystique de Dieu. Dieu est si éloigné de la sphère des êtres humains que ceux-ci ne peuvent L'appréhender directement ; ils ne peuvent en faire l'expérience que par le biais des anges.

La Bible hébraïque

Selon Jeffrey Burton Russell, dans son ouvrage *A History of Heaven* (Une histoire du ciel), les origines de la Bible hébraïque et la question de savoir qui en est l'auteur font l'objet de vigoureux débats. D'après cet auteur :

> Les textes les plus anciens remontent aussi loin qu'au onzième siècle av. J.-C. Les réformes de Josué, en 622 av. J.-C., ont arrêté certains textes ; cependant, après la déportation des juifs à Babylone, entre 586 et 538 av. J.-C., la plupart de ceux-ci ont été révisés. La distinction entre révélation et inspiration

est une question fondamentale dans la pensée hébraïque et dans la pensée chrétienne. On peut considérer que de nombreux écrivains ont reçu l'inspiration divine, mais seuls les écrivains de la Bible ont eu la révélation. Non seulement ces derniers ont reçu l'inspiration de Dieu, mais encore Celui-ci leur a révélé directement la vérité.

La ville glorieuse de Jérusalem a servi de modèle pour la Jérusalem céleste et, graduellement, a fusionné avec elle. L'idée que les cieux sont la demeure éternelle des justes n'apparaît qu'indirectement dans la Bible hébraïque, par le biais d'associations reliées à Dieu et aux *anges* [c'est nous qui soulignons]. L'Arc et le Temple n'apparaissent dans les cieux qu'après la période au cours de laquelle se déroulent les événements rapportés dans la Bible. Le mot hébreu pour « cieux » est le même que pour « firmament » : « *shamayim* », dont la racine est « *shama* », qui signifie « lieu élevé ». Il s'agit d'un mot pour désigner le lieu où Dieu et les anges habitent, et qui est parfois utilisé pour désigner Dieu Lui-même.

Il est certain que l'exil des juifs à Babylone, qui se produit à l'époque où le zoroastrisme est la religion la plus importante de la région, influence grandement la conception de ces derniers sur les anges. En fait, une grande part de nos traditions occidentales, en ce qui concerne les anges, remonte à cette période.

Avant Zoroastre, la Divinité suprême — quel soit le nom qu'on lui donne — englobe le bien et le mal. Cependant, avec le zoroastrisme, arrive l'idée de « bons anges » d'un côté et de « mauvais anges », ou « démons », de l'autre, s'affrontant dans une lutte acharnée et éternelle. Cette notion, nouvelle à l'époque, est sans doute à l'origine de la tradition hébraïque en ce qui concerne les mauvais anges, ou anges déchus, laquelle a d'ailleurs fait son chemin jusqu'au christianisme.

L'histoire de la vision de Zoroastre

Zoroastre a fait une expérience comparable à celle de Jacob. Toutefois, au lieu de se battre contre un ange, il a combattu un démon. On raconte que Zoroastre, qui allait bientôt devenir prophète, a engagé une lutte énergique contre ses démons intérieurs, irrité de ce qu'il considérait être des superstitions et des peurs primitives gâchant la vie des gens. De plus, les gens de son peuple subissaient les attaques des Touraniens, ce qui les avait conduits dans une grande misère.

La vision d'Énoch

Dans la vision extraordinaire d'Énoch, d'innombrables multitudes d'anges entourent le grand trône de Dieu, le Seigneur des Esprits. Énoch nous fait le récit frappant d'une expérience hors du corps. Ainsi, il voit des anges et il entend les voix de quatre anges : l'un rend des louanges au Très-Haut ; un autre bénit Dieu ; un troisième adresse à Dieu des prières et des supplications de la part des hommes ; et un dernier combat les esprits mauvais (Énoch 40,9). Plus loin, les anges s'emploient activement à appliquer la justice de Dieu aux pécheurs impénitents.

Si profond était le désespoir de Zoroastre, et si grands étaient les conflits émotionnels qui l'habitaient, qu'il s'est retiré dans une grotte dans les montagnes afin de méditer.

Dans un éclair d'inspiration (divine?), il entrevoit la réponse à la question qu'il se posait : pourquoi le malheur arrivait-il? C'était certainement l'œuvre d'un esprit malin, du diable lui-même. Cette révélation intérieure qu'a eue Zoroastre est à l'origine de la séparation entre le bien et le mal dans la divinité ; l'idée s'est transmise au fil des siècles, et elle a cours encore aujourd'hui.

À la différence de Jacob, qui ne saura jamais le nom de l'ange qu'il a combattu, Zoroastre a pris sur lui de nommer son démon Angra Mainyu, ou Prince des mensonges, ou Démon du doute et du désespoir. Aujourd'hui, un psychiatre diagnostiquerait une dépression et lui prescrirait de la fluoxétine. À l'époque, toutefois, il n'existait pas de remèdes indiqués pour ce type d'état, même les populaires mélanges d'herbes, comme le millepertuis, n'existaient pas encore. C'est pourquoi Zoroastre a résolu son problème en créant une nouvelle religion, dont la portée sera considérable.

Plongé dans une grande souffrance intérieure, après avoir identifié la source de ses problèmes et de ceux de son peuple, Zoroastre décide de s'attaquer au démon, ou à l'esprit du mal. Il déclare : « Le grand démon des ténèbres (auquel il donne, derechef, le nom de Ahura Mazda) sera vaincu par le dieu de la lumière. » Et maintenant qu'il connaît le responsable de tous leurs problèmes et même des attaques dont est victime le bétail, il va enseigner aux gens de son peuple cette nouvelle vision de ce qu'est la vie. Le nouveau prophète poursuit : « J'irai leur dire [...] que les dieux qu'ils adoraient [...] ne sont que des ambassadeurs du grand démon des mensonges, Angra Mainyu. Je leur dirai que les Touraniens attaquent notre bétail parce qu'ils sont envoyés par ce méchant. »

Optimiste dans l'âme, Zoroastre proclame également la défaite éventuelle du démon : « Je proclame aussi qu'un jour, Angra Mainyu sera totalement vaincu par Ahura Mazda, le dieu suprême de la lumière et de la vérité. » À l'instar d'autres prophètes et visionnaires, la vision qu'il a eue de Dieu le libère de son désespoir et de son angoisse, dont il comprend maintenant l'origine, et qu'il est résolu à affronter.

Au fil du récit, à l'aube du matin qui suit cette longue nuit d'angoisse, Zoroastre, se tenant sur la rive d'un des trois canaux du fleuve sacré Daitya, remplit ses mains d'eau sainte. Au moment où il s'apprête à boire dans ses mains réunies en forme de coupe, il est aveuglé

Les quatre mondes de la kabbale

Le premier monde : c'est le monde physique dans lequel nous vivons, ou le plan matériel.

Le deuxième monde : c'est la demeure des dix ordres d'anges, dont les noms sont énumérés, et sur lesquels règne Métatron, qui, à lui seul, possède vingt-six noms.

Le troisième monde : c'est le monde de la lumière émanant du monde très élevé de Dieu.

Le quatrième monde : dans ce monde, Dieu est uni à Shekhinah, son pendant féminin. Le mot « *Shekhinah* » n'est pas mentionné dans la Bible, mais uniquement dans les ouvrages mystiques. Il signifie « abri » ou « résidence ».

par un personnage brillant, qui s'approche de lui, venant du sud et tenant à la main une lance lumineuse. Il apparaît que c'est l'ange Vohu Manah, dont la taille est neuf fois celle d'un être humain. Cet ange — ou, à tout le moins, une apparition — ordonne à Zoroastre, émerveillé, de quitter son corps et de le suivre pour rencontrer le grand Ahura Mazda et son cortège de saints anges (de telles sorties de corps sont courantes dans les récits de visions).

Accomplissant ce qui lui est demandé (le récit n'explique pas exactement comment Zoroastre réussit l'exploit), le prophète suit l'ange éblouissant qui le conduit à l'endroit où Dieu donne des audiences, entouré de tous ses anges, lesquels sont aussi brillants que l'ange qui guide Zoroastre jusque-là. En présence de ces êtres célestes, il remarque qu'il ne projette pas d'ombre ; il attribue cette anomalie à la brillance et au rayonnement de son divin Hôte, ne se souvenant pas, à ce qu'il semble, qu'il ait laissé son être matériel, son corps, plus bas, sur le bord du fleuve.

Il ne s'aperçoit pas qu'il est désormais immatériel : ce fait ne semble pas avoir d'importance. Il s'approche simplement du banc des demandeurs afin de prendre connaissance des principes cardinaux de sa nouvelle religion. On lui transmet des signes mystérieux et on lui donne des informations secrètes concernant l'avenir de sa nouvelle religion, qui va bientôt devenir le zoroastrisme. Mis au fait de toutes ces informations, Zoroastre revient sur terre, il reprend possession de son corps et il se met à prêcher ce nouvel évangile révolutionnaire pendant les deux années suivantes.

Ainsi parlait Zarathoustra

Zoroastre est aussi appelé Zarathoustra, ce qui signifie « celui qui possède de nombreux chameaux ». Friedrich Nietzsche (1844-1900), le grand philosophe et poète allemand, a intitulé l'un de ses plus populaires ouvrages *Ainsi parlait Zarathoustra*. Ce volume introduit le concept du « *uber mensch* », ou du « surhomme ».

Ougarit

Les vestiges d'Ougarit, ancien royaume et capitale, sont découverts en 1931, sur un site archéologique dans le petit village arabe de Ras Shamra, situé près de la ville moderne de Latakia. On a trouvé des tablettes qui remontent au quatorzième siècle av. J.-C. Le texte de ces tablettes est en langue ougaritique, laquelle est identifiée comme une langue sémitique reliée à l'hébreu classique.

Le royaume d'Ougarit, autrefois très puissant, était situé sur la côte de la Méditerranée, au nord de la Syrie ; on y vénérait tout un panthéon de dieux, dont El, le plus grand, son épouse, Atirat, le bon dieu des tempêtes Baal, sa sœur Anat, ainsi que d'autres divinités.

Ce qui nous intéresse ici est le fait que la religion d'Ougarit comporte des anges ! On s'est aperçu de cette particularité après que les textes, longs et décousus, découverts à Ras Shamra furent déchiffrés.

Il est question, dans les textes, de « messagers de Dieu » participant au « conseil divin », ou *puhru ilani*. Les anges de ce conseil donnaient leur avis à la divinité en chef, El. Chose étonnante, le terme utilisé pour nommer ces messagers est le même que l'on utilise souvent dans l'Écriture sainte pour désigner les anges, c'est-à-dire « *mal'akim* ».

De plus, comme Ougarit, qui était une nation portuaire, entretenait des relations commerciales avec tout le monde connu de l'époque, il est fort possible que de nombreux mélanges d'idées aient eu lieu, en particulier sur la question des anges. Le rôle que jouaient les anges d'Ougarit ressemble à ce que les Hébreux définissent comme la tâche d'un ange : c'étaient des messagers des dieux ; ils transmettaient les messages que les dieux se destinaient entre eux et les messages qu'ils destinaient aux humains.

De plus, les anges étaient soumis au dieu le plus grand d'Ougarit, ils devaient obéir quand ce dernier leur ordonnait d'intervenir dans les affaires humaines, ou au contraire s'abstenir d'une telle intervention, s'ils en recevaient l'ordre.

On les décrit comme de purs esprits : ils n'avaient pas de corps ni de chair ni de sang ; c'étaient des créatures de Dieu, tout comme les anges de l'Ancien et du Nouveau Testament. Sur les tablettes d'Ougarit, on trouve un long récit intitulé « La naissance des gracieuses divinités ». Cette histoire raconte la création par El, le grand dieu d'Ougarit, de deux anges appelés Shalim et Shanar.

Comme tâche, les anges d'Ougarit avaient celle, entre autres, de chanter les louanges de toutes les divinités, et en particulier d'El.

Chronologie zoroastrienne

Des érudits d'une époque ultérieure à Zoroastre décrivent la vision de Zoroastre en détail et fondent leur chronologie sur le moment précis de l'aurore du quinzième jour du mois Ardavahist (pour nous, il s'agit du 5 mai de l'année 630 av. J.-C.), où s'est produit l'événement. C'est ainsi que, d'après eux, la trente et unième année du règne temporel du roi Vishtaspa est la première année de la religion (1 A.R.).

Le prophète de l'islam

Le saint Coran comporte une version du mythe biblique de la Création et de la chute. On y lit également :

> Lorsque ton Seigneur dit aux anges : « Je vais établir un représentant sur terre », les anges Lui dirent : « Vas-Tu y placer quelqu'un susceptible d'y créer du désordre et d'y répandre du sang, alors que nous chantons Tes louanges et que nous exaltons Ta Sainteté ? » […] Et Il enseigna à Adam le nom de tous les objets, puis Il présenta les objets correspondants aux anges, leur disant : « Si vous êtes dans le vrai, dites-Moi le nom de ces objets. » Ils répondirent : « Gloire à Toi ! Nous ne savons que ce que Tu nous as enseigné. En vérité, Tu es sage

À quelle époque Zoroastre a-t-il vécu ?

Au mois de novembre 1754, Abraham Hyacinthe Anquetil-Duperoon (1731-1805), un jeune Français, soldat dans l'armée française, s'embarque pour les Indes avec l'espoir de trouver des vestiges des travaux du fameux prophète perse Zoroastre. Ses recherches sont couronnées de succès, et en 1771, il publie le *Zend Avesta*, dans lequel il donne toutes les informations dont on dispose sur Zoroastre et ses importantes innovations religieuses.

Joseph Campbell, dans son ouvrage *Occidental Mythology* (Mythologie occidentale), écrit : « [...] les progrès accomplis depuis, par les érudits orientaux cherchant à comprendre la relation entre ces textes et les doctrines [comprenant celles concernant les anges] du christianisme et de l'islam — quoique extrêmement lents —, sont décisifs et convaincants ».

Les paroles du prophète perse ont traversé les siècles, intactes comme des joyaux sertis dans leur monture, grâce à un ouvrage liturgique publié plus tard, connu sous le nom de *Yasna*, le Livre de l'offrande. L'ouvrage est une compilation religieuse de prières, de confessions, d'invocations [aux anges], et ainsi de suite, présentées selon l'ordre des rituels dans lesquels elles sont employées.

Dans l'introduction de la traduction qu'il a faite du *Yasna*, le professeur L. H. Mills affirme que les *Gathas* remontent à une période située entre 1500 et 900 av. J.-C. Selon un autre professeur, Hans Heinrich Schaeder, ils remonteraient au septième siècle av. J.-C. Les érudits ne s'entendent cependant pas sur la date. Le roi Vishtaspa [le monarque présumé à l'époque où vivait Zoroastre] est mentionné dans les *Gathas* ainsi que le roi Hystaspes, père de Darius. Selon ces occurrences, on devrait situer l'existence du prophète aux alentours de l'an 550 av. J.-C. D'après Campbell, la question est très complexe et les tenants de chaque position ont des arguments valables.

et omniscient. » [...] Nous avons dit aux anges : « Soumettez-vous à l'autorité d'Adam », et tous se soumirent. Mais Iblis ne se soumit pas. (Coran II,28-32)

Selon Joseph Campbell :

En lisant le Coran, on constate que l'islam se fonde dans la continuité de l'héritage zoroastrien judéo-chrétien, qu'il reprend celui-ci littéralement et qu'il l'amène (comme on le déclarera plus tard) à son ultime formulation. Toutes les légendes des patriarches, et les leçons qui en découlent, sont répétées... à maintes reprises dans le Coran, de même que le sont aussi certaines parties du mythe chrétien. Selon le Coran, la légende sur laquelle se fondent les origines raconte que les Arabes et les Juifs descendent d'Abraham.

Une page du Coran

« Au nom d'Allah, le Gracieux, le Miséricordieux.

Toutes les louanges appartiennent à Allah, Seigneur de tous les mondes, Le Gracieux, le Miséricordieux, Maître du Jour du Jugement.

C'est Toi seul que nous adorons, et c'est Toi seul que nous supplions de nous venir en aide. Guide-nous sur le bon chemin, Le chemin de ceux à qui Tu as accordé tes faveurs, pas celui de ceux qui se sont attiré Ton courroux ni de ceux qui se sont égarés. »

Coran I,1-7

Comme Zoroastre, Mahomet a une révélation, ou une vision ; cette vision a lieu dans une grotte, située sur le versant du mont Hira, à cinq kilomètres de La Mecque : un endroit où il a l'habitude de se retirer pour méditer paisiblement, quelquefois en compagnie de son épouse, Khadija, qui est plus âgée que lui (Mahomet est son troisième mari).

Le récit nous apprend qu'un jour, seul dans sa grotte personnelle, réfléchissant sur le fait que les êtres humains sont faits de chair putrescible, Mahomet est frappé d'une vision de beauté et de lumière. Si éblouissante est cette vision qu'il en perd l'usage de ses sens. Il entend une voix s'écriant « Proclame ! », ce qui le plonge dans la terreur et la confusion.

Néanmoins, la voix continue de retentir, claire et autoritaire : « Proclame ! Proclame ! Proclame ! » Mahomet parvient à mettre de l'ordre dans ses pensées, et il s'aperçoit, en un éclair, que c'est la voix de Dieu qu'il entend. En un instant, il sait exactement ce qu'il faut faire et pourquoi. Sa mission est claire. Dieu souhaite écrire un livre, et lui, Mahomet, va écrire sous sa dictée. Cet ouvrage sera un grand livre saint que les hommes vont lire, étudier, réciter et garder près de leur cœur et de leur âme.

À mesure que se forme cette conclusion, son âme se remplit d'extase divine ; toutefois, comme c'est l'usage chez ceux qui vivent de telles transes, lorsqu'il reprend possession de lui-même, il est envahi de terreur et de confusion. Il court retrouver son épouse, Khadija, afin de recevoir un peu de réconfort. Khadija le convainc que ce dont il a fait l'expérience n'est pas une illusion, mais une véritable communication avec Dieu. Après avoir pris conseil auprès de son cousin, Waraka ibn Naufal, un disciple de la foi chrétienne, qui se réjouit d'entendre la nouvelle dont lui fait part Khadija, cette dernière retourne auprès de son mari et déclare :

> Réjouis-toi, car tu es l'envoyé de Dieu. Jamais Dieu ne pourra te causer de confusion. Tu as de la bonté et de la considération envers ta famille, tu aides les pauvres et les infortunés à porter leur fardeau. Jamais le mal ou la malice n'effleure ton esprit. Jamais le mensonge ne franchit ta bouche ; tes paroles sont apaisantes pour ceux qui souffrent à cause de leurs passions. Tu es toujours prêt à servir Dieu : il n'y a qu'un seul Dieu, qu'Allah, et tu es l'apôtre qu'Il a choisi.

Il est clair que la tâche de Mahomet est toute tracée devant lui, et il se met au travail sans tarder. Étant donné que les traditions arabes reconnaissent de nombreux dieux et déesses, et qu'elles incluent des anges parmi ces derniers, Mahomet inclut naturellement des anges dans sa formulation. En fait, après avoir déclaré que Dieu l'a choisi, le nouveau prophète proclame qu'il a eu une vision de l'ange Gabriel, qui a promis de le guider dans son nouveau rôle de scribe divin : « Je me reposais dans ma maison. C'était une nuit d'éclairs et de tonnerre. Nul ne pouvait être entendu ; aucun oiseau ne volait dans le ciel. Tous étaient endormis, mais moi, je ne dormais pas ; j'étais dans un état entre la veille et le sommeil. »

> Soudain, l'archange Gabriel est descendu du ciel dans toute sa gloire ; il était d'une telle beauté et d'une telle majesté que ma demeure en fut tout illuminée. La lumière qui l'entourait était plus blanche que la neige, son visage était étincelant de beauté, les vagues de sa chevelure se répandaient en longues tresses sur ses épaules, et son front était ceint d'une couronne de lumière sur laquelle était écrit : « Il n'y a d'autre Dieu qu'Allah. » Il portait six cents ailes serties de soixante-dix mille grains de chrysolithe rouge.
>
> Il s'est approché de moi, il m'a pris dans ses bras et il m'a embrassé entre les yeux en disant : « Ô dormeur, combien de temps dormiras-tu ? Lève-toi ! Je te guiderai avec tendresse ! Ne crains pas, car je suis Gabriel, ton frère. »

Iblis

Iblis, appelé « le Calomniateur », est le pendant coranique de l'Angra Mainyu zoroastrien. Quoique des versets récents disent d'Iblis qu'« il était l'un des djinns, et il a refusé d'obéir aux ordres de son Seigneur », le texte cité permet de penser qu'Iblis était un ange. C'est pourquoi l'on peut considérer Iblis soit comme un ange déchu, soit comme un djinn non converti.

Un jour qu'il était seul en mer, Mahomet a aussi une vision de l'ange Michaël, et il se retrouve dans une vallée :

> Je vis dans la vallée un ange en méditation dont la majesté, la gloire et la beauté étaient parfaites. Quand il me vit, il m'appela vers lui. Je m'approchai en disant : « Quel est ton nom ? » Il répondit : « Je m'appelle Michaël. Je suis le plus grand des anges. Quelles que soient tes difficultés, fais appel à moi. Quels que soient tes souhaits, demande-moi. » Je lui dis : « Je suis ici au prix de durs labeurs et de grandes souffrances. Je n'ai qu'un but : atteindre la connaissance suprême et la vérité. Guide-moi vers Lui ; ainsi, je pourrai peut-être réaliser mon souhait et recevoir une part de Sa grâce universelle. »
>
> Puis, l'ange me prit la main, me conduisit à travers de nombreux voiles, si lumineux que l'univers qui s'offrait à moi n'avait rien en commun avec tout ce que j'avais vu précédemment.

D'autres visions de Mahomet donnent des détails plus précis sur les anges, comme l'existence d'anges faits de feu ou de glace. De longues descriptions des hiérarchies et des chœurs d'anges apparaissent dans le Coran. Les musulmans croient que les anges seront appelés à témoigner en faveur des êtres humains, ou contre eux, au moment du Jugement dernier, et que ces anges, qui enregistrent tout, sont évoqués à l'heure de la prière dans toutes les mosquées.

La Mecque — où Mahomet a vécu et prêché, et qui est maintenant la ville la plus sainte du monde islamique — et toute la région avoisinante étaient considérées comme des lieux saints bien avant l'époque de Mahomet. Au centre de cette région prospère de commerce se trouve une case de pierre parfaitement rectangulaire, que l'on appelle la « Kaaba », le Cube, et qui est aujourd'hui l'objet le plus important de tout le monde islamique. On dit que la pierre noire (peut-être un météorite) a été donnée à Abraham par l'ange Gabriel.

L'éducation de Mahomet

Compte tenu des renvois à la Bible — comprenant de nombreuses références aux anges — dont le Coran regorge, un problème d'ordre littéraire apparaît, car, selon la légende, le Prophète ne savait pas lire. Joseph Campbell propose l'explication suivante : « Il n'y a qu'à supposer que, durant son enfance et sa jeunesse, Mahomet démontrait un vif intérêt pour les traditions transmises oralement et la vie religieuse, qu'enfant, il était tout oreilles pour ces questions, et qu'adolescent, il a fait preuve de grande intelligence, de sensibilité religieuse ardente et d'une extraordinaire capacité d'entrer en transe pendant de longues périodes. »

— *Occidental Mythology* (Mythologie occidentale)

Existe-t-il des anges dans la tradition hindoue ?

Les anges apparaissent surtout dans les religions strictement monothéistes, lesquelles ont besoin d'intermédiaires entre leur Dieu très éloigné et ses disciples humains. Dans les religions polythéistes

Le point de vue des hindous sur les anges

Paramahansa Yogananda, dans son ouvrage *Autobiography of a Yogi* (Autobiographie d'un yogi), raconte une visite qu'elle fit à une sainte femme en Inde, dans les années 1920. La femme, qui était l'épouse du grand maître éclairé, Lahiri Mahasaya, rêva qu'il y avait des anges dans sa chambre. Le rêve avait la précision de la réalité. Elle s'était réveillée brusquement et avait vu la pièce inondée d'une lumière aveuglante : son mari, en méditation au centre de la pièce, lévitait ! Elle fut si stupéfaite qu'elle crut encore rêver ; tout autour de son époux se tenaient des anges, mains jointes, adorant l'extase du grand maître.

Lahiri Mahasaya adressa la parole à sa femme et lui dit qu'elle ne rêvait pas ; elle tomba à genoux et demanda humblement pardon à son mari : comment n'avait-elle pas su voir le saint qu'il était ? Il lui demanda d'exprimer également ses respects aux anges présents, qui lui retournèrent son salut avec un chœur de voix célestes. Puis ils disparurent. La pièce retomba dans l'obscurité.

Hélas, après cette rencontre céleste, le saint homme abandonna le lit de son épouse. À propos de cette histoire, Sophy Burnham fera le commentaire suivant : « Voilà qui renforce toutes les raisons que nous avons de nous méfier du monde céleste. » Néanmoins, l'histoire illustre que les anges apparaissent autant aux hindous qu'aux Occidentaux monothéistes. Toutefois, tout comme les anges chrétiens, les anges hindous ne sont pas censés être adorés, mais en tant qu'adorateurs de Dieu eux-mêmes, ils ont droit au respect.

Les jardins Findhorn

C'est grâce aux deva, c'est du moins ce qu'affirment les dirigeants des communautés de Findhorn, en Écosse, et de Perelandra, à Washington, dans le District de Columbia, que ces deux régions ont produit une quantité considérable de légumes. Selon eux, les deva se manifestent en modelant la nature, et un deva est associé à chaque objet vivant, dont le sol cultivable. Les deva conçoivent des plans pour tout ce qui vit, orchestrant les énergies qui sont nécessaires pour la croissance et la santé.

Selon les livres traitant de Findhorn, les deva prodiguent des conseils sur les soins favorisant la vie des plantes — des conseils concernant la fertilisation, l'irrigation, l'enrichissement des sols et les soins généraux à apporter aux plantes. Grâce à cette guidance angélique, les potagers de ces deux communautés ont produit en abondance.

— qui comportent de nombreux dieux et déesses —, les anges ne sont pas si importants et sont surtout considérés comme des agents auxiliaires des divinités.

La version officielle de la religion hindoue est qu'une Déité suprême, une puissance si grandiose et si imposante qu'aucun être humain ne peut l'atteindre ou la comprendre, souhaite, malgré sa puissance et sa distance, établir la communication avec les hommes. C'est pourquoi, comme Dieu ne peut être perçu par les hommes que d'une façon qu'ils peuvent reconnaître, celui-ci, dans le but d'entrer en contact avec ses adorateurs et ses dévots, prend divers aspects corporels. En fait, ces aspects divins sont des énergies que l'on appelle « sakti ». (Nous sommes ici encore dans le domaine particulier de la physique quantique, où l'énergie est forme !)

Une sakti peut apparaître sous l'aspect d'une déesse, comme Parvati, l'épouse de Shiva. Ces corps énergétiques sont aussi appelés « devi ». (Il est important de bien distinguer la forme féminine « devi » de la forme masculine « deva ». La devi est une sakti, mais un deva est un esprit de la nature grossier, appartenant à la tradition indienne, du type de ceux que Zoroastre appelle les « djinns », ou « *jinn* », ou des démons comme Iblis, et que l'on méprisait.)

Il existe de nombreuses sakti ou devis, toutes féminines, considérées comme des aspects de Dieu. Parmi celles-ci se trouvent Lakshmi, symbolisant l'abondance, et Surasuti, représentant la paix. Toutefois, elles ne sont pas toutes gentilles : en Inde, le bien et le mal participent de la Déité suprême. Ainsi, Kali est une sorcière au visage noir duquel émerge une langue protubérante, et dont le corps nu est barbouillé de sang ; elle a quatre mains dans lesquelles elle tient respectivement une épée, un bouclier, la tête d'un géant et une corde pour étrangler quelqu'un. Elle fait plus penser à quelque vision effrayante d'ange de l'Ancien Testament qu'aux anges habituels qui ont pour but d'aider les humains. Elle a la caractéristique de boire le sang des démons ; à long terme, une fois que l'on est habitué à son apparence terrifiante, cette devi s'avère sans doute utile.

Les devis ne jouent pas le rôle de messagers, comme le font les anges dans les cultures monothéistes. Néanmoins, les hindous reconnaissent l'existence de créatures ailées — les *kinpuru'sh* — qui planent autour des dieux, et ces *kinpuru'sh* pourraient être considérés comme des êtres angéliques (cependant, ils n'apparaissent pas aux hommes, du moins, pas directement).

Dans *Le livre des anges*, Sophy Burnham raconte une conversation qu'elle a eue avec un grand maître hindou. Elle lui a posé la question : « Y a-t-il des anges dans la pensée religieuse hindoue antique ? » Ce à quoi, le maître a répondu : « Oui » ; cependant, « il ne sut retrouver leurs noms. Il me fit part de quelques réflexions sur le concept persan de "*fereshʼta*", ces conseillers spirituels ailés qui louent Dieu et lui rendent gloire aussi bien dans l'histoire que dans les arts ».

Il est possible que ces anges hindous soient des notions qui ont été empruntées, après la Renaissance, aux nations occidentales qui commerçaient avec l'Inde, ou aux missionnaires portugais qui venaient pour convertir les païens au catholicisme.

Dans la pensée traditionnelle indienne, et dans le zoroastrisme, bien que les deva soient considérés comme des esprits grossiers de la nature, ou des démons du mal, en réalité, le mot « deva » signifie « celui qui brille ». Selon l'*Encyclopedia of Mystical and Paranormal Experience* (Encyclopédie des expériences mystiques et paranormales), de Rosemary Ellen Guiley, « l'hindouisme comporte trois types de deva : les mortels qui vivent dans une sphère au-dessus des autres mortels, les gens éclairés ayant la conscience de Dieu, et Brahman, qui prend la forme d'un Dieu personnel ».

La fondatrice de la Société théosophique, madame Helena P. Blavatsky, qui a vécu en Inde à une époque, a rétabli la réputation des deva. C'est elle qui a introduit le concept de « deva » en Occident ; madame Blavatsky conçoit les deva comme des types d'anges (ou de dieux) qui seraient des entités ayant évolué depuis une période antérieure de la planète.

Toujours selon l'encyclopédie Harper, ces deva, comme les conçoit madame Blavatsky, sont arrivés sur terre avant les élémentals ou êtres humains, et sont demeurés inactifs jusqu'à ce que les hommes aient atteint un certain stade d'évolution. À partir de ce moment, les deva se seraient intégrés aux élémentals et ils auraient contribué au développement spirituel de l'humanité.

Une voix sacrée

« Je regardai en direction des nuages : deux hommes descendaient la tête la première comme des flèches ; tout en descendant, ils chantaient un chant sacré, et le tonnerre roulait comme un tambour. Je vais chanter ce chant pour vous. Le chant et le roulement du tambour donnaient ceci : "Voici qu'une voix sacrée t'appelle ; dans tout le ciel, une voix sacrée appelle." »

— *Élan-Noir parle*

Les anges dans la tradition amérindienne

En 1931, devenu vieux, Élan-Noir, un cousin de Cheval-Fou, raconte son histoire à un ami blanc, John G. Neihardt, afin que la grande vision qu'il a eue ne soit pas perdue ; Élan-Noir croit qu'il a une mission de guérisseur à accomplir, non seulement auprès des gens de son peuple, mais aussi auprès de tous les peuples de la terre. En dépit du fait qu'Élan-Noir considère sa vie comme un échec total, le livre de Neihardt, intitulé *Élan-Noir parle* et un document plus

Les anges d'Élan-Noir

Plus loin, Élan-Noir décrit deux personnages portant des ailes et munis de lances : leur allure est exactement celle que l'on imagine des anges amérindiens.

récent, *Les rites secrets des Indiens sioux*, texte recueilli par J. Epes Brown, constituent deux des plus profonds témoignages mystiques et métaphysiques du vingtième siècle. Ils ont grandement influencé le présent renouveau d'intérêt que connaissent la spiritualité des Amérindiens et la pratique de celle-ci.

À l'âge de neuf ans, durant une maladie qui le laisse paralysé, Élan-Noir a une vision de lui-même s'élevant dans les cieux. Deux « hommes » ravissent l'esprit du garçon et montent avec lui dans les nuages. Élan-Noir raconte : « Nous sommes seuls tous les trois au milieu d'une grande plaine blanche ; des collines et des montagnes blanches comme neige nous entourent. Tout est calme, mais on entend des soupirs. »

À ce moment, les anges montrent au garçon une première image d'un mandala (une forme circulaire) flottant dans les nuages. Puis, un cheval bai parlant fait remarquer la venue de douze chevaux noirs à la crinière de lumière, et dont les ébrouements ressemblent au tonnerre.

Du nord, arrivent maintenant douze chevaux blancs à la crinière de neige ; dans le ciel, des oies blanches font des cercles au-dessus d'eux. De l'est, viennent douze alezans, portant des colliers de dents d'élan ; leur crinière est faite de la lumière de l'aurore, et leurs yeux scintillent de l'éclat brillant de l'étoile du matin. Au sud du mandala, douze chevaux peau de chamois apparaissent, portant des cornes et une crinière d'arbres et d'herbages.

Le mandala continue de se transformer : il s'ajoute des troupeaux entiers de chevaux dansants qui se transforment en animaux et en oiseaux de toutes sortes et de toutes descriptions. Ce magnifique et impressionnant rassemblement de représentants du monde animal s'engage à la suite d'Élan-Noir vers un tipi dans les nuages, lequel est couronné d'un arc-en-ciel. Élan-Noir y fait la rencontre des six Grands-pères : ce sont eux qui l'ont convoqué. Il déclare : « Ils paraissent plus vieux qu'aucun homme ne pourrait jamais l'être ; ils sont vieux comme les collines ou les étoiles. »

Les Grands-pères règnent sur les six directions, et Élan-Noir voit un nouveau mandala qui englobe tout le cosmos. Chaque Grand-père offre au jeune Élan-Noir un présent. Le plus âgé, représentant l'ouest, lui offre une coupe d'eau, symbolisant le pouvoir de créer la vie, et un arc, symbolisant le pouvoir de destruction. Pointant la main vers sa poitrine, le vieil homme dit : « Regarde bien celui qui est ton esprit maintenant, car il habite ton corps ; son nom est Ailes d'Aigle Déployées. » Élan-Noir comprend que cet esprit est son gardien spirituel, ou son double, et qu'Ailes d'Aigle Déployées est son nom spirituel.

Les autres Grands-pères lui donnent divers cadeaux, comme les fées du baptême de la princesse Aurore dans *La belle au bois dormant*. Il reçoit une herbe qui guérit, un calumet de paix, un bâton rouge symbolisant le centre du cercle de la nation et le pouvoir de commander aux oiseaux. On lui dit que « toutes les créatures ailées du ciel viendront à toi ; celles-ci, et les vents, et les étoiles seront pour toi comme une famille ».

Le dernier des six Grands-pères semble le plus ancien, mais son apparence rajeunit soudain ; il devient de plus en plus jeune jusqu'à ce qu'Élan-Noir prenne conscience que « c'était lui-même chargé de toutes les années qu'il vivrait ».

Les premier et dernier Grands-pères sont tous deux des anges gardiens, ce qui signifie qu'Élan-Noir est protégé par deux archanges puissants.

Puis, Élan-Noir aperçoit de nouveau le mandala formé des chevaux ; cette fois, chacun des quatre troupeaux de chevaux est précédé d'une jeune fille, belle comme le jour et portant une tunique écarlate. Chacune lui apporte un cadeau symbolique. Un cheval noir chante un chant de renouveau : « La voix n'est pas forte, néanmoins, elle emplit l'Univers. On l'entend de partout, et le chant est si beau qu'on ne peut s'empêcher de danser. » L'Univers entier danse au son de ce chant magnifique.

À la suite de quoi, Élan-Noir a une autre vision. Cette fois, il se trouve au sommet d'une montagne, « au centre du monde ». Quand on lui demande où il est, bien qu'en réalité, il soit à Harney Peak dans les Black Hills, Élan-Noir répond simplement : « Le centre du monde se trouve partout où vous êtes. » Lors de cette deuxième vision, il voit, selon ses propres paroles, « d'une manière sacrée, la forme de toutes les formes qui cohabitent pour former un seul être. Et j'ai vu que le cercle sacré de mon peuple est l'un des cercles dont est constitué un anneau, large comme la lumière du jour et comme la lumière des étoiles, au centre duquel pousse un imposant arbre en floraison abritant tous les enfants nés d'un père et d'une mère. Et je dis que c'est sacré. »

Les baisers d'un ange

« En Malaisie, on appelle "baisers d'anges" les taches de rousseur. Les taoïstes ne donnent pas aux anges une place officielle comme nous, mais si l'on entend par "ange" un esprit bienveillant […], alors les anges représentent un thème récurrent des religions chinoises et japonaises. »

— Sophy Burnham, *Le livre des anges*

Enfin, les deux anges ramènent Élan-Noir à ses Grands-pères. Ils s'écrient à l'unisson : « Il a triomphé ! » Tous lui remettent de nouveau des présents, puis ils disparaissent, sauf le plus âgé. Le dernier Grand-père donne des instructions à Élan-Noir : « Mon fils, tu as vu tout l'Univers. Tu retournes maintenant vers l'endroit d'où tu viens, chargé de pouvoir; là-bas, des centaines seront sacrées, des centaines seront pleines de flamme ! »

Retournant sur terre pour regagner son corps, le garçon entend le soleil chanter : « Ma face est visible. Le jour que je fais est sacré. » Élan-Noir est ramené sur terre par un aigle tacheté, il voit son corps paralysé étendu, le réintègre et se lève. Il poursuit ainsi son récit : « Je me relève alors, et je suis triste, car ma mère et mon père ne semblent pas se rendre compte que je reviens de loin. »

On ne peut douter que les anges soient présents dans de nombreuses cultures autres que la culture occidentale de tradition judéo-chrétienne. Les expériences concernant des anges racontées par ces non-chrétiens peuvent sembler très différentes des histoires d'anges avec lesquelles les Occidentaux grandissent. Néanmoins, pour l'essentiel, elles sont semblables. De toute évidence, il semble que les anges accompagnent les hommes depuis le début des temps, et que leur présence imprègne, pour ainsi dire, toutes les cultures répertoriées.

Deuxième partie

Le monde des esprits invisibles

CHAPITRE SIX

Qu'est-ce qu'un ange ?

IL Y A DE NOMBREUSES FAÇONS de répondre à la question : qu'est-ce qu'un ange ? Les récits que l'on retrouve dans les premiers livres de l'Écriture sainte dépeignent les anges comme des prolongements de la divinité, qui n'ont ni visage ni émotions ; toutefois, des textes moins anciens indiquent qu'ils sont capables d'émotions et qu'ils ont une personnalité individuelle.

Ainsi, dans le passage de la Genèse (32,29), l'ange avec lequel lutte Jacob refuse peut-être de donner son nom parce qu'il n'en a pas. De même, l'ange dont il est question dans l'épître de Jude (13-18), qui prédit la naissance de Samson et sa mission, refuse de donner son nom. Ces anges manquent de personnalité et de chaleur ; on dirait des laquais, envoyés pour accomplir une tâche.

Toutefois, il existe des portraits d'anges qui ont davantage de personnalité. Le récit du contact de Daniel avec des anges en est un bon exemple, de même que les fréquents passages où il est question de Michaël et des missions spéciales dont il est chargé. D'autres exemples nous sont donnés par le récit de Luc de l'Annonciation à Marie par Gabriel, et de celui du voyage du jeune Tobie avec Raphaël.

Si l'on exclut le christianisme, les expériences faites avec des anges par Mahomet et Élan-Noir semblent beaucoup plus personnelles que celles des descriptions primitives d'apparitions d'anges. De plus apparaît l'idée qu'un ange est pure énergie ou pur esprit. Dans ce contexte, il est possible de définir les anges comme « un moyen que prend la divinité pour se manifester ; comme l'essence de la puissance universelle divine [quel que soit le nom qui est donné, dans les diverses cultures, à la Divinité suprême] ; ou comme une énergie que Dieu utilise pour transmettre Ses intentions ».

Au départ, les anges ne sont décrits d'aucune manière particulière ; on ne donne ni la forme, ni l'apparence, ni la fonction qu'ils ont. Comme l'écrit G. Don Gilmore dans *Angels, Angels Everywhere* (Les anges sont partout), « un ange est la forme qui permet à une

essence spécifique, ou à une force énergétique, de se manifester en vue d'atteindre un but précis ».

Encore une fois, nous abordons le domaine de la pensée scientifique dominante en matière d'interaction entre énergie et matière. La philosophie occulte partage avec la science moderne la croyance selon laquelle l'Univers est constitué de *seule* énergie, cette dernière pouvant prendre différentes formes. La religion ajoute que les forces universelles prennent leur source dans le royaume des dieux.

Gilmore conclut son exposé en disant que « la question de savoir s'il existe des anges ou pas a peu de chose à voir avec la raison ; cette dernière intervient plutôt dans la manière dont les anges sont perçus. Je crois que les anges sont des formes, des images et des expressions au moyen desquelles les forces de l'essence et de l'énergie divines se manifestent. De plus, comme ces formes existent en quantité infinie, la meilleure attitude à avoir, en ce qui concerne nos hôtes angéliques, est de ne jamais opposer de limites conscientes aux façons dont ils peuvent choisir d'apparaître. »

Voilà un bon conseil. Plus nous étudions la question des anges, comment ils se manifestent, ou comment ils se sont manifestés dans diverses cultures, plus nous constatons qu'ils sont infiniment variés. Ainsi, les gnostiques, qui ont été exposés à l'influence des Perses, croient que les anges vivent dans un univers de lumière mystique situé entre le monde matériel et « la cause première et transcendante du tout », en d'autres mots, entre le ciel et la terre.

Au Moyen Âge, bien que diverses conceptions eussent existé à leur sujet, les anges faisaient partie de la vie quotidienne des gens ; cependant, après la période importante du treizième siècle, leur influence sur la masse populaire a commencé à s'atténuer. Et avec l'arrivée du protestantisme, l'intérêt pour les anges a diminué grandement ; les protestants n'ont pas besoin d'intermédiaires pour s'adresser à Dieu. En fait, c'est sur cette idée que s'est fondée l'élimination du catholicisme. Désormais, pour rendre leur culte à Dieu, les disciples n'ont qu'à s'adresser à Lui directement, sans avoir à passer par un prêtre, ou par d'autres intermédiaires comme la Vierge ou les anges.

Malgré les grands maîtres de la Renaissance qui ont peint les anges comme des créatures aériennes ailées, sympathiques aux humains, dans d'innombrables représentations de l'Annonciation, ou comme d'adorables petits chérubins voletant autour de femmes magnifiques, représentées avec de mignons enfants à leurs pieds ou sur leurs genoux, les anges perdirent leur importance d'autrefois auprès des gens ordinaires. Et à l'époque des Lumières — où l'accent

Une expérience des anges faite par un auteur

Au cours de recherches effectuées pour écrire un livre sur les anges, G. Don Gilmore écrit à de nombreux chefs religieux éminents de diverses croyances, leur demandant des informations sur les anges ; les réponses qu'il reçoit sont presque toutes négatives ! Le rédacteur en chef d'une importante revue chrétienne déclare même : « Cela ne relève pas de ma compétence. »

Comment faudrait-il voir les anges ?

« Les enseignements de saint Paul sur les anges sont complexes [...]. Envisagés comme un tout, ils permettent difficilement de répondre à la question de savoir [...] dans quelle mesure ces enseignements concernant le monde invisible renvoient à la mentalité de l'époque, ne garantissant pas l'existence de réalités surnaturelles, et à quel point l'auteur de l'Écriture sainte est en mesure d'assurer qu'il a été inspiré par Dieu. Il est impossible [...] de faire une démarcation nette entre deux types de doctrine fondamentale, d'autant plus que les apôtres ne traitent que rarement de la question des anges ; souvent même, ils ne recommandent pas de s'y intéresser et interdisent de leur vouer un culte indu [...], c'est-à-dire au détriment du culte devant être rendu au Christ.

Néanmoins, en examinant les idées fondamentales de saint Paul sur le sujet, nous y trouvons beaucoup plus qu'un simple écho des croyances qui ont cours en son temps. Aussi étrange que cela puisse paraître, il émane de l'enseignement de Paul, considéré globalement, l'idée, acceptée par les esprits les plus simples, à savoir qu'il existe des messagers de Dieu agissant dans le but d'accomplir les desseins divins d'une manière qui n'est pas la nôtre [...], des agents venant du monde très élevé, lequel nous gouverne [...]. À partir de ce point de vue, nous tentons d'harmoniser, d'une part, l'univers d'amour, de grâce et de relations interpersonnelles libres, qui est celui du Dieu vivant [...] et des contacts qu'Il établit avec nous, ses enfants, par le biais de ses messagers, et d'autre part, l'ordre cosmique soumis à ses lois propres impliquant la participation des anges [...] [et] la relation existant entre les “divers éléments qui constituent le monde”. »

— Pie-Raymond Régamey, O.P.,
What Is an Angel ?
(Qu'est-ce qu'un ange ?)

est mis sur la science et la pensée rationnelle —, les anges étaient relégués au domaine de la fantasmagorie (devenant la matière de la poésie, des fantaisies romantiques et des contes pour enfants).

Toutefois, en Europe s'est répandue une influence puissante contre le matérialisme scientifique des Lumières ; c'était celle d'Emanuel Swedenborg, mystique suédois du dix-huitième siècle, qui a déclaré entrer en communion avec les anges au cours de transes mystiques. Selon Swedenborg, dont le point de vue très peu orthodoxe est, néanmoins, très populaire, les anges auraient tous vécu un jour sur terre, dans la peau d'un homme ou d'une femme. En tant qu'anges, ils prennent maintenant la forme d'affection et de pensée ; ce sont les réceptacles de l'amour et de la sagesse de Dieu.

Successeur de Swedenborg, Rudolph Steiner (1861-1925), philosophe social autrichien et fondateur de la doctrine spiritualiste et mystique connue sous le nom d'« anthroposophie », a élaboré, à la suite d'expériences visionnaires qu'il a faites, un système complet d'anges et d'esprits. Sa vision des choses est influencée par Annie Besant, laquelle a remplacé madame Blavatsky, après sa mort, à la tête du mouvement théosophique. À la fin de sa vie, Steiner répudiera le système théosophique, mais il continuera de parfaire le sien.

En 1924, Geoffrey Hodson, clairvoyant et théosophe, a affirmé avoir été en contact avec un ange nommé Bethelda. L'ange a donné à Hodson des informations que celui-ci a prises en note et qu'il a ensuite publiées dans un ouvrage de cinq volumes qu'il a intitulé *The Greater Gods* (Les grandes divinités), et dont voici un extrait :

> Les plus grandes divinités à s'être totalement manifestées d'une manière objective sont les sept archanges solaires, les sept puissants esprits devant le trône. Ce sont les sept vice-rois de l'empereur solaire en trois personnes. Dès le commencement de l'Univers, un agencement planétaire, ou royaume, a été assigné à chacune de ces sept entités. Chacune est un personnage magnifique, rayonnant de lumière solaire et de puissance, une émanation du Verbe septuple, dont le pouvoir, la sagesse et la beauté ne peuvent se manifester sous une forme unique. Ces sept puissants esprits, debout au centre de la flamme primordiale, ont modelé le système solaire selon l'« idée » que Dieu en avait. Ce sont sept séphiroth ayant à leur tête les trois entités supérieures de la Trinité divine… Ordre après ordre, ils collaborent avec celles-ci, formant une vaste hiérarchie d'êtres de laquelle participent les

La lumière et l'amour angéliques

« Du fait qu'Il est, dans son essence même, amour, Dieu apparaît aux anges […] comme un soleil. Et de ce soleil irradient chaleur et lumière ; la chaleur étant, dans son essence même, amour, et la lumière, sagesse. Et pour autant que les anges reçoivent cette chaleur et cette lumière spirituelles, ils sont amour et sagesse, non pas amour et sagesse par eux-mêmes, mais par le Seigneur. »

— Emanuel Swedenborg, *Angelic Wisdom* (La sagesse des anges) archanges et les anges qui « sont responsables d'imprégner la matière primordiale de l'impulsion de transformation, et de guider ses pouvoirs d'évolution dans le façonnage de ses productions ». (Citation de madame Helena P. Blavatsky, extraite de son ouvrage *The Secret Doctrine* [La doctrine secrète].)

De plus, Hodson croyait que tout le cosmos est guidé, contrôlé et animé par des suites presque infinies d'êtres « sensibles », ou d'anges, lesquels ont une mission à accomplir et ne sont « messagers » que dans le sens où ils agissent pour exécuter les lois cosmiques.

Toujours selon cet auteur, quel que soit le nom qu'on leur donne, ces êtres, dont le degré de conscience et d'intelligence est variable, forment une organisation extrêmement complexe d'hommes (et de femmes : le terme « homme » est générique) « parfaits » et « nouveaux », et ne doivent pas être considérés comme de « purs esprits ». Les conceptions de Hodson concernant la nature des anges étaient le résultat de plusieurs influences mêlées, la Bible n'étant que l'une d'elles ; en tant que théosophe, il a aussi été influencé par des idées hindoues, comme la réincarnation et le cycle perpétuel de la naissance, de la mort et de la renaissance (sous une nouvelle forme, humaine ou non). Néanmoins, ses livres sont intéressants pour toute personne qui souhaite approfondir la question des anges et de leur nature.

Le mot « ange » vient du grec « *aggelos* », lequel vient de l'hébreu « *mal'akh* », traduit littéralement par « messager ». Le mot latin « *angelus* » est aussi traduit par « messager ».

Le mot a également d'autres racines : en sanscrit, le mot « *angiras* » signifie « un esprit divin », et en langue perse, le mot « *angaros* » signifie « coursier », un autre mot pour « messager ».

Toutefois, l'image de l'ange messager, qui est la plus répandue et qui est celle que partagent presque tous ceux qui ont répondu à l'enquête sur les anges menée par Don Gilmore, limite considérablement la nature véritable des anges. Dans les temps anciens, on ne considérait pas que l'existence des anges n'avait qu'un seul but, même s'ils jouaient le rôle de messagers.

Comme l'angéologie, qui a commencé à se développer dans la Perse ancienne, a ensuite été absorbée par le judaïsme et le christianisme, pour devenir ensuite, dans l'Église médiévale, l'objet de grandes discussions ayant pour thème la véritable nature des anges, il est certain que l'homme moderne dispose d'une latitude considérable pour répondre à la question : qu'est-ce qu'un ange ?

Les catégories d'anges

Selon Hodson, la multitude des anges est organisée selon les catégories, ou divisions suivantes :

1. *Les anges de pouvoir.* Ces anges enseignent aux hommes comment acquérir de l'énergie spirituelle.
2. *Les anges de guérison.* Ces anges aident les hommes à éviter les maladies et à se rétablir lorsqu'ils tombent malades.
3. *Les anges gardiens de la maison.* Ces anges protègent la maison et le foyer contre les dangers, la maladie et le mauvais sort.
4. *Les anges constructeurs.* Ces anges donnent de l'inspiration aux hommes et les aident à améliorer les mondes de la pensée, des sentiments et de la matière.
5. *Les anges de la nature.* Ces anges sont les esprits élémentaires qui habitent le feu, la terre, l'air et l'eau.
6. *Les anges de la musique.* Ces anges inspirent les chants et chantent des louanges.
7. *Les anges de l'art et de la beauté.* Ces anges donnent aux artistes leur inspiration et favorisent la reconnaissance de la beauté.

Les intelligences angéliques

« Les anges [...] appartiennent à des ordres hiérarchisés d'intelligences, très différents des hommes dans ce système solaire ; cependant, ils ont été des hommes, ou le deviendront. On peut considérer que ce sont des agents "superphysiques" et omniprésents de la volonté créative du Verbe, et qu'ils règnent sur toutes les forces et les lois naturelles, ainsi que sur tous les processus : solaires, planétaires et interplanétaires. Manifestations du Verbe ou du Dieu unique, on peut aussi les voir comme les intelligences actives, créatives et constructives, responsables de toute la création objective [...] exprimant toujours la Volonté unique, la Substance unique et la Pensée unique auxquelles ils se soumettent. »

— Geoffrey Hodson,
Clairvoyant Investigations
(Les investigations clairvoyantes)

Votre propre conception de ce qu'est un ange pourrait bien être la bonne réponse à cette question, car encore aujourd'hui, comme ce fut le cas tout au long de l'histoire, des gens font l'expérience des anges au cours de visions, de rêves, d'états méditatifs, ou lors d'états modifiés de conscience.

CHAPITRE SEPT

La description et le nom des anges

La description des anges

Le prophète Ézéchiel a une vision extraordinaire du char de Dieu. La vision a lieu sur les rives du fleuve Kebar, le cinquième jour du quatrième mois de la trentième année de la captivité des juifs à Babylone, c'est-à-dire aux environs de l'an 560 av. J.-C. À partir de cette vision, les érudits du Moyen Âge définissent une catégorie d'anges qu'ils appellent « char », ou « trônes », et qui est la plus élevée. La description d'Ézéchiel est une des descriptions d'anges les plus attrayantes à ce jour.

> Je regardai, et voici un vent de tempête qui venait du nord, une grande nuée, ainsi qu'un feu jaillissant et un éclat tout autour, et au milieu du feu, comme le scintillement du vermeil.
>
> Et au milieu du feu, une forme de quatre Vivants dont voici l'aspect : ils avaient une forme d'homme.
>
> Chacun avait quatre faces et chacun d'eux quatre ailes.
>
> Quant à leurs jambes, la jambe était droite et la plante de leurs pieds était comme la plante du pied d'un veau ; et elles brillaient comme un scintillement de bronze poli.
>
> Des mains d'homme étaient sous leurs ailes [...]
>
> Leurs ailes se rejoignaient ; ils ne se tournaient pas en avançant ; ils allaient chacun droit devant soi.
>
> (Ézéchiel 1,4-9)

Plus tôt, nous avons vu que les premiers anges de l'Ancien Testament apparaissent sous l'aspect d'hommes ordinaires. Toutefois, au fil du temps, les anges prennent d'autres formes, et de nombreux auteurs nous donnent différentes descriptions de leur apparence.

Deux cents ans après Isaïe, la vision extraordinaire d'Ézéchiel nous dit que chacun des anges, ou char de Dieu, avait quatre faces : celle d'un homme ; les autres, celles d'un lion, d'un bœuf et d'un aigle.

Les ailes des anges

« [...] Ses six ailes protègent ses
membres divins ; la paire qui
recouvre
Chacune de ses larges épaules
descend comme un manteau
Sur sa poitrine revêtue
d'ornements royaux ;
La paire du milieu, comme d'une
ceinture d'étoiles, entoure
Sa taille et ceint ses reins et ses
cuisses d'un duvet d'or
Et de couleurs trempées dans
l'azur ; la troisième,
Aux talons, recouvre ses pieds
d'un plumage ocellé
Au grain couleur du ciel. »

— John Milton, *Le paradis perdu* (Livre V, 277-285)

La description d'Ézéchiel des trônes, et de leurs quatre faces — l'une humaine, trois animales — prend vraisemblablement son origine dans les griffons d'Assyrie, dont l'apparition remonte à la période entre 1100 et 600 av. J.-C. Ces êtres ailés sont aussi parfois appelés «*genii*» (parents avec les djinns du zoroastrisme). À la Pierpont Morgan Library de New York, on trouve un sceau cylindrique montrant deux *genii* fertilisant l'Arbre de vie (700-600 av. J.-C.). Ces personnages ont des visages humains barbus, ils portent des casques, et ils sont pourvus de deux ailes chacun. Cependant, une représentation trouvée plus tard, datant d'une période assyrienne entre 1100 et 900 av. J.-C., nous montre un humain à tête d'oiseau (sans doute un aigle), pourvu de quatre ailes et accomplissant cette même tâche d'arroser l'Arbre de vie. Plus récemment, au quatorzième siècle, une illustration de *La divine comédie* de Dante nous présente un personnage avec une tête d'oiseau (sans doute un aigle ou un faucon) et un corps d'animal (sans doute un lion) se tenant près de l'arbre mystique du paradis.

Chose intéressante, on a trouvé ultérieurement une représentation similaire de la vision d'Ézéchiel, datant (à ce que l'on croit) de la période des Huns, qui orne un vase orphique cérémonial appelé « le vase de Pietroasa » ; ce dernier a été découvert en 1837, à l'endroit où il était enseveli, près de la ville de Pietroasa, en Roumanie. L'œuvre symbolique est complexe et intéressante. À un endroit, comme le décrit Joseph Campbell dans *The Mythic Image* (L'image mythique), on y voit, agenouillé au pied de Dieu, un griffon « ayant l'aspect de l'oiseau et de la bête solaires, l'aigle et le lion ».

Une vision biblique plus ancienne, celle du prophète Isaïe de l'Ancien Testament, décrit des séraphins. Ces anges se tiennent audessus du trône de Dieu et sont vraiment terrifiants. Ils sont pourvus de plusieurs ailes ; six, en fait. Ils se couvrent la face avec deux d'entre elles. Certains disent que c'est pour se protéger de l'éclat de la gloire de Dieu, d'autres, que c'est en signe de honte à cause des péchés des hommes. Ils utilisent deux autres ailes pour se couvrir les pieds (car ils se tiennent devant le Très-Haut, le Saint des Saints). La troisième paire d'ailes est utilisée pour voler, et leur permet de livrer les messages de Dieu.

Le récit biblique de l'histoire d'Adam et Ève parle des chérubins que Dieu a placés à la porte orientale du jardin d'Éden pour empêcher Adam et Ève de revenir manger du fruit du second arbre, celui de la Vie éternelle : « [...] Il posta à l'orient du jardin d'Éden les chérubins et la flamme du glaive tournoyant, pour garder le chemin de l'arbre de vie. » (Genèse 3,24)

Plus près de nous, le symbolisme du Moyen Âge représente les séraphins en rouge ; ils portent trois paires d'ailes, et ils tiennent à la main une épée de feu, emblème de leur rôle qui consiste à enflammer le cœur des hommes de l'amour de Dieu. En ces temps-là, il est clair que les trônes, les chérubins et les séraphins ne correspondent pas à l'image que l'on en a aujourd'hui.

De plus, une seule description ne peut convenir à tous les anges. Les récits bibliques nous parlent d'anges apparaissant sous l'aspect d'hommes, comme une éclatante lumière, ou nous les dépeignent vêtus d'une brillante tunique blanche. Certains ont des ailes, d'autres non. Dans la Bible, comme nous l'avons mentionné précédemment, les anges ailés n'apparaissent qu'à l'occasion. Car l'ajout d'ailes est récent ; il date de la conversion de Constantin le Grand.

Vers la fin du quatrième siècle, on commence à représenter les anges avec un nimbe, et en peu de temps, le nimbe devient une partie essentielle de toute représentation d'anges, surtout dans les tableaux et les vitraux d'église, même si, dans la Bible, le mot « nimbe » n'apparaît nulle part, et que rien ne suggère que les anges en possèdent un. Néanmoins, comme le nimbe constitue un symbole idéal pour distinguer les êtres sortant de l'ordinaire et les saints (la Vierge Marie est aussi représentée avec un nimbe), et comme les apparitions d'anges relatées dans la Bible font souvent intervenir des effets de lumière éclatante, son emploi a du sens.

Les ailes deviennent aussi obligatoires dans la représentation d'anges, surtout après la Renaissance, période au cours de laquelle le grand maître Raphaël (entre autres) peint des anges à la mine bienveillante, pourvus d'énormes ailes de plumes, marquant ainsi le début de la période de l'ange « gentil ».

On se pose la question : si les anges n'ont pas de corps (comme il est généralement admis), sont-ils alors invisibles ? Selon le point de vue du révérend Billy Graham, exprimé dans son livre *Les anges, agents secrets de Dieu*, « les anges dépassent en beauté et en variété tout ce que l'homme peut imaginer ». Parle-t-il au sens littéral ou s'agit-il d'une métaphore ? Peut-être ses paroles contiennent-elles un peu des deux.

Les anges d'Emanuel Swedenborg

Emanuel Swedenborg (1688-1772) a des visions d'anges qu'il décrit abondamment dans des livres. Scientifique bien connu — il est le premier à utiliser le mercure dans les machines pneumatiques, il anticipe la théorie du magnétisme et il est le père de la cristallographie —, Swedenborg est professeur de théologie à Uppsala, en Suède, et il est évêque de Skara. En 1747, il quitte son poste au Conseil suédois des mines pour se consacrer aux messages des anges qu'il reçoit, grâce à ses dons de clairvoyance, apprenant l'hébreu afin de perfectionner son étude des êtres qui lui apparaissent. Homme de science, Swedenborg décrit ses rencontres avec les anges sur un ton humoristique, et d'une manière structurée.

Selon lui, les esprits, ou les anges, ne sont pas composés de substances matérielles ; c'est pourquoi ils sont invisibles. Par conséquent, lorsque nous voyons un ange, c'est que celui-ci a pris un corps physique, ou encore c'est que notre œil intérieur, notre troisième œil, est ouvert. Swedenborg décrit abondamment les anges et il nous apprend qu'ils respirent, certes, mais un air spécial fait pour les poumons angéliques. De plus, les anges parlent et ils écrivent. Selon Swedenborg, ils parlent merveilleusement ; ils expriment l'affection avec des voyelles, les idées avec des consonnes, et pour l'ensemble de leurs messages, ils utilisent des mots entiers.

Le nom des anges

Les noms donnés aux anges sont aussi nombreux que leur nombre, supposé infini. Les dernières recherches sur ce thème révèlent non pas des douzaines, mais des centaines de noms d'anges recensés, et toute une variété de noms pour certains anges.

Ainsi, l'archange Raziel est aussi connu sous les noms de Akraziel, Saraqael, Suriel, Galisur, N'Zuriel et Uriel. Le nom du séraphin Semyaza a plusieurs variations : Samiaza, Shemhazai, Amezyarak, Azael, Azaziel et Uzza. Métatron a un nom mystérieux : Bizbul, mais il a également plus d'une centaine d'autres noms.

Les sept cieux

Selon la tradition et les coutumes hébraïques, il y a sept cieux et sept archanges :

1. Le premier ciel est appelé Shamayim, et il est régi par Gabriel.
2. Le deuxième ciel est appelé Raqia, et il est régi par Zachariel et Raphaël. Au Proche-Orient, on considère Raphaël comme un ange grand guérisseur.
3. Le troisième ciel est appelé Shehaqim, et il est régi principalement par Anahel. Le jardin d'Éden et l'Arbre de vie se trouvent dans ce ciel.
4. Le quatrième ciel est appelé Machonon, et il est régi par Michaël. En Turquie se trouve un très ancien sanctuaire consacré à Michaël, que les Turcs considèrent comme grand guérisseur.
5. Le cinquième ciel est appelé Mathey, et il est régi par Sandalphon.
6. Le sixième ciel est appelé Zébul, et il a trois dirigeants. Le principal souverain est Zachiel ; ce dernier a deux subordonnés : Zébul, qui règne le jour, et Sabath, qui règne la nuit.
7. Le septième ciel est appelé Araboth, et il est régi par Cassiel.

Les ailes

Selon Timothy Jones, dans son livre *Celebration of Angels* (Célébration des anges), « les ailes [...] donnent aux anges de la puissance, de la grâce et de la rapidité pour accomplir les ordres de Dieu ».

Les sept archanges

La plus ancienne référence dont nous disposons concernant les sept archanges renvoie à l'Énoch éthiopien ; l'ordre est différent de celui auquel nous sommes habitués. Nous avons :

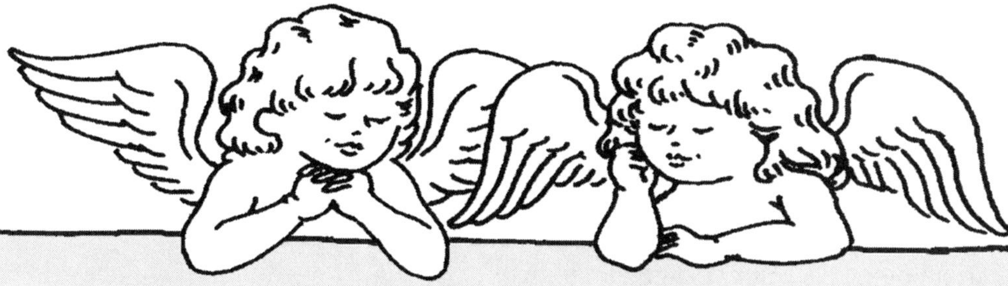

La difficulté avec les noms d'anges

« Lors de mes premières investigations, je butais contre un autre problème : comment m'y retrouver au milieu de ce dédale de changements dans la nomenclature, et l'orthographe, qu'avaient traversé les noms angéliques au cours des traductions d'une langue à une autre, ou quand leurs noms étaient recopiés par des scribes d'un manuscrit à un autre, ou en vertu de la détérioration naturelle de textes entiers subissant des transcriptions répétées et des métathèses ? Uriel, par exemple, "préposé au Tartare" et "régent du soleil", qui apparaissait tour à tour comme Sariel, Nuriel, Uryan, Jehoel, Owreel, Oroiael, Phanuel, Eremiel, Ramiel, Jeremiel, Jaclsra'el. Les dérivations ou les variations d'Haniel, chef des principautés et le "plus grand ange du ciel" auraient pu donner l'équation mathématique suivante : Haniel = Anael = Anfiel = Aniyel = Anafiel = Onoel = Ariel = Simiel. Le céleste *gabbai*, gardien des trésors du ciel, Vretil, s'avère être identique, ou l'équivalent, ou une aphérèse de Gabriel, Radueriel, Pravuil, Seferiel, Vrevoil. Dans la tradition arabe, Gabriel est Jibril, Jabriel, Abrael ou Abru'el, etc. Dans la tradition perse, c'était Sorush et Revan-bakhsh et "le Bahman couronné", le plus puissant de tous les anges. Pour les Éthiopiens, c'était Gadreel.

Michaël possédait un nom mystérieux : Sabbathiel. Il passait aussi pour [...] l'ange du Seigneur [...]. Pour les anciens Perses, il était connu sous le nom de Beshter, soutien de l'humanité.

Raphaël, "baptisé" Labbiel lorsque Dieu le créa, est interchangeable avec Apharope, Raguel, Ramiel, Azrael, Raffarel, etc. Et [...] sous un pseudonyme, Azariah [...]. Quant au Zohar, il donne Raphaël comme l'équivalent du roi des enfers, Bael. »

— Gustav Davidson,
Dictionnaire des anges

1. Uriel
2. Raphaël
3. Raguel (aussi appelé Ruhiel, Ruagel, Ruahel)
4. Michaël
5. Zerachiel (aussi appelé Araqael)
6. Gabriel
7. Remiel (aussi appelé Jeremiel, Jerahmeel)

Le livre hébreu Énoch 3 énumère les anges de la manière suivante :

1. Mikael
2. Gabriel
3. Shatqiel
4. Baradiel
5. Shachaqiel
6. Baraqiel (aussi appelé Baradiel)
7. Sidriel (aussi appelé Pazriel)

Dans le Testament de Salomon, on trouve une autre énumération des sept archanges :

1. Mikael
2. Gabriel
3. Uriel
4. Sabrael
5. Arael
6. Iaoth
7. Adonael

Les gnostiques chrétiens utilisent les quatre noms de la liste précédente, ils changent Uriel pour Phanuel, et ajoutent (5) Barachiel, (6) Sealtiel et (7) Jehudiel.

Le système de noms de Grégoire le Grand s'inspire aussi de la liste précédente pour les quatre premiers de la liste, auxquels il ajoute (5) Simiel, (6) Orifiel et (7) Zachariel.

L'ordre de Pseudo-Denys l'Aréopagite, qui est celui adopté officiellement par l'Église, et qui s'est transmis jusqu'à nous grâce à cette dernière, reprend aussi les quatre premiers noms de la même liste auxquels il ajoute (5) Chamuel, (6) Jophiel et (7) Zadkiel. Ce système

L'origine des sept archanges

Le nombre sept est un nombre symbolique ancien. Il y a sept esprits ou divinités élémentaires akkadiennes, ce qui explique pourquoi, dans les cosmogonies de certaines cultures qui suivront, l'on trouve sept souverains ou créateurs. Ce sont : An (le ciel), Gula (la Terre), Ud (le Soleil), Im (la tempête), Istar ou Ishtar (la Lune), Ea ou Dara (l'océan) et En-lil (l'enfer). Certains suggèrent qu'à l'origine, le modèle des sept archanges renvoie à la Lune et aux six planètes connues alors (les trois autres planètes — Uranus, Neptune et Pluton — n'ont été découvertes que récemment). Toutes les planètes sont des divinités babyloniennes.

Les anges et l'astrologie

La Chaldée, une partie de la Mésopotamie, est parfois utilisée au sens large pour désigner toute la région babylonienne. On en viendra à utiliser le terme « chaldéen » pour désigner un astrologue, ou un magicien, vu la connaissance considérable en astronomie et en astrologie que possède l'empire chaldéen. « [...] L'astrologie chaldéenne hellénistique ancienne [...] a dominé en Occident, d'une manière ou d'une autre, jusqu'à ce que les connaissances scientifiques de la Renaissance remplacent l'antique cosmologie selon laquelle l'Univers était géocentrique et ouvrent la voie à des merveilles dépassant tout ce que les sages mystiques de l'Antiquité avaient pu imaginer. »

—Joseph Campbell, *Occidental Mythology* (Mythologie occidentale)

partage les anges en trois catégories, selon leur importance ou leur proximité de Dieu. Ce sont :

1. Les séraphins, les chérubins et les trônes ;
2. Les dominations, les vertus et les pouvoirs ;
3. Les principautés, les archanges et les anges.

On remarque que, dans l'édition Odeberg en langue anglaise de Énoch 3, il est écrit que chacun des sept archanges est accompagné de quatre cent quatre-vingt-seize mille myriades d'anges de bonté. Voilà un grand nombre d'anges, et l'on ne peut que supposer que chacun ait un nom.

Pour les besoins de notre ouvrage, nous nous en tiendrons aux quatre premiers archanges apparaissant sur la liste, et dont le nom s'est transmis au fil des siècles à partir de la hiérarchie des archanges que l'Église du Moyen Âge a arrêtée et qu'elle a approuvée. Aujourd'hui, ces archanges sont encore, pour nous, les plus connus. Ce sont : Michaël, Gabriel, Raphaël et Uriel.

Michaël

Dans toutes les traditions et les écrits — juifs, chrétiens ou islamiques —, Michaël (celui qui est comme Dieu) est le plus grand de tous les anges. Son origine est chaldéenne. Les Chaldéens vénèrent Michaël comme un être divin à l'époque de la déportation des juifs à Babylone (586-516 av. J.-C.) ; il est inévitable que le concept de « Michaël » qu'ont les Hébreux, par la suite, soit marqué de l'influence des Chaldéens.

Michaël est le chef de l'ordre des vertus, le chef des archanges, le prince de la présence (de Dieu), l'ange de repentance, de droiture, de miséricorde et de sanctification. Aux temps primitifs, il était aussi le gardien de Jacob et le vainqueur de Satan, lequel est encore vivant, se porte bien et joue de mauvais tours aux humains.

Le nom « occulte » de Michaël est Sabbathiel, et dans les textes islamiques, son nom est Mika'il. On le considère comme le sauveur des croyants et l'auteur de la totalité du Psaume 85. De plus, ce serait lui qui aurait détruit les armées de Sennachérib (quoique cet exploit soit aussi attribué à Gabriel, Uriel ou Ramiel : faites votre choix). Michaël serait aussi celui qui a retenu le bras d'Abraham qui s'apprêtait à trancher la gorge de son fils Isaac au couteau, empêchant ainsi le sacrifice de l'enfant. (Cette délivrance est aussi considérée comme étant l'œuvre d'autres anges, en particulier Tadhiel et Métatron.) Dans la tradition juive, on croit que Michaël était le buisson ardent qui a guidé Moïse dans le désert. Selon le commentaire du Talmud, Bérakhot 35, qui porte sur le texte de la Genèse (18,1-10), Michaël serait l'un des trois « hommes » qui ont rendu visite à Sara pour lui annoncer qu'elle aurait un enfant.

On compare aussi Michaël avec le Saint-Esprit, troisième personne de la Trinité ; et la tradition musulmane primitive place Michaël au septième ciel et le décrit porteur de brillantes ailes, vertes comme l'émeraude. Pour les chrétiens, saint Michel est le bienveillant ange de la mort, accompagnant les âmes des fidèles jusqu'au royaume immortel et à la lumière éternelle.

C'est la voix de l'archange Michaël qu'entend Jeanne d'Arc. Selon le témoignage fourni à son procès, c'est sous l'inspiration de Michaël que la pucelle d'Orléans lève une armée et va demander l'aide du dauphin de France, lequel devient ensuite Charles VII, principalement grâce à Jeanne, qui délivre Orléans.

Gabriel

Gabriel (« Ma force est en Dieu ») est le deuxième ange en importance dans toute la documentation des trois plus importantes religions monothéistes : judaïsme, christianisme et islam. Ange de l'annonciation, de la résurrection, de la miséricorde, de la vengeance, de la mort et de la révélation : c'est un ange très occupé et dont on attend beaucoup.

Le nom Gabriel est d'origine chaldéenne et l'archange est inconnu des juifs avant l'époque de leur déportation ; néanmoins, ceux-ci l'adoptent avec enthousiasme. Ainsi, dans le midrash *Eleh Ezkerah*, Gabriel joue un rôle important dans l'histoire des dix martyrs (savants juifs). L'un de ceux-ci, Rabbi Ishmael, se rend au ciel pour demander à Gabriel pourquoi ils doivent mourir. On lui répond qu'ils doivent racheter le péché des dix fils de Jacob, lesquels ont vendu Joseph en esclavage.

Gabriel est le seul ange, mis à part Michaël, dont le nom est mentionné dans l'Ancien Testament (en faisant exception du livre de Tobie, considéré comme apocryphe). En plus d'être celui qui annonce à Marie une grossesse imminente, il occupe une place d'honneur au paradis. Selon la tradition juive, en tant que prince souverain du premier ciel, il serait assis à la gauche de Dieu. (Il semble que c'est l'archange Michaël, dont l'importance est un peu plus grande, qui

Ange de Jugement, ange de Miséricorde

Dans la tradition juive, Gabriel est l'ange du Jugement, et il peut se montrer cruel. Toutefois, sous l'égide du christianisme, il se transforme en ange de Miséricorde ! Voilà qui illustre le pouvoir de révision de l'histoire par les religions !

Le Raphaël de Milton

Le grand poète anglais John Milton (1608-1674), bien connu pour son oeuvre magistrale *Le paradis perdu*, un poème épique en douze chants, décrit l'archange Raphaël en ces vers brillants :

« Là, de son vol incliné,
Il se hâte, et à travers le vaste
éther du ciel,
Vogue parmi des mondes et des
mondes, l'aile ferme
Fendant l'air vaporeux. »

(Livre V, 265-270)

occupe la place à droite de Dieu ; quoique, plus tard, à la suite de son assomption dans le ciel, cette place sera donnée à Marie.)

Mahomet déclare que c'est Gabriel — ou Jibril dans la langue de l'islam —, l'ange aux « cent quarante paires d'ailes », qui lui a dicté le Coran, une sourate après l'autre. Les musulmans considèrent que l'archange Gabriel est l'esprit de vérité.

Les légendes juives présentent Gabriel comme un ange portant la mort et la destruction aux villes pécheresses ; naturellement, Sodome et Gomorrhe sont des exemples particulièrement frappants de la fureur de ce dernier. La tradition talmudique veut que Gabriel soit l'ange qui a châtié les armées de Sennachérib « en se servant d'une faux destinée à cet usage depuis le moment de la création ». (Sanhédrin 95b)

Ailleurs, dans le Talmud, il est dit que c'est Gabriel qui a empêché la reine Vashti de se montrer nue au roi Ahasvérus — et à ses invités au banquet — afin qu'Esther puisse se montrer à sa place et séduire le roi. Il est certain que l'ange est intervenu, car les hommes étant ce qu'ils sont, autrefois comme maintenant, la stratégie de la reine aurait pu marcher, ce qui n'était pas souhaitable.

En se jetant à ses pieds, face contre terre, Daniel (dans Daniel 8) implore Gabriel de lui donner le sens de la vision qu'il a eue d'un bélier et d'un bouc ; la scène est illustrée dans une gravure sur bois, dans la célèbre Bible de Cologne. Dans d'autres textes rabbiniques, Gabriel est le prince de la justice.

D'autre part, il semble que Mahomet éprouve une certaine difficulté à distinguer l'archange Gabriel et le Saint-Esprit (ce qui illustre les dangers reliés à l'analphabétisme) ; toutefois, la confusion qui est la sienne se comprend si l'on considère les récits contradictoires des évangélistes Matthieu (Matthieu 1,20) et Luc (Luc 1,26). Selon Matthieu, la Vierge Marie conçoit des opérations du Saint-Esprit, alors que, selon Luc, la conjecture est le fait de l'archange Gabriel, « qui serait entré chez elle* » en lui disant qu'elle « avait trouvé grâce auprès de Dieu » et qu'« elle enfantera un fils ». L'interprétation de Mahomet nous permet de nous interroger au sujet de la paternité de l'enfant : est-il possible que Gabriel ait joué un autre rôle que celui d'ange messager ? Nous ne le saurons jamais.

Raphaël

L'archange Raphaël (guérisseur de Dieu) est aussi d'origine chaldéenne et il est appelé Labbiel dans cette culture. Il est connu pour

* Dans certaines langues, l'expression « entrer chez elle, ou dans sa maison » peut suggérer des rapports sexuels. (N.D.T.)

apporter la guérison non seulement aux humains, mais à toute la Terre. Raphaël est l'un des trois archanges dont l'évocation remonte à une période antérieure aux temps bibliques. Il apparaît pour la première fois dans Tobie (bien que ce texte ne fasse pas partie du canon hébreu, il est néanmoins canonique dans l'Église catholique et il est considéré comme apocryphe dans les textes sacrés protestants). Raphaël guide le fils de Tobie, le jeune Tobie, lors d'un voyage de Ninive en Médie, jouant auprès de lui le rôle d'un compagnon. À la fin du périple, l'archange révèle son nom au jeune Tobie, et il déclare qu'il est un des sept anges qui se tiennent près du trône de Dieu au ciel.

Raphaël est un séraphin qui est aussi à la tête de tous les anges gardiens (les anges ordinaires constituent un ordre qui est inférieur à celui des archanges dans la hiérarchie céleste; cette question sera discutée au chapitre dix).

Raphaël est aussi connu comme l'ange de la Providence; c'est pourquoi il veille sur toute l'humanité. Cette fonction est un élargissement de son rôle de supervision des anges gardiens, lesquels veillent chacun sur un être humain en particulier. Raphaël agit, en quelque sorte, comme le chef de la division des anges gardiens.

Raphaël est aussi un ange qui accompagne les voyageurs; à ce titre, le voyage qu'il a accompli avec le jeune Tobie est symbolique de l'assistance qu'il peut prodiguer à tous les voyageurs. On associe Raphaël au dieu grec Mercure, qui est le dieu du voyage et de tous les transports. Il va de soi que ces caractéristiques que l'on attribue à Raphaël découlent d'une longue suite de connotations historiques et mythologiques qui remontent du fond des âges.

En tant que grand responsable des voyages, Raphaël s'occupe tout particulièrement des pèlerins en route pour quelque lieu saint ou, sur un plan métaphysique, de tous ceux qui sont engagés sur la voie qui mène vers Dieu. C'est pourquoi on le représente en train de marcher, un bâton à la main, des sandales aux pieds (en général, les anges vont pieds nus), une gourde d'eau à la ceinture et un sac au dos. Raphaël est un ami des voyageurs parmi d'autres protecteurs.

Selon la kabbale, Raphaël est l'un des trois anges qui rendent visite à Abraham et Sara. Une autre légende juive raconte qu'après le Déluge, Raphaël a donné à Noé un « traité médical ». Il est admis que ce traité pharmaceutique est le fameux *Sefer Raziel* (Le livre de l'ange Raziel), quoique le livre ait été concurremment attribué à de nombreux autres auteurs, dont un certain nombre d'anges, et au moins un démon, Rahab.

Raphaël et les démons travailleurs

Les histoires à propos de Raphaël sont inépuisables. Il y a, cependant, une légende qui se démarque; c'est l'histoire de Salomon dans l'Ancien Testament. Salomon prie pour que Dieu l'aide à construire un temple; Dieu entend la prière du roi hébreu en lui faisant cadeau d'un anneau magique, lequel lui est apporté personnellement par Raphaël. L'anneau est gravé d'un pentagramme — ou étoile à cinq pointes — et donne le pouvoir d'appeler et de maîtriser les démons. C'est avec cette main-d'œuvre démoniaque (gratuite, naturellement), qui lui a été offerte par Dieu, que le roi Salomon effectue la construction du grand temple. C'est peut-être de cette légende que nous vient l'expression courante « travailler comme un démon ».

Non seulement Raphaël est un séraphin, mais il appartient aussi à trois autres ordres célestes, soit les chérubins, les dominations et les pouvoirs. Raphaël est un archange important, il accomplit plusieurs hautes tâches ; ainsi, il est régent du Soleil, chef de l'ordre des vertus, directeur du sud et gardien de l'ouest, prince régnant sur le deuxième ciel, superviseur des vents du soir et gardien de l'Arbre de vie du jardin d'Éden, pour n'en nommer que quelques-unes parmi les plus marquantes. Il fait aussi partie des dix saintes séphiroth de la kabbale hébraïque.

L'ange des bonnes nouvelles

Gabriel est l'ange des bonnes nouvelles. On dit que Djibril, nom islamique pour Gabriel, qui signifie « esprit fidèle », a donné la révélation à Mahomet dans sa propre langue : l'arabe.

Uriel

Uriel (« la flamme de Dieu ») est le dernier des quatre plus grands parmi les sept saints archanges. Selon la légende juive, il est l'ange des averses de grêle (et aussi sans doute des éclairs, car on l'appelait le « feu »), ce qui l'associe au dieu grec Zeus, qui a l'habitude de faire retentir des coups de tonnerre lorsqu'il est contrarié.

Moïse fait la rencontre d'Uriel dans le deuxième ciel, et on dit que cet ange apporte la lumière de la connaissance de Dieu aux hommes. Son nom signifie « lumière de Dieu », ce qui est vraisemblablement l'équivalent de « feu ». Dans *Le paradis perdu*, Milton l'appelle « régent du Soleil » (à côté de Raphaël).

Uriel se manifeste sous l'aspect d'un aigle, et dans le Livre de protection, il est décrit comme un ange ayant des pouvoirs magiques, et on l'associe à Michaël, Shamshiel, Seraphiel et à d'autres anges puissants. Dans le Zohar 1, il est écrit qu'Uriel règne sur la constellation de la Vierge. On dit qu'il est haut de trois cents parasangs et que sa suite est constituée de cinquante myriades d'anges. (Une myriade correspondant à un nombre infini, combien font cinquante fois une myriade ?) Toute cette multitude d'anges subordonnés est composée d'eau et de feu. On ne peut dire si certains sont faits d'eau et d'autres de feu, ou si chacun est un mélange des deux éléments, ce qui semble paradoxal. En fait, une large part des traditions bibliques et des récits à propos du ciel comporte des contradictions dans les termes. Mais qui sommes-nous pour remettre la parole divine en question ?

Il faut remarquer qu'au ciel, Uriel n'est pas l'ange le plus grand. Sa taille, bien que presque inimaginable, est dépassée par celle de Métatron, haut comme un gratte-ciel, qui est absolument l'ange le plus grand de toute la hiérarchie.

Selon la tradition gnostique, que l'Église officielle rejette comme hérétique, Uriel est l'un des sept anges subordonnés à Jehuel, qui est appelé « le Prince de feu ».

L'ange Uriel vient d'un étonnant processus de transformation selon lequel un ange, nommé Nuriel, issu du côté de Gebura (la force) sous l'aspect d'un aigle, lui aurait donné naissance. C'est pourquoi ces deux anges sont peut-être interchangeables. Encore une fois, il existe tant de noms pour un seul ange qu'il devient presque impossible de distinguer les anges les uns des autres, comme le mentionnait une citation de Gustav Davidson donnée précédemment.

La chute d'Uriel

Après le huitième siècle, les autorités en la matière (sur terre, et non au ciel) ont retiré à Uriel son titre d'archange. Selon Esdras 2, elles en ont décidé ainsi, car Uriel ne représentait plus une figure suffisamment orthodoxe pour être utilisé comme thème de commentaires.

CHAPITRE HUIT

Les formes que prennent les anges

Les anges ont une longue tradition. Nous ignorons s'ils sont apparus à l'homme préhistorique, mais, depuis que l'histoire est consignée, nous trouvons des représentations de ceux-ci dans toutes les cultures du monde. Cela nous porte à penser que la notion d'« anges » est inscrite dans la psyché humaine.

Les anges sont-ils réels ?

Dans son livre *The Reenchantment of Everyday Life* (Le réenchantement de la vie quotidienne), Thomas Moore parle d'une question terre-à-terre qu'a posée sa petite fille. « Voyez-vous ces anges là-bas ? » a demandé l'enfant en indiquant à ses parents le côté opposé du lac. « Ils sont vêtus de blanc », a-t-elle poursuivi, décrivant ce qu'elle voyait. Moore ajoute : « Il n'y a aucun doute que ma fille a vu des anges, et que les anges sont aussi réels que n'importe quoi. »

Enfant, j'avais régulièrement des conversations avec des anges ; pour moi, ce n'était ni étrange ni perturbant. Les anges étaient mes amis, et ils m'apparaissaient sous différentes formes. Adulte, l'une des expériences les plus fascinantes que j'ai faites a été d'être visitée par une douce lumière rose, très diffuse, mais aussi intensément puissante. Une nuit d'été, durant le week-end, j'étais seule dans mon appartement. La ville était exceptionnellement paisible, et je profitais du calme et de la tranquillité qui régnaient à New York, d'ordinaire bruyant et plein d'activité.

Peu à peu, j'ai pris conscience d'un changement dans la lumière ambiante. D'abord, j'ai pensé qu'il s'agissait d'un incendie lointain se reflétant dans mes fenêtres ; cependant, une lueur est *entrée* dans l'appartement et elle a rempli tout l'espace, produisant en moi une émotion si bénéfique que, spontanément, je suis tombée à genoux, près du lit.

La lumière m'a communiqué qu'elle venait de loin, d'aussi loin que les étoiles, et qu'elle était venue me donner son soutien concernant le projet que j'étais sur le point de mettre en marche et qui comprenait l'étude de l'astrologie. Il m'est impossible de décrire adéquatement le sentiment que cette lumière rose brillante a produit en moi. J'ai éprouvé une profonde sensation de paix et de bonheur, peut-être comparable à ce que ressent le bébé que l'on vient de baigner et de poudrer, et qui repose maintenant dans les bras de sa mère. Nous savons que les anges sont des messagers, et, sous cet aspect, ils ressemblent à Mercure, qui est associé à tous les types de communication, ou à Hermès, qui guide et accompagne les humains.

Reconnaître les anges

Les anges peuvent prendre diverses formes. Dans *Les espaces sacrés,* Denise Linn écrit :

> Maintenant, les anges jettent un pont entre notre réalité matérielle et leur énergie pure et spirituelle. Comme une feuille tombant doucement dans les eaux tranquilles de notre conscience, leur présence se manifeste. Si nous leur faisons confiance, ils répandront leurs bénédictions sur nous [...]. Plus vous serez attentif aux anges, plus ils seront attirés vers vous.

Que sont les anges ?

Personne ne le sait avec certitude ; néanmoins, je crois que ce sont des intelligences célestes — certains diront des êtres de pure lumière — de fréquence vibratoire très élevée ; c'est pourquoi ils sont invisibles pour nous. Toutefois, à la différence des humains, ils ont la possibilité, s'ils le souhaitent, de changer leur fréquence vibratoire et de prendre des formes matérielles. Lorsqu'ils abaissent leur fréquence vibratoire au niveau approximatif de la fréquence humaine, ils deviennent visibles.

Ils peuvent prendre divers aspects et apparaître comme des personnes, ou même se manifester comme des pensées ou des expériences. Le premier souvenir net que j'ai d'une rencontre angélique remonte à l'époque où j'avais dix-neuf ans.

À cette époque, je vivais avec deux autres jeunes filles. La salle de séjour était ornée d'un piano et d'un tapis persan. Un après-midi d'automne, j'étais seule à la maison et je n'avais rien à faire. Sans raison particulière, sinon que j'aimais la sensation que me procurait le tapis, je me suis étendue sur celui-ci, devant le piano. Je n'avais pas l'habitude de m'étendre par terre et je n'avais pas sommeil. Il s'est alors produit quelque chose d'extraordinaire ; néanmoins, vu mes expériences passées avec les anges, cela ne m'est pas apparu ainsi.

D'abord, j'ai entendu de la musique, comme si quelqu'un jouait doucement du piano, ou comme si le piano jouait tout seul, ce que je savais être logiquement impossible. Puis, j'ai fait ce que l'on appellerait aujourd'hui une expérience de sortie hors du corps. J'ai eu la sensation d'être élevée en l'air, haut, très haut, tête en bas, emportée par un ange qui me tenait les pieds ; j'ai volé jusque dans la stratosphère. À l'époque, j'ignorais tout du symbolisme. Maintenant, je sais que les pieds sont associés au signe des Poissons, et que Neptune, la planète de l'amour élevé et de l'expérience mystique, gouverne ce signe.

L'ange m'a informée que j'allais voir mon avenir. Nous avons continué de monter jusqu'à atteindre l'espace. La Voie lactée était si près de moi que j'aurais pu tendre la main et la toucher; on aurait dit un épais tapis d'étoiles brillantes. De la position avantageuse où je me trouvais, je pouvais voir toutes les étoiles et toutes les planètes, et — croyez-le ou non — je voyais la Terre exactement comme elle est apparue sur les photographies prises plus tard par les astronautes. Je me souviens avec précision du choc que j'ai éprouvé lorsque, des années après l'événement, j'ai vu, pour la première fois, les images de notre magnifique planète bleue et blanche, photographiée depuis l'espace. *Je savais que je l'avais déjà vue* : exactement comme elle apparaît sur les photographies de la NASA! C'est ce que l'on appelle une expérience de « déjà vu », c'est-à-dire une impression que l'on a d'être déjà allé quelque part alors que cela est logiquement impossible.

Qui voit des anges?

Plusieurs facteurs déterminent qui peut voir des anges. La traditionnelle vertu de la « pureté du cœur » est une condition importante; néanmoins, il existe des récits de pécheurs qui, après avoir vu un ange, sont rentrés dans le droit chemin. Il est certain que les enfants peuvent voir les anges, tout simplement parce qu'on ne leur a pas encore enseigné que les anges n'existent pas. Les yeux d'un enfant demeurent grands ouverts pour voir les merveilles de la vie sur Terre, jusqu'à ce que les remontrances et les enseignements restrictifs des adultes les fassent se refermer bien serrés devant tout ce qui est miraculeux.

À quoi ressemblent les anges?

Il semble qu'ils prennent une forme que la personne à qui se destine leur message est en mesure de reconnaître. Aucun ange ne parlera anglais à quelqu'un qui ne parle, ou ne comprend, que le français ou l'espagnol. Parfois, il arrive que les anges se manifestent sans prendre une forme particulière, mais en donnant à la personne le sentiment qu'une force infaillible la guide. Les anges peuvent manifester leur présence par une pensée qui surgit dans notre esprit, un besoin physique ou une poussée de l'intuition.

Dans *Le soin de l'âme*, Thomas Moore écrit :

Attendez-vous à un miracle

« Les anges sont *là*. Il se peut que vous ne les voyiez pas, mais vous pouvez toujours sentir leur présence; quand vous prenez contact avec la partie élevée de votre essence, il vous devient également possible d'entrer en rapport avec des êtres élevés et des énergies infinies. Plus vous serez attentif et ouvert à ces expériences extraordinaires, plus elles se manifesteront dans votre vie.

Soyez vigilant; lorsque vous sentez la présence d'un ange, faites le calme en vous et attendez le message. Plus vous serez conscient de leur présence lorsqu'ils vous rendent visite, plus les anges s'approcheront de vous, et plus vous en ferez l'expérience souvent. En cette fin de millénaire et au commencement d'une nouvelle ère, de nombreux anges s'approchent du domaine des humains. »

—M. J. Abadie,
Awaken to Your Spiritual Self,
(Prenez conscience de
votre être spirituel)

> Quand une brise estivale souffle par la fenêtre ouverte tandis que nous lisons dans une rare demi-heure de tranquillité, nous pourrions nous souvenir des centaines d'Annonciations que nous ont données les peintres pour nous rappeler que les anges ont l'habitude de nous rendre visite dans les moments de lecture silencieuse. (p. 344)

Nous avons tendance à voir les anges de la façon dont ils nous ont été présentés dans notre culture. On peut attribuer la facilité qu'ont les sceptiques de nier les apparitions d'anges, ou autres manifestations de ces messagers, à la variabilité des manifestations de présences angéliques qui existent. Cependant, devrait-on considérer que l'uniformité soit un critère approprié pour juger de l'existence des divins messagers?

Les présences angéliques, ou les esprits, n'ont pas nécessairement une existence séparée des humains qui nous entourent. Combien de fois ne nous arrive-t-il pas d'appeler un enfant « Mon petit ange! », ou de dire à l'être cher « Tu es un ange! » De plus, comment allons-nous approcher les anges, eux qui sont si changeants et si mystérieux? La réponse à cette question est : *avec la foi et une totale confiance*, comme l'ont fait les grands maîtres du passé qui nous ont laissé de nombreuses représentations d'anges : pourvus d'ailes ou pas, grands ou petits, féroces ou doux, hommes ou femmes, adultes ou enfants, calmes ou agités, en train de parler, de chanter, de voler, de se tenir debout, de se déployer, de défendre quelqu'un, de prier, d'annoncer une nouvelle ou de jouer d'un instrument de musique quelconque, de la harpe à la trompette. Il nous faut prendre au sérieux la réalité de l'existence des anges et de leurs pouvoirs, et les respecter, si nous souhaitons faire appel à eux. Thomas Moore écrit aussi : « Les anges sont tout ce qui reste de notre désir de toucher notre finalité et d'entrer en contact avec la divinité. En l'absence du battement de leurs ailes en contrepoint de nos expériences, nous n'entendons que le grincement et le grondement des machines, le bruit blanc ou le bourdonnement de nos pensées incessantes. »

Comme il a été dit précédemment, les anges peuvent prendre différentes formes, visibles et invisibles. En général, dans le monde occidental chrétien, on associe les anges à des personnages ailés, vêtus d'une tunique blanche, qui ont l'aspect humain. Toutefois, il est rare qu'ils se présentent à notre perception selon cette idée populaire. Souvent, ils prennent une forme humaine ou animale, ou ils agissent par l'entremise d'un être humain bien réel.

La psychologie de la perception visuelle

La spécialiste en psychologie expérimentale Mary Orser cite l'exemple suivant pour montrer que, dans une situation donnée, un écart existe entre ce qui se produit réellement et ce qui est *perçu* (ou « vu ») : des professeurs de psychologie ont mis en scène des événements au cours desquels, par exemple, des personnes font irruption dans une classe, faisant beaucoup de bruit et causant une certaine commotion. Ainsi, une personne pointe une banane en direction de certains des participants. Une autre fait exploser des pétards, produisant un fort bruit et de la fumée. Après que les intrus sont sortis de la classe, chaque personne raconte ce qu'elle a vu. Une forte proportion des étudiants ont pris la banane pour un revolver; et nombre d'entre eux ont cru que le bruit du pétard était un coup de feu. De plus, les descriptions que les étudiants ont faites des vêtements que les « malfaiteurs » portaient, de leur nombre, de leur sexe et ainsi de suite, variaient considérablement.

Il y a aussi une autre façon selon laquelle les anges peuvent se manifester à nous. Cette occurrence est illustrée lorsqu'une énergie céleste se surimpose à quelqu'un, qui agit alors à la place d'un ange, sans même connaître la personne à qui il vient en aide ni même savoir pourquoi il est là. Quand cela se produit, l'« ange » se sent irrésistiblement poussé à prêter assistance, et il agit automatiquement, se révélant être la « personne qu'il faut, au bon moment et au bon endroit ». Un jour, j'ai bénéficié d'une telle mission de sauvetage.

À vingt-deux ans, je faisais des excursions à bord d'un voilier. Je ne sais pas nager, mais j'aime bien jouer dans l'eau et me laisser flotter, et je m'en tire bien avec les manœuvres. Harry, un ami divorcé, père d'un petit garçon, possède un charmant bateau, un voilier à deux mâts. Le week-end, il aime bien faire des fêtes en mer en ma compagnie. J'agis alors comme hôtesse auprès de ses invités. Comme Harry n'aime pas s'embarrasser des détails d'organisation de ces fêtes, il s'en remet totalement à moi, ce qui signifie que c'est moi qui invite les gens et qui décide ce que nous allons préparer et manger à bord. Un certain dimanche, j'ai invité un couple qui m'a demandé si un ami, célibataire, en visite chez eux pouvait nous accompagner. Ces trois personnes ignorent tout de la navigation, et comme Harry aime bien avoir à bord un membre d'équipage supplémentaire, j'invite un autre ami, dont le nom est John, qui est un marin expérimenté. Cependant, à la dernière minute, John a eu un empêchement, et un inconnu s'est présenté à sa place.

Une fois mes obligations d'hôtesse acquittées, j'ai souhaité aller dans l'eau et me laisser traîner par le bateau. Harry m'a accordé ce plaisir ; il m'a attaché au poignet une corde de six mètres afin que je puisse jouer les marsouins. Je m'amusais à plonger à la surface de l'eau, savourant le plaisir enivrant d'être tirée par le bateau, lorsque la corde a glissé de mon poignet. Soudain, je me suis retrouvée au large, sans attache. Libéré de mon poids à remorquer, le bateau fonçait devant à une vitesse alarmante. Impuissante, je l'ai vu devenir de plus en plus petit et disparaître presque à l'horizon. Je me rappelle peu de chose, si ce n'est que, sous l'eau, je me sentais très heureuse, en extase même. J'avais des visions de lumière et je communiquais avec les poissons et autres animaux marins. Le monde sous-marin m'est apparu comme un endroit merveilleux. Tout n'était que beauté et sérénité, et baignait dans une magnifique luminosité.

La première chose que j'ai sue est que je me suis retrouvée sur le pont, étendue sur le dos. Quelqu'un pratiquait vigoureusement sur moi la respiration artificielle pendant que je régurgitais de grandes quantités d'eau de mer. Harry, qui tenait la barre, avait su immédiatement quand la corde s'était détachée. Cependant, comme la grande voile était larguée et qu'il y avait un fort vent, le bateau a dû parcourir une grande distance pour permettre à l'équipage de louvoyer et de revenir où j'étais en utilisant le moteur. Or, au milieu de l'océan, sans repères, comment ont-ils fait pour trouver l'endroit exact où j'avais disparu ?

Il s'est trouvé que l'homme que le couple d'amis avait emmené était un excellent nageur, ainsi que Gary, l'homme qui était venu à la place de John. Ces deux-là avaient plongé dans l'eau et m'avaient trouvée miraculeusement. Quand nous sommes retournés au quai du Houston Yacht Club pour débarquer, au moment où les autres prenaient la direction du pavillon, Gary m'a prise à part.

C'était un homme dans la mi-trentaine environ — il était plus âgé que moi. Il m'a regardée intensément. Je me souviens encore de ses yeux, verts comme des péridots et tachetés d'ambre. Prenant ma main dans sa main forte et tannée par le soleil, il m'a dit gravement : « Vous êtes bénie des dieux. Le savez-vous ? »

Ignorant ce qu'il voulait dire, j'ai secoué la tête en signe de négation ; néanmoins, le ton sérieux qu'il avait employé m'avait impressionnée. Curieusement — ou peut-être pas après tout, vu mon histoire —, l'incident ne m'a pas semblé particulièrement extraordinaire. Frôler la mort ne semblait pas m'avoir laissé grande impression. Me regardant dans les yeux d'une manière pénétrante, il a poursuivi : « C'est moi qui vous ai trouvée. Je n'étais pas censé être sur ce bateau aujourd'hui. En ce moment, je devrais être à San Francisco. Je ne connais même pas Harry. La raison pour laquelle je suis venu est que mon vol a été annulé et que John ne se sentait pas bien. De plus, je *suis* le seul des amis de John qui connaisse la navigation. Je suis venu pour *vous*. »

Sans comprendre, j'ai cru ce qu'il me disait, car il semblait très convaincu. Je n'ai jamais revu Gary, et il n'est jamais revenu faire de la voile avec Harry non plus. Plus tard, j'ai appris qu'il était plongeur professionnel et qu'il parcourait le monde à la tête d'expéditions pour trouver des trésors perdus.

Malgré qu'il ne l'ait pas exprimé en autant de mots, j'ai compris qu'une puissance mystérieuse l'avait guidé vers notre bateau et avait permis qu'il me retrouve dans la mer. Vu le temps qui s'était écoulé, et étant donné que j'étais perdue au large, il savait qu'ils avaient peu de chance de me retrouver vivante, ou de retrouver mon corps. Il était clair que l'expérience l'avait profondément marqué. J'ai aussi senti que c'était quelqu'un d'une grande sensibilité. C'est peut-être ce qui arrive à un homme à force de passer autant de temps sous l'eau.

Pourquoi ne me suis-je pas noyée ? Pourquoi n'ai-je pas coulé à pic ? Tout ce que je peux dire est que, sous l'eau, je sentais qu'une force lumineuse me soutenait, comme un matelas pneumatique. Le fait que je flottais sous la surface a été un facteur déterminant de mon sauvetage. Ai-je été portée par un ange jusqu'à la venue des secours ? Est-ce grâce à l'intervention d'un ange si Gary — qui était exactement la personne qu'il fallait — s'est trouvé sur le bateau ? Y a-t-il, pour moi, une leçon à tirer de cette expérience de mort imminente ? La réponse à ces trois questions est « oui ».

On sent la présence des anges plus souvent qu'on ne les voit : ils se manifestent comme des pensées, des idées, des guides. Souvent, il m'arrive, lorsque je cherche une référence, de tomber sur un livre par hasard, de l'ouvrir et de trouver exactement l'information dont j'ai besoin. L'auteur bien connu Arthur Koestler attribue ce phénomène à ce qu'il appelle « l'ange bibliothécaire » ; de nombreux écrivains et étudiants en font l'expérience fréquemment.

Dans son livre *Angels, Angels Everywhere* (Les anges sont partout), G. Don Gilmore écrit qu'il croit que « les anges sont des formes, des images ou des expressions qu'empruntent les essences et les forces d'énergie divine pour se manifester », et que « comme ces formes existent en nombre infini, la meilleure attitude à adopter envers la gent angélique est de ne jamais opposer de limites conscientes aux façons dont les anges peuvent se présenter à nous ».

Les anges prennent donc diverses formes. La perception que nous avons de ceux-ci dépend de notre système personnel de croyances et des images que nous gardons de notre enfance. La représentation la plus classique d'un ange est celle d'un être au visage serein, vêtu d'une ample tunique blanche flottant autour de lui, pourvu de grandes et magnifiques ailes de plumes et rayonnant d'une brillante lumière.

La plupart des petits chrétiens acquièrent tôt cette version enfantine de l'ange idéal, même si, comme nous l'avons vu précédemment, les anges de l'Ancien Testament ont souvent pris l'aspect d'hommes ordinaires. Néanmoins, au cours de leurs visions, lesquelles ressemblent à des expériences extraordinaires de sorties du corps ou à des occurrences résultant d'une capacité remarquable et complexe de capter des images et des informations en état de transe, les prophètes, et ensuite des philosophes religieux, comme

Les perceptions et la réalité

D'après Vernon Mountcastle, que l'on considère être le « doyen de la psychobiologie », nous croyons tous que nous faisons l'expérience directe du monde qui nous entoure, que nous percevons les objets et les événements que nous observons exactement comme ils sont, et que nous vivons en temps réel dans le présent.

Cependant, Mountcastle affirme : « Ces perceptions sont illusoires. Chacun de nous vit dans l'univers — la prison — de son esprit [...]. Les sensations sont des abstractions, non des répliques du monde réel. »

Swedenborg, ont, pour la plupart, « vu » les anges comme des êtres rayonnant d'une extraordinaire gloire.

En lisant les nombreux récits des personnes qui ont fait l'expérience d'anges, tant contemporains que du passé, nous constatons qu'il existe diverses descriptions d'apparitions, de manifestations d'anges ou de façons dont on peut faire l'expérience de leur présence.

Actuellement, les histoires d'anges sont si variées qu'il est impossible de tirer des conclusions définitives. Chose étonnante, de la même manière que les témoins d'un accident donnent différentes versions de ce qui est arrivé — ou de ce qu'ils croient être arrivé (comme peut le confirmer tout policier) —, les gens qui ont fait l'expérience d'une présence angélique ont des versions différentes, parfois contradictoires, de l'événement.

Les perceptions que nous avons des anges sont généralement accompagnées de sentiments positifs. Néanmoins, que l'apparition nous paraisse bénéfique ou, au contraire, menaçante, nous avons tendance à considérer ce que nous voyons ou percevons comme vraiment réel.

C'est sur cela que le philosophe Emmanuel Kant attire notre attention quand il parle de phénomènes qu'il définit comme le produit de « choses en elles-mêmes », que nous percevons d'abord comme sensations, et que nous organisons ensuite selon des formes, des catégories, des idées et ainsi de suite. Kant appelle ces « choses en elles-mêmes » des « noumènes », et les perceptions que nous en avons, les « phénomènes ». De la même façon que l'énergie du noumène tente de s'exprimer par une forme, la forme qu'emprunte l'ange n'est toujours qu'une *apparence*, laquelle peut être différente selon le moment, l'endroit, les circonstances et l'observateur humain. C'est pourquoi il ne faut pas essayer de définir le concept d'une forme unique suivant laquelle un ange serait toujours censé apparaître. Agir ainsi serait imposer des limites à notre capacité de percevoir ces merveilleuses énergies célestes qui nous rendent parfois visite et d'interagir avec elles.

La perception et la mémoire

« Il faut du temps pour apprendre la signification de nos sensations, et chaque personne apprend des leçons différentes. Il semble que la perception soit un aspect de la mémoire. Nous percevons ce dont nous avons fait l'expérience et ce que nous avons compris par le passé. Nous n'avons jamais pensé que [...] la manière de voir est une manière de penser[...]. »

— Edmund Blair Boles, *A Second Way of Knowing : The Riddle of Human Perception* (Une seconde façon de connaître : L'énigme de la perception humaine)

Pour qui est-ce plus facile de voir des anges ?

Il est clair que les anges rendent plus fréquemment visite aux personnes profondément religieuses, ou à celles qui sont particulièrement portées à avoir des visions. Toutefois, comme il a été mentionné précédemment, l'ange apparaît sous une forme qui est familière à la personne qui a la vision. Ainsi, il est peu probable qu'un ange apparaisse à un hindou dévot sous l'aspect standard de l'ange chrétien, avec ailes de plumes et tunique blanche ; une personne parlant uniquement le français ne recevra pas non plus un message d'un ange s'exprimant dans une autre langue. La plupart des anges se manifestent en respectant les normes culturelles et religieuses auxquelles la personne est habituée.

Les anges peuvent prendre l'aspect d'animal, comme ils l'ont fait pour Élie, qui, errant dans l'étendue sauvage, a été nourri par des corbeaux (les oiseaux qui lui apportaient matin et soir de quoi subsister étaient en fait des anges). Familier du désert, Élie ne trouvait rien d'inhabituel à la présence de ces corbeaux. On prend souvent les oiseaux — probablement parce qu'ils sont naturellement ailés et qu'ils ont le pouvoir de voler, chose que leur envient les humains — pour des anges.

Un monsieur aveugle, que j'ai bien connu à une époque, qui était massothérapeute et que j'allais voir pour des traitements, traversait une période particulièrement difficile de sa vie. Il n'était pas né aveugle ; il avait perdu la vue au début de la vingtaine à la suite d'une maladie, et il avait beaucoup de difficulté à s'y faire. Un beau jour de printemps, peu de temps après avoir inauguré sa clinique à Manhattan, ses fenêtres étaient ouvertes, et un couple d'oiseaux magnifiques — des oiseaux chanteurs brillamment colorés — a pénétré par la fenêtre et s'est mis à décrire des cercles autour de sa tête. Naturellement, il ne pouvait voir les oiseaux, mais il sentait leur présence. Il a demandé à sa femme, qui était aussi sa réceptionniste, de venir lui dire ce qui se passait. À son grand étonnement, elle a aperçu le couple d'oiseaux voletant autour de son mari. Tous deux ont vu dans ces oiseaux des anges apportant le message que l'entreprise de massage qu'il lançait serait prospère. Ce qui s'est produit. Plus tard, il a déclaré que sa cécité s'avérait une bonne chose, car elle lui donnait une sensibilité particulière et lui permettait de mieux diagnostiquer le problème de ses patients et de bien les traiter.

Dans l'Écriture sainte, on trouve plusieurs descriptions d'anges ayant pris une forme corporelle, humaine ou autre. Néanmoins, certaines personnes ne croient pas que les anges peuvent s'incarner dans un corps et croient que toutes les apparitions d'anges ainsi incarnés décrites dans la Bible sont plutôt des *visions*, inspirées par Dieu peut-être, mais se produisant dans l'imagination du prophète ou de la personne qui a la vision. À l'encontre de cette croyance, citons les cas rapportés dans l'Écriture sainte, où des anges sont

Ce que Philo dit des formes angéliques

Philo Judaeus (20 av. J.-C. — 50 apr. J.-C.), philosophe juif d'Alexandrie, affirme que Dieu se révèle, ou se manifeste, aux hommes par le biais des anges, et que chaque âme humaine reçoit une impression de Lui sous une forme angélique différente.

apparus à plusieurs personnes simultanément, comme aux serviteurs d'Abraham ou aux habitants de Sodome ; ces derniers ont vu les anges qui ont rendu visite à Lot — et les ont même désirés !

Pour conclure, on peut vraisemblablement affirmer que les anges sont des êtres immatériels ayant la capacité de prendre une forme matérielle dans le but d'apparaître aux humains auprès de qui ils ont une mission à accomplir. Selon le père Walter Farrell, O.P., érudit du vingtième siècle, disciple de Thomas d'Aquin, un ange prenant une forme matérielle se compare à un homme louant un smoking pour assister à un mariage. Il endosse le vêtement pour une occasion spéciale, mais il le retire ensuite et retourne à son état d'ange habituel. Si c'est le cas — comme cela semble probable —, alors les corps que les anges empruntent pour effectuer leurs tâches auprès des hommes ne fonctionnent pas de la même manière que les corps humains, c'est-à-dire sur le plan des besoins et des fonctions physiques, comme le boire et le manger, les processus de digestion et d'élimination, le sommeil et ainsi de suite. L'ange Raphaël éclaircit ce point dans le livre de Tobie. Avant de s'élever et de disparaître dans l'air, il dit : « Vous me regardiez, alors que je ne mangeais rien ; ce n'était qu'une vision que vous regardiez. » (Tobie 12,19)

Il me semble évident que les anges peuvent se servir de toutes sortes de moyens : formes humaines ou animales, intuitions, sentiments, apparitions et — surtout — rêves. (Nous parlerons plus longuement des anges et des rêves au chapitre dix-sept.)

Ce que dit saint Augustin des anges

« Les anges sont des esprits, mais ce n'est pas parce que ce sont des esprits que ce sont des anges. Ils deviennent des anges lorsqu'ils sont envoyés sur terre. Le mot "ange" renvoie à leur fonction, et non à leur nature. Le mot pour désigner cette nature est "esprit" ; le mot pour désigner la fonction est "ange", c'est-à-dire "messager". »

— *Saint Augustin*

Les anges et la clairvoyance

Le clairvoyant Nick Bunick déclare avoir fait l'« expérience de plus cinquante présences angéliques », sous différentes formes, « comme des signes tel le "444", venant de voix célestes et par clairvoyance ». Dans *In God's Truth* (La vérité divine), Bunick écrit :

> On me demande souvent si les anges peuvent prendre la forme humaine. Je n'ai jamais fait l'expérience d'anges qui auraient eu l'aspect d'hommes [...]. Nous avons tous entendu des histoires racontant comment une personne a reçu de l'aide dans un moment de grand danger ou de besoin, comment le bon samaritain semble avoir surgi de nulle part, et comment ce dernier semble s'être dissous dans l'air aussitôt après avoir joué son rôle. Tout nous porte alors à penser que le bon samaritain, en réalité, était un ange qui avait pris forme humaine [...]. Personnellement, je n'ai aucune expérience de ce genre d'événement [...]. Cependant, Dieu accomplit des miracles.
>
> On admet généralement qu'un ange n'a pas de corps matériel, qu'il serait plutôt translucide. Si vous avez vu un ange, alors vous auriez dû également voir à travers lui, de la même manière que vous pourriez voir à travers un vêtement léger placé devant une lampe. Vous voyez le vêtement, et vous voyez aussi ce qui est derrière lui, à l'arrière-plan.
>
> De plus, on ne peut dire le sexe d'un ange... Bien que certains affirment que les anges ont un sexe, quand on voit un ange, on ne peut dire s'il s'agit d'un beau jeune homme ou d'une belle jeune femme. En outre, eh oui !, les anges ont des ailes.

Contredisant Bunick, C. Leslie Miller, dans *All About Angels*, affirme catégoriquement que « des anges ont pris l'aspect d'hommes en de nombreuses occasions ». Il écrit :

> Certains pensent que les anges sont visibles, mais que nos yeux ne sont pas faits pour les voir. En effet, la vision humaine ne permet de voir qu'une faible portion des ondes lumineuses, et elle est loin d'être parfaite ou complète. Les animaux et les oiseaux voient et entendent des choses bien au-delà de ce que nous pouvons voir et entendre.
>
> Cependant, de nombreuses fois par le passé, Dieu a permis à des yeux humains de capter les ondes de lumière céleste et de voir des corps angéliques. Et en d'autres circonstances, le saint bénéfique a pris une forme humaine et matérielle, apparaissant vêtu selon les exigences de la culture à laquelle appartient la personne à qui le divin messager rend visite.

CHAPITRE NEUF

Les anges déchus

Comme on le sait, la guerre entre Dieu et les mauvais anges, laquelle peut être comprise comme un conflit entre le bien et le mal, a commencé quand Lucifer — le plus beau et le plus intelligent de tous les êtres créés par le divin artiste, et prince de tous les ordres d'anges — a décidé de ne plus se soumettre à l'autorité de son souverain Maître. En bref, il s'est rebellé contre l'autorité suprême. Isaïe fait une description théâtrale de cette trahison :

> *Comment es-tu tombé du ciel, astre brillant, fils de l'aurore ? Comment es-tu abattu à terre, toi qui subjuguais toutes les nations ? Toi qui disais en ton cœur : « Je monterai aux cieux, au-dessus des étoiles de Dieu j'érigerai mon trône, je siégerai sur la montagne du Rendez-vous, dans les profondeurs du septentrion ; je monterai sur les sommets des nues, je serai semblable au Très-Haut. »*
>
> — Isaïe 14,12-14

On dirait la trame d'un nouveau feuilleton télévisé. Non seulement le très merveilleusement beau et prestigieux Lucifer a décidé de faire preuve d'initiative et de partir de son côté — un peu à la manière d'un vice-président d'entreprise rebelle qui n'a pas obtenu la promotion qu'il souhaitait —, mais encore, selon la rumeur, au moins un tiers de la population angélique l'aurait suivi et aurait participé à l'insurrection.

Comme dans l'Écriture sainte, les anges sont souvent appelés des « étoiles », Lucifer (ce nom signifie « qui apporte la lumière ») était appelé l'« étoile du matin » et était associé à la planète Vénus, laquelle s'élève comme l'étoile du matin pendant une partie de son cycle et comme l'étoile du soir en d'autres périodes. Vénus est la planète de l'amour : amour terrestre, et non amour divin. Elle représente le principe de beauté, lequel inclut également la vanité. Son ancêtre est la divinité grecque Aphrodite : la plus belle de toutes les déesses (du

La description que fait Dieu de Lucifer

Voici le message venant de Dieu à Lucifer, le plus connu des anges déchus, ou mauvais anges, que nous livre Ézéchiel :

> Tu étais un modèle de perfection, plein de sagesse et parfait en beauté. Tu étais en Éden, au jardin de Dieu ; toutes sortes de pierres précieuses étaient ton manteau : sardoine, topaze et diamant, chrysolithe, onyx et jaspe, saphir, escarboucle et émeraude, or, [...] furent préparés le jour où tu fus créé. Avec un Chérubin protecteur je t'avais placé, tu étais sur la montagne sainte de Dieu, au milieu de pierres de feu tu t'avançais. Tu fus parfait dans ta conduite, depuis le jour où tu fus créé jusqu'à ce qu'en toi se trouvât l'injustice.
>
> Par l'étendue de ton trafic, tu as rempli ton enceinte de violence et tu as péché ! Alors je t'ai banni, comme profané, de la montagne de Dieu, et le Chérubin protecteur t'a fait disparaître du milieu des pierres de feu.
>
> Ton cœur s'est exalté à cause de ta beauté, tu as perverti ta sagesse à cause de ta splendeur.
>
> — Ézéchiel 28,12-17

moins, elle le pensait). Soudoyant le jeune Paris afin de s'assurer du titre de reine de beauté, cette dernière a causé la guerre de Troie en promettant Hélène, l'Elizabeth Taylor du temps, à Paris, à condition qu'il la reconnaisse, elle, Aphrodite, la plus belle des déesses. Malheureusement, Hélène était déjà mariée, et son mari a fait toute une dispute en apprenant l'affaire.

En fait, dans le texte plus haut, Isaïe parle du roi de Babylone, mais ce texte a été mal interprété, et on l'a pris pour une évocation de l'ange déchu. C'est pourquoi le nom de Lucifer est devenu synonyme de Satan, aussi connu comme le malin. Il est intéressant de constater qu'en grec, Lucifer signifie « phosphore ».

En hébreu, Satan signifie « adversaire », et comme nom, on l'a appliqué au principe du mal, conçu comme une personne par le judaïsme, le christianisme et l'islam. En grec, le mot « malin » a comme racine un mot qui signifie « accusateur ».

Dans les cosmologies célestes de ces trois religions monothéistes — lesquelles découlent des idées de Zoroastre (on se souvient d'Iblis, celui qui a refusé de s'incliner) —, Satan est, à l'origine, un ange qui s'est rebellé contre Dieu et qui a été condamné à la damnation éternelle. Vous vous rappelez le premier commandement ? « Moi, Yahvé, je suis ton Dieu. Tu n'auras pas d'autres dieux en face de moi. » (Exode 20,2-3) Yahvé, ou Jéhovah, était bien connu pour être un dieu jaloux. Il l'affirmait lui-même.

Cet ange déchu, quel que soit le nom qu'on lui donne, règne sur les enfers, sur terre et ailleurs, et il est servi par une coterie d'anges mineurs : ceux qui ont choisi de se tenir à ses côtés pour affronter Dieu sont tombés avec lui et sont devenus des diables (« le malin » est un terme réservé à Satan lui-même, autrefois Prince de lumière, maintenant Prince des ténèbres). (Remarquons que le malin peut prendre différents noms : Abaddon, Apollyon, Dragon, Serpent, Asmodeus, Belzébuth, Baalzebub et Belial.)

On ne trouve nulle part dans l'Écriture sainte la raison pour laquelle Lucifer, ou Satan, s'est rebellé contre l'autorité divine. Selon Ézéchiel, il s'agirait de pure vanité, c'est-à-dire de l'orgueil qu'il tirait de sa splendeur magnifique, sans parler de l'immense sagesse qu'il possédait.

Images de guerre

L'Écriture sainte et les écrits chrétiens contemporains contiennent de nombreux récits de guerre ; comme il faut s'y attendre, ces

Les avilis

« Et c'est Nous qui vous avons créés ; puis Nous vous avons donné forme, puis Nous avons dit aux anges : "Soumettez-vous à Adam" ; et tous se soumirent, sauf Iblis ; il refusa d'être de ceux qui se soumettent.

Dieu dit : "Qu'est-ce qui t'a empêché de te soumettre, quand Je te l'ai commandé ?" Il [Iblis] répondit : "Je suis meilleur que lui. Tu m'as créé de feu, tandis que lui, Tu l'as créé d'argile."

Dieu dit : "Alors, descends d'ici, il ne convient pas que tu fasses l'arrogant ici. Sors d'ici ; tu es assurément du nombre des avilis." »

— Coran XV,26-34

descriptions portent toujours l'empreinte de la certitude d'une victoire sur les forces du mal. Considérons le passage suivant de l'écrivain chrétien Timothy Jones :

> Les conflits que nous affrontons, les tentations auxquelles nous résistons ou auxquelles nous cédons et le mal que nous permettons sont tous des éléments d'un vaste champ de bataille, dont la portée recouvre notre monde, notre vie quotidienne et même nos pensées passagères [...]. Et Dieu envoie ses messagers pour nous venir en aide dans ce champ de bataille [...]. Jusqu'à tout récemment, il m'arrivait rarement de penser que les anges pouvaient être à l'œuvre dans les batailles de mon existence [...]. Je sais maintenant que, d'une manière ultime, quelle que soit la nature exacte des raisons qui les causent, ces batailles qui se déroulent entre les anges et les démons concernent toujours la puissante présence du Seigneur de l'Univers. Ce qui signifie que ces batailles ne sont jamais futiles.

Dans la section intitulée « *Destined to Win* » (Destinés à gagner), Jones poursuit son propos imagé :

> Si nous participons au combat qui se déroule entre les armées du bien et les armées du mal, une deuxième vérité s'impose avec force : Dieu et ses anges de lumière sont plus puissants que Satan et les forces des ténèbres [...], nous n'avons donc rien à craindre. Les chemins que nous empruntons sont protégés par les anges. Cependant, nous ne pouvons éviter les effets d'une vie passée dans une zone de combat. L'existence humaine — et la vie du chrétien en particulier — comporte des éléments d'immense conflit.

La conception de Jones d'un état de guerre entre des forces opposées sur le champ de bataille des combats humains, ainsi que la confiance dont il fait preuve, s'appuie totalement sur l'Écriture sainte ; cette dernière, en des termes parfois extrêmement violents, assure aux croyants que tout finira bien un jour. Même si les pécheurs semblent tirer profit du mal qu'ils commettent, le combat de Dieu contre le malin et ses suppôts se poursuit inlassablement, comme le démontre le passage suivant tiré du livre d'Isaïe :

Il adviendra, en ce jour-là — que Yahvé sévira
contre l'Armée d'en haut, là-haut,
et contre les rois de la terre, sur la terre.
Ils seront réunis, réunis dans un cachot,
emprisonnés dans une prison,
et après de longs jours, ils seront châtiés.
La lune sera confuse et le soleil honteux ;*
car Yahvé des armées régnera
sur le mont Sion et à Jérusalem,
et devant ses anciens resplendira sa gloire.

— Isaïe 24,21-23

On trouve également le récit allégorique d'une grande guerre dans le dernier livre de la Bible. Dans l'Apocalypse (12,7-8), nous lisons : « Et il y eut une guerre dans le ciel : Michaël et ses anges faisaient la guerre au Dragon. Et le Dragon fit la guerre, ainsi que ses anges, et ils n'eurent pas le dessus, et on ne trouva plus leur place dans le ciel. »

Chose curieuse, la Bible comporte plus d'évocations de la chute des mauvais anges, ce qui confirme la bonté des bons anges, qu'elle ne contient d'évocations de la création des anges. Dans la deuxième épître de Pierre (2,4), il est écrit : « Dieu n'a pas épargné les anges qui avaient péché, mais les a précipités dans le Tartare et livrés à des fosses obscures où ils sont gardés pour le jugement. »

Le péché des anges

Il est clair que les Pères de l'Église ne connaissaient pas la nature précise du péché que les anges avaient commis, non plus qu'ils ne savaient le moment exact où s'était produit l'événement. Dans *Celebration of Angels* (Célébration des anges), Timothy Jones fait le commentaire suivant : « La Bible ne nous dit pas grand-chose à propos du malin, le chef des mauvais anges. On parle de lui un certain nombre de fois dans l'Ancien Testament; cependant, on ne trouve nulle part le récit détaillé de ce qui n'a pas marché. »

À la suite d'une « conversion soudaine », le théologien réformateur français, John Calvin, qui a quitté l'Église catholique et qui s'est enfui en Suisse pour défendre le protestantisme, a réprimandé ceux « qui se plaignaient que l'Écriture sainte ne comportait pas suffisamment

* Évidemment, ce vers associe les anges déchus aux étoiles, ou aux planètes. Souvenez-vous que Lucifer était l'étoile du matin. (N.d.T)

de passages expliquant systématiquement et clairement la chute des mauvais anges, c'est-à-dire donnant les causes de celle-ci, la façon dont les choses se sont passées, le moment où c'était arrivé et le caractère de l'événement». (*Instituts*, vol. 1, 164)

Toutefois, les Pères de l'Église primitive savaient une chose : Dieu a créé les démons, mais Il ne les a pas créés mauvais au départ. Cela, ces derniers l'ont accompli eux-mêmes. Nous avons un problème ici : si Dieu a créé toutes les choses *bonnes*, alors d'où les choses mauvaises tirent-elles leur origine, si ce n'est pas de Dieu ? Voilà une grande et déconcertante question. La réponse en est : des démons, ou de mauvais anges.

On remarquera que l'équation «péché égale sexe» était déjà posée dans les temps bibliques, et qu'elle est tenue pour vraie encore aujourd'hui. Lorsqu'il est question d'immoralité, nous ne parlons pas de vol, de meurtre ou de marché noir. Nous parlons d'égarements d'ordre sexuel. Des interprétations primitives de la Genèse (6,2-4) révèlent que le péché des mauvais anges a été d'avoir des rapports sexuels avec des mortelles.

La Genèse nous dit que «les fils de Dieu virent que les filles des hommes étaient belles, et ils prirent pour eux des femmes parmi toutes celles qu'ils avaient distinguées». Il en est résulté une race de géants appelés les «Nephilim». Cependant, la Genèse ne dit pas ce qui est arrivé à ces créatures.

Plus tard, explorant la nature des démons (ce qui était un passe-temps théologique populaire à l'époque), les érudits du Moyen Âge découvrent, dans le texte du chapitre 6 de la Genèse, que les démons auraient eu des rapports sexuels avec des femmes. Hourra! Enfin, nous les tenons ces succubes et ces incubes pervers qui se sont glissés dans le lit de mortelles innocentes et qui les ont corrompues par le sexe.

Malheureusement, cette interprétation soulève un problème majeur : Lucifer et ses suppôts ont trahi Dieu *avant* la création d'Adam et Ève. Comme ces derniers sont les premiers humains, ils n'étaient pas là au moment de la chute, et n'avaient, non plus, aucune progéniture avec laquelle les démons auraient eu des rapports sexuels. Incapable de répondre à cette épineuse question, saint Augustin, l'un des Pères de l'Église et auteur prolifique de textes chrétiens orthodoxes, décide que la cause véritable du péché des anges et de leur déchéance est leur orgueil — c'est-à-dire le désir qu'ils ont eu d'être semblables à Dieu —, et il affirme que l'événement a eu lieu *avant* la création du monde! Nécessité fait loi!

Cette vision des mauvais anges fait consensus et prend solidement racine dans le christianisme qui se développe ensuite. Question : Si ce n'est pas sur la terre, dans le but d'avoir des rapports sexuels avec les femmes, où exactement les anges sont-ils tombés? Réponse : Dans l'espace intermédiaire entre le ciel et la terre. À partir de là, la distance ne sera pas longue jusqu'aux enfers, où ils s'emploieront à torturer les âmes des damnés.

Bien qu'atroce, cet argument tient la route parce qu'il suggère que les anges ont eu la possibilité de *choisir* et qu'ils ne peuvent être rachetés. La question du libre arbitre est importante dans ce débat, car la nature même de l'intelligence et de la volonté des anges exige que le premier et le seul choix qu'ils ont fait librement ait déterminé à jamais leur orientation vers le bien ou vers le mal.

Dès le moment de leur création, pour autant que leur libre arbitre fût concerné, les anges étaient censés avoir une connaissance suffisante de l'alternative qui s'offrait à eux. C'est ainsi que le libre arbitre des anges, leurs connaissances et leur responsabilité se sont réunis pour constituer les conditions suffisantes de ce que nous appellerions aujourd'hui une « décision éclairée ». Donc, à la suite d'un choix, fortement influencé par leur entêtement orgueilleux, les anges sont tombés et sont devenus des diables, ou des démons. Personne ne répond à la question de savoir comment exactement les anges — au départ, tous bons — en sont venus à connaître les vices de l'orgueil et de l'obstination. Ont-ils inventé spontanément ces défauts au cours de la fraction de seconde dont ils ont disposé pour faire le choix qui a déterminé toute leur existence? Cela ne s'est certainement pas avéré une très bonne stratégie.

La chute de Satan est un thème brûlant pour les chrétiens du Moyen Âge, car il leur fournit le prétexte pour discuter et argumenter. Anselme de Cantorbéry consacre un traité entier à la question. Pour sa part, Thomas d'Aquin pose la question de savoir si, au départ, Satan était un chérubin ou un séraphin. Les chérubins sont caractérisés par leur savoir et leur sagesse; toutefois, cela ne les immunise pas contre le péché mortel. D'autre part, les séraphins sont caractérisés par un amour de Dieu intense; ils auraient dû être prémunis contre toute transgression à ce sentiment si englobant. L'époux ne trahit pas une épouse qu'il aime d'un amour vrai et sincère; de même, il est peu possible qu'un séraphin se détourne de l'autorité et de la supériorité divines. Cependant, dans l'une de ces volte-face qui ont fait sa réputation, Thomas d'Aquin retourne l'argument et déclare que Satan était un séraphin (les séraphins appartiennent à l'ordre

Les anges dans les manuscrits de la mer Morte

Parmi les plus récents des manuscrits de la mer Morte qui ont été découverts s'en trouve un dont le titre est *La guerre des fils de la lumière contre les fils des ténèbres*. Dans ce texte, Michaël est appelé le « Prince de lumière ». Il commande l'armée des anges de lumière qui font la guerre aux anges des ténèbres, lesquels ont à leur tête le démon Bélial.

supérieur des anges) pour la simple et bonne raison qu'aucun ange, si ce n'est parmi les plus exaltés, ne commettrait le péché d'orgueil. Thomas d'Aquin transige avec l'incompatibilité suscitée par l'association entre amour séraphique et péché mortel en disant que Satan « sera appelé un chérubin ». Quelle importance un nom a-t-il ? Une rose, quel que soit le nom dont on la désigne, sera toujours une rose ; en réalité, la question est de savoir si un ange appelé chérubin peut être un séraphin. Faites-vous une opinion en lisant Thomas d'Aquin.

Les diables et les démons

Tous ces enseignements sur les mauvais anges qui se sont transformés en diables et en démons — pensons à toutes les variations qui existent sur le mot « diable », comme « diablerie », un mot qui n'évoque rien de bien méchant, ou des expressions comme « envoyer quelqu'un au diable » ou « c'est un bon diable ! », laquelle est une forme de compliment — ont amené la croyance, qui tient encore aujourd'hui (en dépit du monde moderne dans lequel nous vivons), que quelque part, au loin, ou en action sur terre, existent des forces du mal bien réelles et un domaine de ténèbres vaste et puissant.

L'apôtre Paul est un grand défenseur de cette notion ; il appelle Satan « le Chef du Pouvoir de l'air, cet Esprit qui agit maintenant dans les fils de la désobéissance [...] » (Éphésiens 2,2). Il n'y a pas plus croyant que le converti, c'est certain. D'autant plus que la conversion de Paul, sur la route de Damas, a été soudaine et spectaculaire. Joseph Campbell décrit la mentalité des Pères de l'Église comme étant « de feu et d'épée ». Paul est cohérent avec cette description quand il écrit aux chrétiens d'Éphèse et leur recommande « de revêtir la panoplie de Dieu, afin de pouvoir tenir contre les manœuvres du diable » (Éphésiens 6,11), évoquant ainsi l'organisation du royaume de Satan comme une force dangereuse et puissante, un peu à la manière dont nous parlons aujourd'hui des organisations criminelles, « Car notre lutte n'est pas contre la chair et le sang, mais contre [...] les Pouvoirs » (Éphésiens 6,12).

Pourquoi les anges déchus existent-ils ?

À cette époque, la chute des mauvais anges avait des implications importantes pour les humains autant que pour les êtres angéliques, parce que les trônes célestes, désertés par les anges rebelles (ou ceux qui, peut-être, avaient abdiqué), pouvaient désormais être convoités par d'autres. Mais qui allait occuper ces sièges? Comme toujours, l'Église avait une réponse : ce sont les saints, ceux que les autorités ecclésiastiques décideront de canoniser après avoir considéré les bonnes œuvres et les miracles qu'ils ont accomplis, et dûment procédé à une enquête. Dès lors, les humains pouvaient aspirer à devenir — non pas exactement des anges —, mais des saints pouvant s'asseoir à la place des anciens anges. Jésus n'a-t-il pas promis que les hommes et les femmes seront « comme des anges dans le ciel » (Matthieu 22,30) ? Le problème du personnel angélique est résolu. Les humains, élevés au rang de saints, combleront les places vides. N'eût été de ces sièges vacants, comment les humains auraient-ils pu se situer en regard du ciel ?

Nous voyons maintenant que l'existence des mauvais anges était nécessaire, car elle permettait aux hommes d'espérer une place au ciel. Décrivant la vie de François d'Assise comme un modèle de sainteté humaine, Bonaventure a une vision de François, en tant que saint François, occupant au ciel un siège ayant appartenu à un ange, aujourd'hui tombé en disgrâce. Le trône en question est très orné, serti de pierres précieuses et étincelant de mille feux. Un observateur attentif se demandera à quoi peuvent servir au ciel des gemmes aussi coûteuses que des diamants, des rubis et des émeraudes; Bonaventure n'a jamais abordé ce genre de considérations. Après tout, le ciel est un endroit de pure béatitude. Et comment comprendre de quoi est faite la béatitude, sinon à partir de critères bien terrestres : une grande richesse et une position sociale très enviables.

Néanmoins, la question des places laissées vacantes par les mauvais anges soulevait d'autres problèmes. Par exemple, les humains qui seront admis parmi les anges restés fidèles à Dieu le seront-ils à titre d'égaux, ou formeront-ils un ordre de saints inférieur et de moindre importance : l'ordre le plus bas qui soit, c'est-à-dire en dessous des anges et des saints de remplacement ?

Thomas d'Aquin détermine qu'un tel arrangement à deux paliers serait contraire à la pensée d'Augustin, qui est un Père de l'Église respecté. En effet, selon Augustin, dans la cité céleste, les saints et les anges seront un. Toutefois, a-t-il tenu compte du facteur de l'explosion démographique ? Il est certain que les mauvais anges étaient moins nombreux que ne le sont les humains. Si tous les humains sont admissibles à la sainteté, et de là à occuper un trône au ciel, il faudra mettre en place un système de « places debout » à l'intention des derniers arrivants. Ou encore peut-être faudra-t-il instaurer un système de rotation, comme au jeu de chaises musicales ? D'autre

L'importance du calvinisme

« Le calvinisme diffère fondamentalement du catholicisme ; selon cette doctrine, seuls les élus seront sauvés, les autres ne peuvent acheter leur salut par de bonnes actions. Cette doctrine caractérise les covenantaires d'Écosse, les puritains d'Angleterre et de Nouvelle-Angleterre et les huguenots français. Dans un monde émergeant d'une économie moyenâgeuse, fondée sur l'agriculture et accédant à une économie commerciale et industrielle, l'élargissement du calvinisme à toutes les sphères de l'activité humaine est d'une importance considérable. Les vertus chrétiennes d'économie, d'assiduité, de dépouillement, que Calvin prêche comme essentielles à la réalisation du règne de Dieu sur terre, contribuent à stimuler le développement d'une économie industrielle prospère. »

— *The Columbia Viking Desk Encyclopedia,* 1968

part, comme il est maintenant scientifiquement démontré que notre Univers est en expansion, pourquoi ne pas supposer la notion de « paradis en expansion » ? Le problème est clair : combien y avait-il de sièges au départ, et est-ce qu'il en reste ?

Opposant ses idées à celles de Thomas d'Aquin, comme il a souvent coutume de le faire, Bonaventure n'admet pas que les humains discutent de ces questions de nature céleste. Pour lui, il est entendu que les anges excellent en dignité ; tous ces problèmes d'égalité ne l'intéressent pas. Néanmoins, Bonaventure interprète le fait que les anges se réjouissent du repentir des pécheurs comme un signe qu'ils sont heureux de voir leur nombre rétabli grâce à la rédemption de nouvelles âmes.

Une autre question théologique épineuse est de déterminer si les humains n'auraient pas été créés spécialement pour combler les places laissées vides par les mauvais anges (ce qui est possible, car la chute des anges a eu lieu avant la création des humains, et elle a laissé des sièges libres alors qu'aucun humain pouvant aspirer au titre de saint n'existait encore). Augustin défendra ce point de vue, malgré qu'il soit communément admis que les humains aient été créés pour d'autres raisons, c'est-à-dire pour aimer Dieu, Le révérer et Le servir pour Sa plus grande glorification.

Quel que soit le point de vue que l'on adopte, l'idée la plus répandue à l'époque, et qui a cours encore aujourd'hui, veut que les anges et les démons soient engagés dans une lutte éternelle, les premiers pour le salut de l'humanité, les autres, pour sa perte. Ce qui ne préoccupe pas les chrétiens outre mesure, car, dans l'Apocalypse, il est écrit que le bien l'emportera. Voici un texte tiré de la liturgie orthodoxe orientale qui confirme cette prédiction en des termes militaires :

> *Rang après rang, le maître du ciel dispose son avant-garde*
> *Comme l'astre de la lumière descend à l'horizon d'un long jour*
> *Les pouvoirs de l'enfer s'anéantissent et les ténèbres se dissipent.*
>
> — *Liturgy of St. James* (Liturgie de saint Jacques)

Il est possible que l'on ne trouve pas dans la Bible une explication précise de la chute des anges — au grand dam de Calvin et des autres dont la responsabilité est d'interpréter l'Écriture sainte au bénéfice des profanes de leur communauté ecclésiastique — parce que les Pères de l'Église sont parvenus à faire rayer le Livre d'Énoch des écrits canoniques de la Bible, ainsi que des écrits apocryphes acceptés (livres ajoutés).

Énoch et les veilleurs

Le premier Livre d'Énoch, qui raconte l'histoire étrange et extraordinaire d'un groupe de mauvais anges appelés les « veilleurs », a donc été supprimé par les autorités canoniques et serait tombé dans l'oubli s'il n'avait été préservé dans une version éthiopienne. Cette version a survécu, car elle avait été placée sous séquestre dans un avant-poste éloigné des montagnes d'Abyssinie. Quoique le Livre éthiopien ne soit pas complet, une version en grec a aussi survécu, et grâce à ces deux textes, les érudits ont pu retracer l'histoire du Livre d'Énoch. Soit dit en passant, c'est le Livre d'Énoch qui a servi d'inspiration aux poètes Dante et Milton. En 1906 est apparue une traduction française du Livre d'Énoch, sous la plume du professeur François Martin.

Quarante ans après la traduction effectuée par le professeur Martin, des documents à l'appui de l'histoire qu'Énoch raconte au sujet des veilleurs sont trouvés parmi les manuscrits de la mer Morte.

Emily Hahn, auteure de *Breath of God* (Le souffle de Dieu), écrit :

> En lisant Énoch, nous comprenons pourquoi son livre est rejeté par les anciens. S'ils l'avaient accepté (littéralement) comme évangile, ils auraient dû faire face à l'idée dangereuse que les anges de Dieu ne sont pas infaillibles […], sans parler que la question de savoir, en premier lieu, pourquoi Dieu avait créé le mal, s'Il l'avait fait, soulevait déjà suffisamment de problèmes […]. Et si Dieu n'avait pas créé le mal, qui alors l'avait fait ? Une question dérangeante, peu importe la façon dont on l'aborde.

Selon la traduction de 1912, l'histoire que raconte Énoch est la suivante : deux cents anges, appelés les « veilleurs », ou les « vigilants », ou « ceux qui ne dorment point », se sont rebellés contre Dieu parce qu'ils se sont laissé séduire par les filles des hommes et qu'ils ont manifesté une vulnérabilité scandaleuse aux passions humaines.

Inutile de dire que les Pères de l'Église n'approuvaient pas une telle conduite : des anges frayant avec des femmes ! Les anges sont censés être purs et hors d'atteinte du péché. Comme il a été mentionné

À l'époque du Moyen Âge

Les productions du Moyen Âge, comme le *York Cycle's Creation and the Fall of Lucifer*, attirent les foules, donnant aux bons anges l'occasion de chanter le *Te Deum* et le *Sanctus* ; dans ces productions, Lucifer n'a que peu à dire !

auparavant, le péché est très tôt associé au sexe, et les deux sont devenus presque inséparables, sauf dans certaines conditions prescrites comme dans le cadre du mariage et pour les fins exclusives de la reproduction. Autrement, l'Église prescrit l'abstinence.

En fait, Énoch puise son inspiration dans la mythologie païenne, laquelle regorge d'histoires sexuelles. (Zeus, par exemple, prenait diverses formes, comme celle d'un cygne ou comme une pluie d'or dans le but de séduire des mortelles, engendrant ainsi une progéniture mi-divine, mi-humaine.) Considérant qu'il est « né d'une femme », on pourrait avancer que le Christ est lui-même mi-divin, mi-humain.

De plus, comme les juifs se sont activement employés à remplacer cette tenace mythologie païenne à connotation sexuelle par leur propre version de ce que les choses devraient être, sur le plan sexuel et autrement, et comme le récit d'Énoch présentait une forte ressemblance avec un mythe perse prémonothéiste prézoroastrien, selon lequel des démons auraient épousé des mortelles et corrompu les habitants de la terre, ils ont considéré le récit d'Énoch avec beaucoup de suspicion et l'ont déclaré inacceptable.

Bien qu'Énoch n'affirme pas qu'il a retracé les origines du mal, il semble suggérer que ce dernier rôdait dans les parages bien avant la chute des anges. À la lumière du nouveau monothéisme, et vu la manière dont les juifs comprennent les choses, les conceptions d'Énoch ne sont pas retenues. Son livre est rejeté. L'extrait suivant tiré du livre en cause en explique la raison :

> Or, lorsque les enfants des hommes se furent multipliés, il leur naquit en ces jours des filles belles et jolies ; et les anges, fils des cieux, les virent, et ils les désirèrent, et ils se dirent entre eux : « Allons, choisissons-nous des femmes parmi les enfants des hommes et engendrons-nous des enfants. » Alors, Semyaza, leur chef, leur dit : « Je crains que vous ne vouliez peut-être pas accomplir cette œuvre, et je serai, moi seul, responsable d'un grand péché. »

Cependant, Semyaza n'avait rien à craindre : les autres anges étaient enchantés de l'accompagner et d'épouser des mortelles. C'est ainsi que, selon Énoch, ils (les deux cents anges) sont descendus sur la terre et ont atterri sur le mont Hermon, en un lieu très éloigné de l'endroit où étaient les mortelles. Plus tard, ils sont descendus du sommet de la montagne et se sont retrouvés, après neuf jours de voyage, au milieu d'une communauté d'hommes et de femmes.

Ayant atteint leur premier objectif, c'est-à-dire venir sur la Terre afin d'épouser des filles des hommes, les veilleurs se mettent en quête de mortelles avec lesquelles, comme le dit Énoch avec tact, mais sur un ton de ferme désapprobation, ils vont se « souiller ». De plus, comme si cette faute sexuelle n'était pas assez grave, les veilleurs enseignent à leur épouse les secrets du ciel. « Ils leur enseignèrent les charmes et les incantations, et ils leur apprirent l'art de couper les racines et la science des arbres. »

Il n'y a qu'à réfléchir un peu sur les cultures agraires matriarcales qui ont précédé notre ère pour se rendre compte que les femmes ont toujours eu cette connaissance des choses, et que, dans les cultures agraires, les semences et les récoltes étaient sous la responsabilité des femmes, alors que les cultures fondées sur la chasse étaient dominées par les hommes. Cependant, le judaïsme patriarcal, dans ses tentatives pour faire disparaître tous les vestiges de l'ancienne religion païenne de la déesse-mère, qualifie ce genre de connaissances comme étant d'ordre « divin », décrète que ces connaissances doivent appartenir à Dieu seul et que les femmes qui les possèdent sont des sorcières. Nul n'ignore où a conduit, quelques siècles plus tard dans l'Europe chrétienne, cette manière de voir : des millions de femmes qui pratiquaient la médecine par les plantes ont été brûlées sur les bûchers, accusées de sorcellerie.

(Dans un autre contexte, Yahvé a déclaré : « Moi, ton Dieu, je suis un Dieu jaloux. » La décision des Pères de l'Église de qualifier de sorcellerie la connaissance des choses de la nature traduit bien cette jalousie.)

Un autre des veilleurs est Azazel, qu'Énoch désigne comme le chef, même si, auparavant, il avait nommé Semyaza à ce titre. Peut-être Semyaza est-il simplement l'instigateur de l'idée de descendre sur terre épouser des mortelles. Quoi qu'il en soit, Azazel enseigne aux humains à travailler les métaux, à fabriquer « les bracelets et les parures, et l'art de peindre le tour des yeux à l'antimoine et d'embellir les paupières, et il les initie aux pierres les plus belles et les plus précieuses et à toutes les teintures de couleur. L'impiété fut grande et générale [c'était apparemment le résultat des soins pour embellir le visage et le corps, pratiques que les anciens condamnaient] ; ils forniquèrent et ils errèrent, et toutes leurs voies furent corrompues. »

Énoch poursuit en énumérant tous les arts que les anges veilleurs enseignèrent aux humains et en indiquant le nom du professeur. Amiziras instruisit les enchanteurs et les coupeurs de racines ; en revanche, Armaros apprit à rompre les charmes ; Baraqiel instruisit

Le pouvoir du diable

« Le diable [...] a le pouvoir de vous faire voir et penser des choses de la façon dont il souhaite que vous les voyiez et les pensiez. Le mode naturel de conversation entre des êtres spirituels est la communication directe des idées. Le diable, étant un esprit, peut ainsi agir sur l'âme des humains. Il est tout à fait évident [selon Merton] que Dieu a recours à d'autres intelligences — ses anges — pour agir de la même manière sur l'esprit des hommes et leur présenter des visions. »

— Thomas Merton, *The Ascent to Truth* (La montée en vérité)

les astrologues; et Kôkabiel enseigna les signes. Le temps et le langage des nuages furent enseignés par Ezeqiel, et ainsi de suite.

Bien sûr, les veilleurs durent subir la colère de Dieu, qui n'a pas accepté sans riposter leur désobéissance et leur révélation des secrets célestes à des personnes non autorisées. Selon Énoch, toute cette information qu'ont reçue les humains a eu de mauvais effets sur eux, et ces derniers n'étaient pas heureux du tout. En fait, ils se sentaient misérables, car la connaissance peut avoir cet effet sur les gens. Elle vous amène à réfléchir, et la réflexion peut être extrêmement douloureuse. Comme le dit l'adage, *bienheureux les innocents*. Avec l'acquisition du savoir, les hommes avaient perdu leur innocence béate, et maintenant, ils criaient vers Dieu en quête d'aide. Dieu leur répondit et Il anéantit les veilleurs. La destruction sur la terre sera telle que Dieu envoie Uriel avec un message pour Noé lui recommandant de construire une arche en prévision du déluge qui s'en vient et qui va effacer toute trace de ce que les veilleurs ont accompli.

Le châtiment de Dieu à l'égard des veilleurs est extrêmement sévère et d'une lecture difficile, comme l'illustre l'extrait suivant de l'ordre donné par Dieu au bon ange Gabriel :

> Va vers les bâtards et les réprouvés et vers les fils de courtisanes, et fais disparaître les fils de courtisanes et les enfants de veilleurs d'entre les hommes; chasse-les et renvoie-les; ils se détruiront les uns les autres par le meurtre, car il n'y aura pas pour eux de longs jours.

Énoch poursuit la description du terrible châtiment :

> Et lorsque tous leurs enfants se seront égorgés, et lorsque eux-mêmes auront vu la destruction de leurs bien-aimés, enchaîne-les sous les collines de la terre. En ces jours, on les amènera dans les abîmes de feu, dans les tourments, et ils seront pour toujours enfermés dans la prison.

Énoch lui-même se rend au ciel pour demander à Dieu sa miséricorde à l'égard des veilleurs, mais la réponse est un NON sans appel. De plus, Dieu lui reproche d'avoir intercédé en faveur des veilleurs, disant que, en tant qu'homme, il n'était pas autorisé à parler pour les anges, lesquels, déchus ou pas, sont d'un statut supérieur au sien.

Nombreux sont les horribles châtiments décrétés par Dieu pour punir les veilleurs; Énoch les décrit d'une manière frappante. Je n'ai fait qu'effleurer le thème des tortures épouvantables, inventées par Dieu, pour assouvir sa vengeance. Il faudrait un Stephen Spielberg ou un George Lucas et leur légion de spécialistes des effets spéciaux pour rendre justice au récit terrible que fait Énoch de la vengeance divine exercée contre les veilleurs qui ont désiré les mortelles. Les descriptions d'Énoch sont si cruelles que je me demande si elles n'ont pas inspiré ceux qui ont conçu les salles de tortures utilisées en Europe au Moyen Âge et ces charmants objets pour faire souffrir dont se servira le Grand Inquisiteur de l'Espagne catholique pour démasquer les sorcières et les hérétiques.

Le récit terrible d'Énoch comporte tout de même une lueur d'espoir, sinon vous ne seriez pas en train de lire ce livre : un veilleur dont le nom est Penemue « enseigna aux enfants des hommes la douceur et l'amertume, et tous les secrets de la sagesse. Et il leur enseigna l'écriture avec l'encre et le papier, et depuis ce jour, nombreux sont ceux qui commettent le péché pour l'éternité. » Ce qui nous donne une petite idée de l'opinion que Dieu a des écrivains !

Il est évident qu'Énoch, en fait, ne possédait pas une grande connaissance formelle de l'histoire, car selon les religions païennes, qu'il détestait, les dons de la connaissance, comprenant ceux de l'écriture et de la culture du sol, étaient attribuables à la Grande Déesse, considérée sous une forme ou une autre comme Isis ou Athéna, la déesse grecque de la sagesse. De plus, il est certain que des livres ont été écrits bien avant que n'existent les théories selon lesquelles de mauvais anges auraient corrompu des humains en leur enseignant l'art de se servir d'une plume et de papier, et de tracer des signes intelligibles. On ne nous dit pas exactement si les veilleurs ont aussi appris aux humains à lire ; il le faut, car avoir la capacité d'écrire sans avoir celle de lire les écrits est une situation sans issue.

Finalement, dans le Livre des Jubilés, l'histoire des veilleurs est réhabilitée, et la poursuite du savoir acquiert une bonne réputation. L'auteur des Jubilés déclare : « Les anges du Seigneur, ceux que l'on appelait les veilleurs, sont descendus sur terre ; ils ont instruit les enfants des hommes et ils ont apporté la justice et l'honnêteté sur terre. »

Dans la Genèse, l'affaire est réglée de façon claire. En effet, les veilleurs ne sont pas de véritables anges, mais ce sont les fils de Seth (le nom de Seth renvoie à un dieu égyptien de l'Antiquité dont le nom sera employé plus tard pour désigner le diable), des êtres ni surnaturels ni humains, mais quelque part entre les deux. On peut les appeler « anges de Dieu », pour autant qu'ils demeurent

Les anges déchus

Nous ignorons le nom de tous les anges déchus, car ils sont une multitude — ils représentent un tiers de la population céleste —, et ils viennent de tous les ordres angéliques : principautés, vertus, chérubins, séraphins et trônes. C'est au poète Milton que nous devons la liste de ceux à qui un nom a finalement été donné :

- ✧ Satan, le grand ennemi, le démon lui-même
- ✧ Belzébuth, le premier en pouvoir après lui
- ✧ Moloch, un sale type, aspergé du sang des sacrifices humains
- ✧ Chamos, aussi appelé Péor
- ✧ Baal, esprit mâle
- ✧ Astaroth, esprit femelle
- ✧ Astoreth, esprit femelle, orné d'un croissant. (On l'appelait Astarté, Reine du ciel. C'était la déesse phénicienne de la fertilité, de la beauté et de l'amour ; elle correspondait à la déesse babylonienne Ishtar et à la déesse grecque Aphrodite, toutes deux des versions de la grande déesse-mère. Remarquons que Hathor, la déesse-mère égyptienne, porte des cornes en forme de croissant qui représentent la lune et que toutes ces déesses sont des divinités de la lune, laquelle est l'emblème du principe féminin.)
- ✧ Azazel, un chérubin de taille prodigieuse
- ✧ Mammon
- ✧ Thammuz
- ✧ Dagon
- ✧ Rimmon
- ✧ Bélial, emblème de lubricité

Dans le texte de Milton, tous ces anges déchus côtoient en enfer les dieux des anciennes religions païennes datant d'une époque antérieure à la Bible : les dieux égyptiens Osiris et Isis et tout le panthéon grec.

rigoureusement purs et innocents et qu'ils ne s'avisent pas de toucher aux mortelles.

Pendant que je relate cette histoire à quelqu'un, on me rappelle une anecdote que Joseph Campbell aimait raconter. Un jour, lors d'une conférence, celui qui a amené le zen aux États-Unis, D. Z. Suzuki, faisait une comparaison entre le zen et les traditions judéo-chrétiennes. Il aurait dit : « L'homme s'en prend à Dieu. Dieu s'en prend à l'homme. L'homme s'en prend à la nature. La nature s'en prend à l'homme. Drôle de religion. »

Troisième partie

La connaissance des anges

CHAPITRE DIX

La hiérarchie des anges

POURQUOI LES ANGES SONT-ILS ORDONNÉS POUR former une hiérarchie, c'est-à-dire un système structuré de haut en bas, comme l'organigramme d'une entreprise?

Il y a plusieurs raisons pour lesquelles les diverses religions trouvent que cet arrangement hiérarchique est nécessaire. L'une d'entre elles est le nombre même de la population des anges. Les patriarches juifs ont produit des anges rapidement et activement. Pour les nommer, leur méthode était simple : mélanger des lettres de l'alphabet hébreu et ajouter les suffixes « el » ou « iel ». On en est venu à appeler ces anges les « anges suffixes », lesquels se comptent par milliers. L'Église catholique a fait de son mieux pour faire cesser cette surenchère, avec peu de succès cependant, car elle désigne, elle aussi, un nombre toujours croissant d'anges. Même le grand saint Augustin se plaint que les anges « se multiplient comme des mouches ».

Finalement, les anges sont si nombreux qu'il devient nécessaire de les arranger selon un ordre séquentiel pour venir à bout de la confusion qui règne quand vient le temps de déterminer quel ange fait quoi et qui est le plus près du trône élevé de Dieu. Étant donné que dans la Bible, les anges sont déjà présentés comme constituant des armées (en fait, c'était le sens du mot « armée » : une armée d'anges), on a poursuivi l'idée de « structure militaire » pour ordonner les anges en rangs (de la même manière que, dans une armée, les militaires sont ordonnés en généraux, majors, capitaines et lieutenants de divers grades, et selon les rangs inférieurs allant du sergent au soldat de deuxième classe). Dans ce système, les anges ordinaires se comparent aux simples soldats.

Tout a commencé à cause d'une petite supercherie littéraire. Un Athénien bien connu, du nom de Denys, devenu plus tard saint Denys, est converti par nul autre que saint Paul, dans la ville d'Aréopagite, en Grèce, au premier siècle.

Saint Augustin et les anges

« Selon Augustin, “toute chose visible en ce bas monde est confiée à la garde d'un ange” *(Quatre-vingt-trois questions)*. De plus, toujours selon cet auteur : “Les anges veillent sur les choses naturelles, comme l'ordre naturel le requiert, selon la volonté de Celui devant qui tous sont soumis.” »

Pour saint Augustin, un tel point de vue n'est ni illogique ni insensé. Il est le résultat d'une longue réflexion et découle de sa conviction de la possibilité de failles, inhérente à la nature de toute créature. Cette notion est d'ordre religieux et met l'accent sur la personnalité au point de supposer l'existence d'une multitude de providences individuelles grâce auxquelles le Père céleste manifeste sa divine protection. Celles-ci veillent à ce que tout concorde pour la plus grande gloire de Dieu et le salut des élus.

— Pie-Raymond Régamey, O.P., *What Is an Angel?* (Qu'est-ce qu'un ange?)

Ce Denys devient le premier évêque d'Athènes, un héros et un saint martyr. Puis, au cinquième ou au sixième siècle (personne n'est certain de la date exacte) arrive un moine syrien de Palestine qui écrit une série de livres mystiques obtus regorgeant d'allusions et de références à l'Écriture sainte. L'un d'entre eux s'intitule *De Hierarchia Celesti*. Ce livre traite, d'une manière précise et détaillée, de la nature et des caractéristiques des anges.

Toutefois, le Syrien, dont les livres sont écrits en grec, parvient à faire croire que son œuvre est le fait de Denys, qui a vécu au premier siècle, le même qui est réputé pour sa conversion grâce à saint Paul. Il se fait appeler « Denys l'Aréopagite » et réussit à duper les autorités de l'Église.

Plus tard, autour de 1450, on découvre son imposture (désormais, il est appelé « Pseudo-Denys »). Toutefois, c'est trop tard, car nul autre que le grand Thomas d'Aquin n'a déjà cautionné de son approbation le système hiérarchique créé par Pseudo-Denys (comme l'a fait d'ailleurs le pape Grégoire le Grand, après y avoir apporté quelques changements mineurs).

De plus, malgré l'usurpation d'identité dont il s'est rendu coupable et la tromperie qu'il a propagée, Pseudo-Denys a fini par être canonisé! En outre, la hiérarchie qu'il a proposée pour ordonner les anges est encore en usage aujourd'hui. (Il ne viendrait à personne l'idée que les changements s'opèrent rapidement dans l'Église. Pensons simplement que Galilée a obtenu le pardon depuis quelques années seulement; comme chacun le sait, ce dernier a été jugé par le tribunal de l'Inquisition, en 1632, pour avoir écrit un traité dans lequel il affirmait, avec raison, que le Soleil est au centre de l'Univers et que

les planètes tournent autour de lui. La position officielle de l'Église était que la Terre était le centre de l'Univers.)

Bien que le moine syrien ne fût pas là pour entendre les paroles de saint Paul, au moment où celui-ci les a prononcées, il y puise son inspiration et il nomme les trois ordres les plus élevés d'anges, d'après l'Ancien Testament, de la façon suivante :

1. Les séraphins;
2. Les chérubins;
3. Les trônes.

S'inspirant toujours de saint Paul, Pseudo-Denys partage ensuite les anges en trois groupes :

1. Les séraphins, les chérubins et les trônes;
2. Les dominations, les vertus et les puissances;
3. Les principautés, les archanges et les anges ordinaires.

Les princes qui règnent sur les neuf ordres célestes sont ensuite désignés par Pseudo-Denys ainsi :

Séraphins : Michaël, Seraphiel, Jehoel, Uriel, Kemuel (Shemuel), Métatron, Nathanaël et Satan (avant la chute). Les séraphins constituent l'ordre d'anges le plus élevé. Ils entourent le trône de Dieu, chantant sans cesse les divines louanges. Ce sont des anges d'amour, de lumière et de feu.

Chérubins : Gabriel, Chérubiel, Ophaniel, Raphaël, Uriel, Zophiel et Satan (avant la chute). Les chérubins sont les gardiens des étoiles fixes, les conservateurs des registres du ciel et les dispensateurs de savoir. Dans le Talmud, les chérubins sont aussi associés à l'ordre des chars de Dieu, aussi appelés « ophanims ». Cet ordre est régi par Opaniel, Rikbiel, Zophiel et Satan (avant la chute).

Trônes : Orifiel, Zaphkiel, Zabkiel, Jolhiel (ou Zophiel) et Raziel. Les trônes apportent la justice de Dieu sur la terre. Ils sont souvent appelés les « roues du char de Dieu », ou (dans la kabbale juive) le « chariot » ou la « Merkaba ». Le Zohar, livre occulte, place les trônes au-dessus des séraphins, alors que dans d'autres sources, on les retrouve à la place des

La prière des anges

Le respectable *Livre des prières*, que les chrétiens utilisent depuis des siècles, comporte la prière suivante :

Dieu éternel, toi qui as décrété et constitué dans un ordre incomparable les ministères des anges et des mortels, accorde-nous que les saints anges, qui te servent et t'honorent dans les cieux, veillent aussi sur nous, par ta grâce, et nous protègent sur la terre.

chérubins, ce qui porte à confusion. Le prince qui règne sur cet ordre est Oriphiel, aussi appelé Zabkiel ou Zaphiel.

Dominations : Zadkiel, Hashmal, Zacharael (Yahriel) et Muriel. Les dominations sont responsables des devoirs des anges. La majesté de Dieu se manifeste par eux. Les dominations portent une sphère, ou un sceptre, en symbole d'autorité, et dans la tradition hébraïque, le chef de cet ordre est appelé Hashmal ou Zadkiel.

Vertus : Uzziel, Gabriel, Michaël, Peliel, Barbiel, Sabriel, Haniel, Hamaliel et Tarshish. Les vertus sont envoyées sur la terre pour accomplir des miracles. Ces anges dispensent la grâce et la valeur.

Puissances : Camael, Cabriel, Verchiel et Satan (avant la chute). Les puissances empêchent les démons d'envahir le monde, c'est-à-dire que ces anges règnent sur les démons ou (d'après saint Paul) sont eux-mêmes malfaisants. Ertosi, Sammael ou Camael (selon la source consultée) est le chef des puissances.

Principautés : Nisroc, Naniel, Requel, Cerviel et Amael. Les principautés veillent sur la religion. Selon Milton, Nisroc « des principautés est le plus grand » ; parmi les autres se trouvent Requel, Anael et Cerviel.

Archanges : Métatron, Raphaël, Michaël, Gabriel, Barbiel, Jehudiel, Barachiel et Satan (avant la chute).

Anges : Phaleg, Adnachiel (Advachiel), Gabriel et Chayyliel.

Une hiérarchie angélique

Dans tout cela, plusieurs idées sont émises sur la manière dont la hiérarchie angélique devrait fonctionner, et plusieurs débats ont lieu sur cette question d'établir un ordre parmi les anges, comme si l'on pouvait comparer les anges au système des classes en Angleterre avec, d'un côté, les aristocrates, et de l'autre, le reste de la population. Au cours de ses conférences où il traite longuement des anges, saint Thomas d'Aquin règle finalement la question. Et soixante-dix ans plus tard, autour de 1320, apparaît le poète et politicien florentin Dante Alighieri qui, dans son ouvrage *La divine comédie,* donne un rang à toutes les créatures, bonnes ou mauvaises.

Étant donné que l'Écriture sainte ne traite que très peu des anges, et encore moins de la hiérarchie selon laquelle ils sont ordonnés, quelques spécialistes de la religion ne sont pas d'accord avec l'idée même de l'existence d'une hiérarchie parmi les anges. De l'avis de l'un d'eux, le philosophe Mortimer Adler, ce genre de spéculations est « hautement fantaisiste ». Et l'écrivain évangéliste chrétien Timothy Jones, dans son livre *Celebration of Angels* (Célébration des anges), déclare catégoriquement :

> Denys n'avait tout simplement aucun moyen de déterminer si son classement à neuf catégories correspondait vraiment à la réalité. Nous ne pouvons le faire non plus, pas même l'apôtre Paul qui a déclaré avoir été emporté au « troisième

ciel» (2 Corinthiens 12,2) et avoir entendu des paroles ineffables qu'il n'est pas permis de répéter [...]. C'est un fait que l'Écriture sainte ne nous révèle que des aperçus et des fragments de la manière dont les anges sont organisés [...]. Bien que les descriptions d'anges de l'Écriture sainte soient terriblement séduisantes, elles ne donnent qu'une idée. Nous pouvons toujours nous consoler en nous disant que les sphères célestes sont peuplées de créatures si grandioses qu'elles défient, ou déjouent, toutes nos tentatives pour les définir précisément.

Le nom des anges

Autour du cinquième siècle, les noms d'anges sont si nombreux qu'une grande confusion s'est installée. Ce qui amène l'Église à déclarer qu'il n'y a que sept anges dont les noms sont connus à coup sûr : ce sont les archanges. Dans les débats que suscite généralement cette question, les noms de quatre d'entre eux seulement — Raphaël, Michaël, Gabriel et Uriel — reviennent dans les divers systèmes.

Le synode de Latran de 745 a condamné la pratique qui consiste à donner des noms aux anges. Les bons Pères de l'Église s'inquiétaient du fait que si tous les anges avaient un nom, le culte des anges deviendrait un problème (et rappellerait la coutume païenne de nommer tous les esprits, qu'ils soient célestes ou terrestres). C'est pourquoi ils ont décrété qu'il n'était plus permis de donner des noms aux anges, afin que seul Dieu fasse l'objet du culte.

La hiérarchie selon Pseudo-Denys

1. Séraphins
2. Chérubins
3. Trônes
4. Dominations
5. Vertus
6. Puissances
7. Principautés
8. Archanges
9. Anges

— *La hiérarchie céleste*
Thomas d'Aquin, *Somme théologique*

Les ordres de la hiérarchie céleste

1. Séraphins
2. Chérubins
3. Trônes
4. Dominations
5. Principautés
6. Puissances
7. Vertus
8. Archanges
9. Anges

— Grégoire le Grand, *Homélie*

1. Séraphins
2. Chérubins
3. Puissances
4. Dominations
5. Trônes
6. Archanges
7. Anges

— Saint Jérôme

1. Séraphins
2. Chérubins
3. Dominations
4. Trônes
5. Principautés
6. Puissances
7. Vertus
8. Archanges
9. Anges

— Saint Ambroise,
Apologie du prophète David, 5

Le système hiérarchique juif

1. Chajoth ha-qadesh
2. Auphanim
3. Aralim (Erelim)
4. Chashmalim
5. Seraphim
6. Malachim
7. Élohim
8. Bene Élohim
9. Kerubim
10. Ishim

— Moïse Maimonides, *Mishne Torah*

1. Malachin
2. Erelim
3. Seraphim
4. Hayyoth
5. Ophanim
6. Hamshalim
7. Elim
8. Élohim
9. Bene Élohim
10. Ishim

— *Le Zohar*, Exode 43a

La constitution des apôtres

1. Séraphins
2. Chrérubins
3. Aons
4. Armées
5. Puissances
6. Autorités
7. Principautés
8. Trônes
9. Archanges
10. Anges
11. Dominations

— *Liturgie de la messe clémentine*

La hiérarchie céleste de Dante

1. Séraphins
2. Chérubins
3. Trônes
4. Dominations
5. Vertus
6. Puissances
7. Archanges
8. Principautés
9. Anges

CHAPITRE ONZE

Les fonctions des anges

Suivant le rang qu'ils occupent dans la hiérarchie, les anges accomplissent une multitude de tâches, certaines importantes, d'autres moins. Leur devoir premier est de servir Dieu et, par extension, d'exécuter ses ordres. L'une de leurs tâches importantes consiste à défiler en cercle autour du trône de Dieu en chantant sans cesse « gloire, gloire, gloire ». D'après de nombreuses sources, les ordres d'anges les plus élevés — les séraphins, les chérubins, les trônes et les dominations — louent Dieu constamment et ne quittent jamais le ciel pour accomplir des missions divines sur la terre.

Les autres devoirs des anges, et ces devoirs sont variés, retombent sur les anges de rangs inférieurs, les plus actifs étant les messagers et les anges gardiens.

Auprès des humains, les anges agissent comme conseillers (ou consolateurs), guides et interprètes ; ils sont porteurs de guérison, prodiguent leur assistance au moment de la naissance et de la mort, donnent des avertissements et consolent ceux qui souffrent d'une perte ou d'un deuil. Les anges protègent notre foyer, interagissent avec la nature qui nous entoure, protègent certains endroits (*genius loci*) et participent aux cérémonies rituelles. Ils peuvent même agir comme marieurs, cuisiniers, juges et interprètes. Voilà les principaux champs d'action des anges, et la liste pourrait s'allonger.

Selon certaines traditions occultes, des personnes habiles en la matière peuvent faire apparaître des anges en diverses circonstances : pour raffermir la foi, guérir des maux, retrouver des objets perdus, accroître la prospérité, favoriser la fécondité et vaincre des ennemis. On dit que les anges sont sensibles aux invocations lorsqu'elles sont formulées correctement et au moment propice.

L'histoire d'Agar, perdue dans le désert, et celle de Daniel demeuré indemne dans la fosse aux lions, ainsi que de nombreux autres contes et légendes de la Bible, nous fournissent des exemples d'anges à l'œuvre.

La mission terrestre des anges

« En ce qui a trait à la mission des anges, quatre questions se posent au théologien :

1. Existe-t-il des anges envoyés en mission ?
2. Les anges sont-ils tous des anges missionnaires ?
3. Est-ce que les envoyés demeurent dans la présence de Dieu ?
4. De quels ordres du chœur des anges les envoyés viennent-ils ?

En réponse à la première question, le théologien cite l'Exode (23,20) : "Voici que moi je vais envoyer un ange devant toi."

L'envoyé en mission [...] "est porteur d'une intention". La mission que remplissent les anges sur l'ordre de Dieu est l'instrument par lequel s'exerce la divine gouvernance sur le monde matériel, et surtout par lequel se manifeste la providence divine à l'égard des humains.

Le rôle des anges n'est pas simplement de transmettre les messages de Dieu aux humains. Ils exercent aussi une influence sur les actions humaines [...] et ils agissent directement sur l'environnement matériel [...] qui sert de cadre à celles-ci.

On peut penser, d'après une question que pose saint Paul dans son Épître aux Hébreux (1,14) — "Ne sont-ils pas tous des esprits envoyés en mission ?" —, que la réponse à la deuxième question devrait être affirmative. Néanmoins..., saint Grégoire le Grand [partage] le point de vue de Denys selon lequel les anges de hauts rangs ne rendent aucun service extérieur.

Les services extérieurs désignent les missions que les anges accomplissent sur terre au bénéfice des humains et de leur environnement. Ces dernières activités angéliques tombent principalement, mais non exclusivement, sous la responsabilité des anges de rangs inférieurs. "Ceux qui annoncent des choses élevées [...] sont appelés 'archanges'" ; les anges de la classe au-dessous, ceux du rang le plus bas, qui remplissent les fonctions les plus simples, sont les anges ordinaires.

Si nous considérons les neuf ordres des trois rangs de la hiérarchie [...], nous constatons que seuls les cinq ordres inférieurs d'anges remplissent des missions terrestres. Les anges des quatre ordres les plus élevés [...] ne s'absentent jamais du ciel et ne sont jamais envoyés en mission sur ordre divin. »

— Mortimer J. Adler, *The Angels and Us*
(Les anges et nous)

Rudolf Steiner

Le système hiérarchique qui nous vient de Pseudo-Denys a pris diverses formes au cours des siècles ; une variation intéressante de ce système est proche de nous dans le temps. Rudolf Steiner, un Tchèque germanophone, est né en 1861, à l'époque où ce qui est aujourd'hui la République tchèque faisait partie de l'Empire austro-hongrois.

Steiner, qui a une formation dans de nombreux domaines — histoire naturelle, mathématiques, philosophie, arts, architecture, médecine, éducation et agriculture —, est un homme brillant et charismatique, qui, à l'âge de huit ans, découvre de lui-même comment exercer ses dons de clairvoyance. Il s'abstient de raconter les visions qu'il a — ce qui inclut des visions d'autres mondes — jusqu'à l'âge de quarante ans, âge à partir duquel il se met à écrire pour décrire ce qu'il a perçu par clairvoyance.

Le curriculum vitæ de Steiner est impressionnant : il a écrit sa thèse de doctorat sur la vérité et le savoir, et vers la fin de la trentaine, il a commencé à enseigner à la Waldorf Astoria Tobacco Company School à Stuttgart, en Allemagne. En effectuant ce travail, il a mis au point un système particulier d'éducation qui est toujours en usage dans les écoles Waldorf partout au monde.

Steiner n'est pas un mystique, mais un penseur méthodique. Il devient membre de la Société Théosophique, laquelle le déçoit. Néanmoins, il y puise l'inspiration pour créer un système philosophique : l'anthroposophie (c'est-à-dire la sagesse de l'homme). Sa mission est la différenciation, et il cherche à comprendre le monde des substances matérielles dans le but de mettre au point un modèle individuel du monde spirituel accessible à la conscience. Ce faisant, il pense faire œuvre scientifique, et non religieuse, et il croit que l'humanité est sur le point d'entrer dans un nouvel âge : une époque où les mystères du monde spirituel seront à la portée de tous, et non uniquement accessibles à une élite spirituelle de prêtres ou à des autorités religieuses. En quoi, il a vu juste. Serait-il encore vivant aujourd'hui que personne n'oserait le traiter de fou, comme c'était souvent le cas à l'époque.

Steiner a décrit sa propre hiérarchie des anges. Ainsi, en ordre décroissant, se trouvent les séraphins, les chérubins et les trônes, qui constituent le premier rang de la hiérarchie. Les séraphins reçoivent de la Sainte Trinité (et non de Dieu seul) les idées et les buts du système cosmique. Les chérubins transforment ces idées en projets humains réalisables. Il revient ensuite aux trônes, métaphoriquement

Meneurs et guides

« En fait, les anges sont [...] les meneurs des hommes, leurs guides ; ils les préparent, et il existe une étroite corrélation entre ce qui se développe graduellement en chaque homme et la tâche que remplissent les êtres angéliques. »

— Rudolf Steiner

parlant, précise-t-il, de travailler étroitement avec les humains afin de les aider à mettre en application le schéma complet ici sur terre. (Voilà un exemple d'une autre structure fonctionnant de haut en bas, comme celles utilisées dans les entreprises; la Sainte Trinité expose les idées aux séraphins, lesquels les transmettent aux chérubins, qui, à leur tour, les matérialisent — un peu à la manière dont un entrepreneur interprète les plans d'un architecte — et façonnent un plan d'action, que les trônes communiquent aux humains et aident à mettre en application.)

Dans ce système, Steiner émet des idées sur les tâches des anges que l'on ne retrouve pas particulièrement exprimées ailleurs. Étant donné qu'il fonde son épistémologie sur la rationalité, laquelle s'appuie sur une formation scientifique, Steiner nous propose un système qui est inhabituel, car il ne renvoie pas à des données expérimentales ni à des rencontres réelles avec des anges. Bien que Steiner fasse régulièrement l'expérience de la compagnie d'esprits de la nature et qu'il soit entouré d'anges de tous types, la hiérarchie soignée qu'il avance est une tout autre histoire (pour employer une expression populaire), en ce sens qu'elle ne ressemble à rien de ce qui l'a précédée ni à rien de ce qui va lui succéder.

À la suite de ce premier groupe de trois ordres, Steiner place, dans le tiers suivant, les dominations, les forces et les puissances, et dans le dernier tiers, il place les archaïs, les archanges et les anges. Il appelle également les anges « *angeloi* ».

Selon Steiner, chaque être humain possède un ange qui lui est attitré; cette idée rejoint la notion d'« ange gardien » répandue par l'Église catholique. Toutefois, dans la mesure où Steiner croit fermement en la réincarnation, il présume que cet ange guide et accompagne la personne à qui on l'a assigné tout au long de ses existences, incarnation après incarnation. Au cours du processus, à un certain moment non spécifié, la personne peut même demander à son ange des informations concernant ses vies antérieures.

De la naissance jusqu'à l'âge de vingt-cinq à quarante ans environ, l'ange personnel — que l'on retrouve au dernier rang de la hiérarchie (comme dans le système proposé par Pseudo-Denys) — demeure très près de la personne; après quoi, il s'éloigne afin de lui permettre d'acquérir le sens de sa propre identité, de choisir une carrière et de fonder une famille. Puis, vers la cinquantaine, l'ange reprend sa place auprès de la personne afin de la guider et de l'aider à accéder à la dimension spirituelle qui caractérise le processus du vieillissement.

Les fonctions des anges dans la Bible

Selon toute vraisemblance, les anges dont il est fréquemment question dans l'Apocalypse sont des chérubins. La Bible ne mentionne pas d'autres formes d'anges, si ce n'est dans Isaïe 6,2 ; ce dernier évoque des séraphins pourvus de six ailes, qui sont distincts des chérubins. Dans 1 Samuel 4,4, dans les Psaumes 80,1 et dans les Psaumes 99,1, il est écrit que Dieu « siège sur les chérubins ». Et dans la vision d'Isaïe, on lit que les séraphins se tenaient au-dessus de Dieu. Il est donc clair que les rôles de ces deux ordres d'anges sont différents : les chérubins sont les gardiens du trône de Dieu et agissent comme des ambassadeurs divins d'élite; les séraphins sont chargés de louer Dieu sans cesse et de veiller à la purification des autres serviteurs de Dieu.

De plus, toujours selon cet auteur, les anges sont les esprits de l'eau qui gouvernent l'espace entre la Terre et la Lune ; les archanges sont les esprits du feu qui règnent sur l'évolution de ce que l'on appelle les « multiâmes », auxquelles Brinton fait référence et qu'il appelle les « surâmes », c'est-à-dire des âmes qui sont responsables de nombreuses âmes individuelles. Les archanges veillent sur les relations entre les individus et la collectivité humaine. La portée de leur influence s'étend de la Terre jusqu'à la planète Mercure.

Les archanges porteraient dans leur conscience tout ce qui a trait à la destinée d'un peuple entier. Un archange peut aider une nation à atteindre ses objectifs et donner à des groupes et à des personnes la motivation de collaborer à ce processus, de telle sorte que ce que chacun accomplit fasse partie du plan d'ensemble de développement de la nation ou du peuple.

Les êtres les plus élevés de la dernière triade, les archaïs (ou esprits de la personnalité), gouvernent les relations humaines, vivent sur les ondulations temporelles et modifient leur aspect spirituel d'une époque à l'autre, ce qui les relie au temps lui-même. Leur règne s'étend de la Terre à Vénus.

Bien que les archaïs ne soient pas responsables du développement des hommes, ils contribuent à les rendre pleinement humains. Leur rôle consiste à favoriser l'intégration de l'individu dans la communauté des hommes et à faire avancer l'humanité, considérée globalement comme une entité se déployant dans la durée et sur divers continents.

L'ange gardien, ou personnel, comme le conçoit Steiner, est plus près de nous que nous pourrions le penser. Il participerait à nos sentiments, à nos pensées et à nos réactions comportementales. Il se tient tout près de nous, pour ainsi dire « penché sur notre épaule », et ne se trouve pas dans quelques cieux lointains. Selon certains, notre ange gardien partage même nos peines. Cette croyance, cependant, serait assez récente.

La certitude de Steiner que les anges gardiens veillent sur la même personne au cours de toutes ses incarnations éveille l'écho des enseignements de la doctrine catholique romaine. Depuis les temps les plus reculés, l'Église enseigne qu'à chaque humain est assigné un ange gardien individuel à la naissance. L'ange gardien est censé veiller au bien-être physique et spirituel de la personne et protéger non seulement son corps, mais aussi son âme. Saint Ambroise conseillait même aux fidèles de « prier leur ange gardien ».

Les archanges assistent la société

Les archanges ne se contentent pas d'inspirer les politiciens ; ils inspirent aussi les artistes, les écrivains, les philosophes, les professeurs et les autres personnes dont le travail vise un objectif dépassant le simple intérêt personnel.

Les anges messagers

C'est un lieu commun de dire que les anges sont des messagers et que le premier sens du mot latin « *angelus* » est « messager ». Comme nous l'avons vu dans ce livre, la notion de « messagers » (des dieux) renvoie à « anges » et la notion d'« anges » (du Seigneur) renvoie à « messagers ». Les deux mots semblent interchangeables.

Les anges gardiens

L'accent mis par les autorités de l'Église catholique romaine sur le rôle de l'ange gardien s'exprime avec force dans un poème du cardinal John Henry Newman, qui décrit les paroles utilisées par un ange pour réconforter une âme du purgatoire :

Au revoir, mais non adieu, cher frère,
Sois courageux et patient sur ton lit de douleur ;
Car il sera bref ton séjour dans les ténèbres,
Et le matin du réveil, je serai là pour te tendre les bras.

Les conseils de l'ange gardien

« Quel que soit l'endroit où vous vous trouvez, la cachette secrète où vous vous dissimulez, pensez à votre ange gardien [...]. Si nous aimons vraiment notre ange gardien, nous ne pouvons manquer d'éprouver une infinie confiance en son pouvoir d'intercession auprès de Dieu et une foi solide en sa volonté de nous venir en aide. De nombreux saints avaient coutume de ne jamais rien entreprendre sans demander au préalable l'avis de leur ange gardien. »

— Saint Bernard de Clairvaux

L'archange Raphaël

L'archange Raphaël est réputé pour être le guérisseur de Dieu ; il représente la quintessence du spécialiste médical. L'histoire de Raphaël guérisseur brille comme un rayon de lumière depuis l'Antiquité au Proche-Orient. Faisant partie des sept plus grands, Raphaël est reconnu pour les relations spéciales et porteuses de guérison qu'il entretient avec les humains : des relations particulières qui vont au-delà de ce qui est perçu comme étant la fonction habituelle des anges, c'est-à-dire celle de simple messager.

En hébreu, le nom « Raphaël » (rapha' = celui qui guérit + 'el = Dieu) signifie « guérir ». Cependant, les racines du mot couvrent un champ plus large que celui de la guérison physique des malades. Elles comprennent aussi divers types de remise en état de choses autant que de personnes. On traduit le nom « Raphaël » par « recoudre », « réparer », « renforcer » et « pacifier ». Fondamentalement, le nom « Raphaël » implique une amélioration de quelque chose, que ce soit la guérison d'une personne malade ou la remise en condition d'une voiture. D'un point de vue spirituel, l'idée véhiculée ici est la restauration d'une chose à son état original (qui est pur et innocent).

Le point de vue des gnostiques sur les anges messagers

Du point de vue des gnostiques, le rôle des messagers est rempli par des ordres d'anges bienveillants d'une double façon : d'abord, ils transmettent aux humains l'impulsion de s'ouvrir à la révélation et d'attiser l'étincelle de leur esprit à la flamme du savoir. Ensuite, le rôle des anges messagers est de relier l'âme humaine à son « double », ou ange gardien. Selon eux, Jésus — en tant que messager d'un père transcendant — est appelé « ange », et les évocations de la Bible de l'« ange du Seigneur » renvoient à Jésus, avant son entrée en scène.

Dans un texte gnostique tiré de l'évangile de Thomas, nous lisons :

Jésus leur dit : « Quand vous aurez fait les deux un et que vous aurez fait l'intérieur comme l'extérieur et l'extérieur comme l'intérieur et le supérieur comme l'inférieur ; quand vous aurez fait le mâle et la femelle en un seul pour que le mâle ne soit mâle seul ni la femelle ne soit femelle seule ; quand vous aurez fait un œil à la place des yeux, et une main à la place de mains, et un pied à la place de pieds, et une image à la place d'images, alors vous entrerez dans le Royaume. »

De plus, on dit que Raphaël guérit la planète Terre elle-même. Dans l'état actuel de l'environnement, aujourd'hui plus que jamais, son aide est requise. Nous devrions tous prier Raphaël constamment afin qu'il intervienne dans l'immense tâche consistant à restaurer notre environnement, et notre Terre !

Nos anges compagnons

« Je crois que [...] dès le début de l'humanité, des anges nous ont été assignés comme gardiens ; ces derniers veillent sur nous en permanence, du moment de notre conception jusqu'à ce que nous quittions ce monde et entrions dans la dimension qui est la leur, que l'on appelle "ciel", ou "paradis", ou "Royaume de Dieu". Leur existence se justifie en partie par l'aide qu'ils nous prodiguent et la guérison qu'ils nous apportent.

Les anges sont nos compagnons de route : ils nous guident, ils nous aident et ils nous soignent. Je pense qu'il existe un lien étroit entre le soin des malades et les tâches que les anges accomplissent. Ce n'est pas par hasard que l'on appelle les infirmières les "anges de miséricorde". Les anges souhaitent nous aider. Dans l'ombre, ils vaquent sans relâche aux tâches que Dieu leur assigne, veillant sur nous et sur toute la vie terrestre. »

— Eileen Elias Freeman, *Angelic Healing* (Les anges qui guérissent)

Les autres tâches accomplies par les anges

Pendant des millénaires, les grandes traditions religieuses et philosophiques ont répandu l'idée que Dieu protégeait et faisait prospérer notre planète par l'entremise des anges. Dans le judaïsme primitif, ceux qui ont forgé la notion d'« ange » étaient si convaincus de leur existence qu'ils ont littéralement créé des milliers de noms pour désigner les anges qui veillent sur la terre. Ainsi, Baradiel est appelé l'« ange de la salutation », car, en hébreu, « *barad* » signifie « saluer ». Nous avons évoqué précédemment la manière de nommer des anges par l'addition d'un suffixe.

Étant donné que souvent la présence des anges est reliée à la nature, certaines personnes voient l'accroissement récent d'apparitions d'anges et le renouveau d'intérêt que ces derniers suscitent comme un signe que les anges tentent d'élever notre niveau de conscience en ce qui concerne l'état actuel préoccupant de l'environnement.

Les anges, en tant qu'architectes paysagistes et jardiniers de Dieu, veillent sur le règne animal et végétal autant que sur les humains. Leurs préoccupations englobent aussi les montagnes, les océans, les fleuves, les lacs, les précipitations, la formation des nuages et l'atmosphère en général. Certains disent aussi qu'ils sont la cause de l'activité volcanique et des séismes, lesquels sont soit des avertissements (« Vous ne devez pas construire de maisons sur ce site »), soit des mécanismes de contrôle de la planète.

Selon Denise Linn, auteure du livre *Les espaces sacrés* et adepte du *feng shui*, il existe des anges domestiques dont la fonction est de protéger la maison. Elle écrit : « Selon moi, le gardien le plus puissant de votre maison est un ange. Faire appel à un ange et lui demander de prendre en charge la protection et la régénération spirituelle de votre maison apporte un merveilleux sentiment de paix, d'harmonie et de sécurité à votre foyer. »

Cette auteure, qui insiste pour dire que « les anges sont réels », suggère de choisir un animal symbolique comme gardien ; cette idée renvoie à l'histoire de la petite fille et du chien de Hope Macdonald.

Elle croit que lorsque nous faisons appel à un gardien, nous mettons effectivement en place un champ d'énergie protectrice autour de notre maison. Pour ma part, j'en ai fait l'expérience plusieurs fois et j'ai constaté que cela fonctionne très bien.

La même chose s'applique à certains endroits, car chaque endroit particulier a son ange ; nous pouvons faire appel à ces *genius loci,* ou « génies des lieux », partout où nous nous trouvons, surtout aux endroits que nous désignons comme espaces sacrés, ou dans les lieux religieux traditionnels, comme sur le site de menhirs ou dans des cimetières.

Les anges sont aussi présents au moment de la mort. Le scientifique suédois du dix-huitième siècle devenu mystique, Emanuel Swedenborg, qui a écrit de nombreux traités sur les anges, décrit les circonstances de la première rencontre qu'il a eue avec « l'un des meilleurs et des plus aimants de tous les anges », dans ce que nous appellerions aujourd'hui une « expérience de mort imminente ». Selon lui, les gens « se réveillent » après la mort et prennent graduellement conscience de la présence d'anges au-dessus de leur tête. Il semble que ces « anges de mort » peuvent communiquer avec les personnes qui viennent de mourir, et qu'ils leur procurent un sentiment de paix, de sécurité et d'être bien accueillies dans leur nouvel état. Cette période de transition, qu'elle soit vécue facilement par la personne décédée ou difficilement (certains résistent et refusent de croire qu'ils sont morts), est sous la supervision de ces anges spéciaux.

« Mon père m'a chargé de
cet enfant de la terre
dès sa naissance.
Pour le servir et le sauver.
Alléluia. Sauvé, il sera.

Cet enfant d'argile m'est confié
pour que je l'instruise
et le fasse grandir
par les chemins étroits
de la souffrance et de la peine,
Alléluia,
Qui conduisent de la terre au ciel. »

— Cardinal John Henry Newman

Comme conséquence naturelle, les anges sont aussi présents à la naissance d'un enfant. De nombreuses personnes croient que l'enfant qui vient de naître a fait son entrée dans le monde accompagné d'un double sur le plan angélique, l'ange gardien, qui sera à ses côtés pendant toute sa vie. D'autres personnes croient qu'il existe des anges spéciaux de la naissance ; ceux-ci assistent à une naissance pour s'assurer que tout se déroule bien, et s'en vont ensuite ailleurs prêter main-forte à d'autres naissances. L'une de mes amies, qui est une sage-femme expérimentée, m'a raconté qu'en certaines situations, au moment où le travail se compliquait et où il fallait prendre la décision de transférer la mère à l'hôpital pour procéder à une césarienne, il arrivait fréquemment que la pièce se remplisse soudain d'une énergie nouvelle, à la suite de quoi les contractions redevenaient normales et l'enfant naissait sans difficulté.

Après avoir fait l'expérience de ce phénomène plusieurs fois, mon amie s'est informée auprès d'autres sages-femmes de leur

Les anges dans la nature

Dans *Le livre des anges*, Sophy Burnham écrit : « Pour les gens qui vivent près de la nature, les esprits sont partout : dans les rochers, les pierres, les arbres, les fleuves et les broussailles du désert. La divinité se manifeste partout. »

De plus, les anges donnent des avertissements aux gens. Il existe de nombreuses histoires de personnes qui, sur le point de prendre l'avion, sont subitement prévenues de ne pas monter à bord au moment du départ et qui apprennent ensuite que l'avion s'est écrasé. Comme beaucoup de choses dans la vie, la raison pour laquelle tous les passagers de l'avion n'ont pas été avertis demeure un mystère.

Les anges jouent aussi le rôle de guides et de protecteurs, comme le démontre cette histoire de l'auteure Hope Macdonald : Une jeune fille qui revenait à la maison en autobus a senti qu'un homme suspect la suivait. Terrifiée, elle s'est mise à prier. Quand l'autobus est arrivé à son arrêt, elle a constaté qu'un grand chien blanc, un chien des Pyrénées, l'attendait. Elle est descendue, et le gros chien a placé sa tête sous sa main, et ensemble, ils ont marché jusque chez elle. Le désaxé, probablement inquiet de la présence d'un chien de cette taille, a pris une autre direction. Lorsque la jeune fille est arrivée chez elle, le chien a disparu. Pour Macdonald, il n'y a aucun doute que le chien est la manifestation d'un ange, peut-être même celle de l'ange gardien de la jeune fille, qui a pris la forme du chien pour les besoins de la cause.

expérience avec ce qui semble, de prime abord, un accouchement difficile, et elle s'est rendu compte que toutes faisaient exactement la même expérience qu'elle. Dans certains cas, l'énergie présente apparaissait comme une lumière diffuse — ni brillante ni scintillante —, une lueur réconfortante comme celle qui émane d'un feu de foyer ou d'une bougie.

L'auteur de *Angels in Action* (Les anges en action), Robert H. Kirven, affirme que la protection spirituelle des petits bébés fait partie des occupations habituelles des anges, en ce sens que c'est un service qu'ils rendent, et qu'ils ont une affection toute spéciale pour les nouveau-nés.

Kirven poursuit en disant que les premiers anges gardiens font leur apparition au sortir de la petite enfance ; d'autres sont du même avis, comme je l'ai mentionné précédemment. La question de savoir si le premier ange assigné à un enfant est celui qui l'accompagnera toute la vie n'a jamais été définitivement tranchée. Néanmoins, Kirven a fondé sa vision des choses sur une étude approfondie des travaux d'Emanuel Swedenborg.

Les anges prêtent aussi leur concours lors de cérémonies rituelles, que ce soit des célébrations formelles (comme la messe catholique) ou des cérémonies moins formelles (comme les mariages ou les anniversaires). Souvent, lorsque nous recevons une bonne nouvelle, que nous parvenons à résoudre un problème épineux ou que nous obtenons une promotion au travail ou la confirmation d'une grossesse ardemment souhaitée, nous sentons la présence d'un ange près de nous, partageant notre joie et celle de ceux qui nous entourent.

Par exemple, quand le travail avance bien, j'ai toujours le sentiment qu'« un ange m'accompagne », et lorsque j'ai un problème à résoudre, je demande toujours l'aide d'un ange particulier.

L'un de ces anges spéciaux, que je partage avec ceux de mes amis qui voyagent souvent, est l'ange du « passage en première » ; cet ange veille à ce que nous ayons droit à un surclassement en première chaque fois que nous prenons l'avion. Il y a aussi l'ange de la circulation, que je dépêche devant moi pour m'assurer que la voie est libre — même durant les heures d'affluence !

Il n'y a pas de raisons pour lesquelles nous ne créerions pas les anges dont nous avons besoin. Ce qui est extraordinaire est que cela fonctionne ! Avoir recours à un ange dans des situations précises donne toujours de bons résultats.

Ce qui fonctionne aussi est de créer des cérémonies pour répondre à des besoins précis que nous avons et d'inviter les anges

Les messages des anges

« La source de [la petite voix intérieure paisible] [...] qui est parfois inaudible, mais qu'on entend toutefois porte divers noms : guide intérieur, ange gardien, esprit guide, inconscient collectif ou simple intuition. En fait, nous entendons les murmures de cette voix tous les jours de notre vie, mais plusieurs d'entre nous n'en font pas de cas. »

— Rick Fields, *Couper du bois, porter de l'eau*

à y participer. Pour ma part, j'organise des rencontres où nous prions les anges de se manifester. (J'en dirai plus à ce propos au chapitre dix-sept.)

Les missions des anges

D'après certains talmudistes, les anges qui sont envoyés en mission constituent le plus haut rang de la hiérarchie céleste. Le *Mekhilta de Rabbi Ishmaël* les appelle les « armées du Seigneur ». Cependant, selon d'autres, ces anges seraient d'un rang ou d'un ordre inférieur, car vu leur très grand nombre, ils sont considérés comme plus ordinaires.

Des anges pour toute l'année

Les anges qui gouvernent les douze mois de l'année sont les suivants :

Janvier	*Gabriel*
Février	*Barchiel*
Mars	*Machidiel*
Avril	*Asmodel*
Mai	*Ambriel*
Juin	*Muriel*
Juillet	*Verchiel*
Août	*Hamaliel*
Septembre	*Uriel*
Octobre	*Barbiel*
Novembre	*Adnachiel*
Décembre	*Hanael*

Les quatre anges du printemps sont : Amatiel, Caracasa, Core et Commissoros. De plus, Spugliguel règne sur le signe du printemps, et Mikiel est l'ange qui lui est associé.

Les anges serviteurs de l'été sont Gargatel, Gaviel et Tariel ; Tubiel gouverne le signe de l'été.

Les anges serviteurs de l'automne sont Tarquam et Guabarel. Ce signe est gouverné par Torquaret.

Les anges serviteurs de l'hiver sont Amabael et Cetarari. Ce signe est gouverné par Attarib qui en est le chef.

CHAPITRE DOUZE

Le chœur céleste : la musique des anges

La liturgie du paradis

Les anges et les saints sont toujours en train de louer Dieu. Tant au ciel que sur terre, les chœurs d'anges abondent. Lorsque l'apôtre Jean fut transporté en présence du Très-Haut, il lui fut donné de voir les armées des anges rendant gloire à Dieu.

> *Et je vis, et j'entendis la voix d'anges nombreux qui étaient autour du trône, et des Vivants et des Vieillards. Et leur nombre était des myriades de myriades et des milliers de milliers, et ils disaient d'une voix forte :*
>
> *« Il est digne, l'Agneau qui a été égorgé, de recevoir la puissance, et la richesse, et la sagesse, et la force, et l'honneur, et la gloire et la louange ! »*
>
> — Apocalypse 5,11-12

Cependant, ce n'était là que le premier couplet du grand « chœur des alléluias » que Jean a entendu ; et tous les anges entourant le trône de Dieu chantaient, à ce qu'il semble, au plus haut de leur voix. Il continue ainsi sa description du chœur de chant :

> *Et tous les anges se tenaient autour du trône, et des Vieillards et des quatre Vivants, et ils tombèrent devant le trône sur leur face et se prosternèrent devant Dieu, en disant :*
>
> *« Amen ! la louange, et la gloire, et la sagesse, et l'action de grâce, et l'honneur, et la puissance et la force soient à notre Dieu pour les éternités d'éternités. Amen ! »*
>
> — Apocalypse 7,11-12

Selon Jean, les « quatre Vivants » étaient un groupe de musiciens célestes qui louaient Dieu. (Les cantiques ont commencé à faire partie de la liturgie ordinaire de l'Église catholique, surtout au Moyen Âge, avec le chant grégorien.) Jean poursuit ainsi sa description :

Et ils n'ont de repos jour et nuit, ils disent : « Saint, saint, saint le Seigneur Dieu, le Tout-Puissant, Celui-qui-était, et Celui-qui-est, et Celui-qui-vient ! » Et... les Vivants rendront gloire, et honneur et action de grâce à Celui qui est assis sur le trône, à Celui qui vit pour les éternités d'éternités.

— Apocalypse 4,8-9

Le chœur des alléluias

Le troisième couplet du chœur céleste nous est plus familier : il y a deux mille ans, lors de la naissance du Christ, les saints anges sont descendus sur terre pour entamer un chant à des bergers, près de Bethléem. Luc nous raconte l'événement en ces mots :

« Et soudain il y eut avec l'ange une multitude de l'armée céleste, qui louait Dieu et disait : "Gloire à Dieu au plus haut des cieux, et sur terre paix aux hommes, qui ont sa faveur !" »

— Luc 2,13-14

Il semble bien que le chant constitue une partie intégrante du rôle des anges. Sans cesse, ils chantent les louanges de Dieu. Cependant, chantent-ils aussi pour les humains, et si oui, pouvons-nous les entendre ? Voilà la question.

Saint Bernard, dans son premier sermon pour la fête de saint Michaël, nous dit :

> Les anges agissent pour Dieu, pour nous et pour eux-mêmes. Pour Dieu d'abord, dont ils imitent les entrailles de miséricorde à notre égard ; pour nous, en qui ils reconnaissent, avec un sentiment de commisération, leur propre ressemblance ; pour eux enfin, car leur plus grand désir est de parvenir à recruter, parmi nous, assez d'hommes pour combler les vides de leurs rangs. Car c'est de la bouche des enfants qui ne se nourrissent encore que de lait, non d'aliments solides, *que doit être complétée la louange qui appartient à sa majesté* [c'est nous qui soulignons], cette louange dont les esprits angéliques ont les prémices et qui les couvre d'un bonheur extrême. Mais plus ils nous attendent pour cela avec impatience, plus ils sont pressés du désir et du besoin d'en voir la consommation.

De ce passage, on déduit que les humains sont censés apprendre à chanter dans le chœur céleste et à rendre gloire à Dieu par des cantiques, comme le font les armées d'anges. Toutefois, si l'on fait exception du cas familier des anges qui sont apparus aux bergers, les exemples d'anges qui ont chanté à l'intention des humains sont plutôt rares.

Néanmoins, de nombreux raconteurs d'histoires d'anges déclarent avoir entendu des anges chanter ; le fait de savoir s'ils chantaient pour eux-mêmes ou s'ils chantaient pour annoncer leur présence est matière à discussion. Naturellement, toute la liturgie du Moyen Âge était chantée, et non simplement récitée ; et ceux d'entre nous qui fréquentent l'église chantent des cantiques pour louer le Seigneur. Lorsque nous chantons ainsi, les anges se joignent-ils à nous ? Ou plutôt, ne faisons-nous que joindre notre voix aux leurs, puisqu'ils chantent constamment ? La célébration de la liturgie semble répondre à cette question.

Cependant, que doit-on penser lorsque des humains entendent des anges chanter hors du cadre de la liturgie ? Cela se produit-il ? Mark Lewis de Washington, dans le District de Columbia, fait le récit suivant, rapporté par Sophy Burnham dans son volume *Le livre des anges*[*] :

> L'histoire qui suit est arrivée à mon arrière-grand-oncle Calvin Jones et a contribué à me faire entrer dans les ordres : j'ai toujours été très proche de lui et je crois être la seule personne à qui il a raconté ces événements.
>
> Calvin aura quatre-vingt-seize ans cette année, 1989. Il a vécu toute sa vie à Boswell, dans le comté d'Izard. C'est la région habitée la plus reculée des États-Unis, dans les monts Ozark du Nord, au fin fond de l'Arkansas : il n'y a même pas un chemin menant à sa ferme. Celle-ci est desservie par la rivière, mais pas par la route. Il a donc vécu dans un isolement total et dans une grande stabilité, sans radio ni télévision, sans être empoisonné par ce qui se passe dans le pays ; par conséquent, il se fie à ce qu'il voit et à ce qu'il entend. Son expérience se limite à ce qu'il a lui-même vécu. Depuis la mort de sa femme, il y a dix ans, il vit seul. Ils s'étaient mariés en 1912. Cet isolement affecte tous les aspects de sa vie. Il a toujours été un bon chrétien ; mais les montagnards ne se rassemblent jamais pour les cérémonies : c'est une religion qui est tout sauf communautaire.
>
> Les voix se sont manifestées de la fin de l'automne 1984 au début du printemps 1985, pendant la période d'oisiveté forcée qui va des premières neiges au dégel. Calvin m'en parla dès l'été 1985 ; il commença par entendre des chants, de la musique. Des voix de femmes, d'hommes et d'enfants chantaient des chants, aussi bien sacrés que profanes. Quand il tenta d'en dresser la liste, Calvin ne se remémora que quelques titres : il y avait le *Petit cercueil de palissandre* et puis *Après le bal*, des chansons anciennes et quelques gospels. Les chants se répétaient tous les matins à l'aube, toujours

Un chant de joie

« Et toutes les créatures qui sont au ciel, et sur la terre, et sous la terre et sur la mer [...] [chantaient au Père qui est assis sur le trône et à son Fils, l'Agneau], la louange, et l'honneur, et la gloire et la domination pour les éternités d'éternités ! » (Apocalypse 5,13). Ce chant « joyeux et éternel » est le chant silencieux de toute la création.

* Sophy Burnham, *Le livre des anges*, Marabout, Alleur, 1994, pages 299 à 302.

avec les mêmes choristes dont il en vint à reconnaître les voix.

— Un des hommes, raconte-t-il, avait la voix la plus enrouée que j'aie jamais entendue.

Il ne vit jamais rien, mais pour ce qui est d'entendre, il entendit : c'était une procession dont le chant s'entendait dans le ciel, à trente-cinq degrés environ au-dessus de l'horizon, et se déplaçait du sud à l'ouest ; ce n'étaient pas les voix elles-mêmes qui se déplaçaient, mais plutôt le son qui s'étendait, comme le mercure dans un thermomètre, jusqu'à emplir tout l'horizon sud-ouest.

Calvin vit dans une cuvette entourée de hauteurs. La procession semblait suivre la ligne de crête devant la maison, fenêtre après fenêtre, parallèlement au cours de la White River.

Le fait qu'il pût s'agir d'anges ne gênait pas Calvin, car cela ne lui vint jamais à l'idée. Il ne se dit pas une fois : « Oh là là ! Voilà que j'entends des anges à présent ! » En revanche, il chercha à trouver des explications naturelles et, sans révéler ce qu'il avait entendu, il demandait aux gens sans avoir l'air d'y toucher :

— Qu'est-ce qu'il fait froid ! Est-ce qu'il y a des campeurs dans la région avec des radios ?

Il se demanda aussi s'il n'entendait pas le bruit d'une chute d'eau. Mais il ne soupçonna jamais un phénomène surnaturel.

Un beau jour, il reçut la visite d'un professeur d'université qui, avec son magnétophone, travaillait sur un sujet de recherche concernant la tradition orale. Calvin, qui était plein de respect pour les universitaires, se dit : « Je tiens ma chance ! » Les voix se mirent à chanter et Calvin demanda :

— Vous entendez ?

— Non, répondit l'historien.

— Mettez en route votre magnétophone, alors, suggéra Calvin.

— Chantez avec eux, proposa le professeur.

Et Calvin se mit à chanter *Après le bal*.

Puis le chœur s'estompa et disparut et ils écoutèrent l'enregistrement : Calvin, stupéfait, n'entendit que sa propre voix. Cela le laissa perplexe : à ses oreilles, toute la création chantait et sur la cassette, on n'entendait qu'un vieillard.

Les anges du chant

L'ange Radueriel (aussi appelé Vretil) est le chef des Muses, ces esprits qui donnent l'inspiration aux compositeurs et aux artistes. Selon une tradition rabbinique, le grand ange Métatron — l'ange aux cent noms — est appelé « Maître de chant céleste ». D'après le Coran, Israfel, ou Uriel, est l'ange du chant. La couleur associée aux anges musiciens est toujours le blanc.

En fait, il aimait bien chanter avec eux.

Il ne sortit jamais pour essayer de voir ces gens ou de leur parler. Il ne lui vint pas davantage à l'esprit qu'il était devenu fou. Les gens qui ont échappé au vingtième siècle ne se croient jamais fous. Pour Calvin, la nature est quelque chose de si merveilleux que ce n'est pas un miracle de l'entendre chanter.

Un matin, le temps s'était suffisamment réchauffé pour que l'on puisse ouvrir une fenêtre ; il faisait encore nuit et, pour la toute première fois, Calvin prit la parole :

— Qui êtes-vous ? demanda-t-il.

Il n'avait jamais pensé à poser la question avant.

L'homme à la voix enrouée lui répondit, précisément dans le dialecte ozark familier à Calvin :

— On est du ciel, mon gars. C'est pas tout le monde qui peut entendre ça.

Et cela lui suffit. Les voix continuèrent à chanter de temps en temps, mais moins souvent. À présent qu'il a une explication satisfaisante, Calvin trouve cela tout naturel. Il les remarque de temps à autre, mais il n'en fait pas une histoire.

Moi, en revanche, ça a changé ma vie.

— Il y a sept pays au ciel, me confia Calvin. Nous savons toutes sortes d'histoires : nous connaissons l'histoire de l'Amérique et celle de l'Arkansas. Et ces anges-là, ils vous racontent l'histoire du ciel.

Puis, il me dit adieu :

— Si je ne te revois pas en ce monde, j'essaierai de te voir dans le suivant.

Qu'est-ce que Calvin a entendu ? C'était certainement un chœur d'anges, c'est-à-dire des humains qui se sont transformés en anges pour prendre la place de ceux qui sont partis.

On représente fréquemment les anges transportant des instruments de musique. Aux États-Unis, au dix-neuvième siècle, l'art populaire a produit une girouette représentant un ange jouant de la trompette.

Les artistes de la Renaissance dépeignent souvent des anges comme musiciens ou comme membres de grandes chorales, ou alors chantant en solo en s'accompagnant du luth ou de la lyre. L'un des tableaux les plus connus est une œuvre de Fra Angelico (1417-1455)

Le chant du psalmiste

« Je veux bénir Yahvé en tout temps, sa louange sera constamment dans ma bouche ; en Yahvé mon âme se loue, que l'entendent les humbles et qu'ils se réjouissent. Magnifiez Yahvé avec moi, exaltons ensemble son nom. J'ai recherché Yahvé : il m'a répondu et de toutes mes terreurs il m'a délivré. Regardez vers lui : vous serez radieux et vos visages ne seront pas confus. Ce pauvre criait : Yahvé a entendu et de toutes ses détresses il l'a sauvé. L'ange de Yahvé campe autour de ceux qui le craignent et les dégage. »

— Psaumes 34,1-8

Les esprits purs chantent la gloire de Dieu

« Il existe différents types de gloire [...]. Les "cieux", habités d'anges innombrables, chantent sa gloire de différentes façons, depuis les étoiles, les galaxies immenses ou nos âmes terrestres, car les anges, comme les saints du paradis, voient la gloire que chante leur louange.

Que pourrions-nous dire, ou imaginer, ou penser, qui donnerait une idée de ce qu'est le paradis ?

Nous avons besoin de nous faire une telle idée si nous souhaitons comprendre, un tant soit peu, en quoi consiste la principale fonction des anges. Car, sans aucun doute, leur tâche première est de louer Dieu. »

— Pie-Raymond Régamey, O.P., *What Is an Angel?* (Qu'est-ce qu'un ange ?)

intitulé *Le Christ à la cour du ciel*, qui représente un personnage central portant une couronne et un nimbe, autour duquel sont disposés plusieurs rangs d'anges, certains jouant de la trompette, d'autres jouant d'instruments à cordes variés, tous louant le Christ ressuscité.

Nombreux sont ces tableaux ayant pour thème des anges — certains ont été réalisés par de grands maîtres, comme Raphaël, et d'autres sont les œuvres de peintres moins connus —, qui sont particulièrement charmants. L'un de mes préférés est un retable qui se trouve à Champagny, en Savoie, qui présente une multitude de chérubins musiciens voletant au-dessus d'une foule, comme de petits bébés nus, et jouant de divers instruments. Du rock angélique, peut-être ? Ces adorables bambins sont d'une lignée d'ancêtres improbables : les chérubins terrifiants et pourvus de nombreuses ailes de l'Ancien Testament. Ces derniers se sont transformés en un chœur de charmants angelots.

Pas seulement un cantique de Noël

« Les cieux racontent la gloire de Dieu. »

— Psaumes 19,2

Nous avons l'habitude de chanter le chœur des alléluias au cours des festivités de Noël, mais nous pouvons les chanter toute l'année. Les anges chantent tout le temps ; pourquoi ne pas nous joindre à eux ?

Louez le Seigneur

Le psalmiste David, le « doux chantre d'Israël », attire notre attention sur l'activité des anges consistant à louer la gloire de Dieu. Lui aussi, s'extasiant devant cette merveilleuse activité, il s'écrie : « Louez le Seigneur ! »

Psaume

Louez Yahvé du haut des cieux,
louez-le dans les hauteurs ;
louez-le, tous ses anges,
louez-le, toutes ses armées ;
louez-le, soleil et lune,
louez-le, toutes les étoiles de lumière ;
louez-le, cieux des cieux,
et les eaux qui êtes au-dessus des cieux !
Qu'ils louent le Nom de Yahvé,
car il a commandé et ils furent créés.

— Psaumes 148,1-5

CHAPITRE TREIZE

Les anges dans l'art et la littérature

Les anges ont une longue tradition dans l'art et la littérature. Toutefois, les premières représentations artistiques que nous avons des anges ont été sculptées dans la pierre. À mesure que l'histoire est consignée, nous trouvons des représentations d'anges dans de nombreuses cultures partout au monde. Cela nous amène à penser que la notion d'« anges » est inscrite dans la psyché humaine.

Le paradis perdu de Milton

En littérature, le poète anglais John Milton (1608-1674) a donné au monde les incomparables poèmes épiques *Le paradis perdu* et *Le paradis retrouvé*, dans lesquels il entreprend la tâche gigantesque de dévoiler la vérité sur les anges déchus et leur influence sur l'humanité. Voici une description de Raphaël que l'on trouve dans *Le paradis perdu* :

Là, de son vol incliné,
Il se hâte, et à travers le vaste éther du ciel,
Vogue parmi des mondes et des mondes, l'aile ferme
Fendant l'air vaporeux. (Livre V)

Milton a construit la majeure partie de son poème épique autour de la bataille terrifiante et sans merci qui a eu lieu entre les anges et leurs frères damnés. Voici quelques autres vers de la description de Milton :

La discorde survenue et la guerre dans le ciel
entre les puissances angéliques, et la chute profonde
de ceux qui aspirant trop haut,
se révoltèrent avec Satan. (Livre VI)

Le style gothique

À mesure que l'Europe émerge de l'âge des ténèbres et que du douzième au quinzième siècle se construisent les grandes cathédrales, le style gothique domine en art et en architecture. Il se caractérise par l'usage d'arches hautes et pointues et la construction de voûtes à nervures maintenues en place grâce à des arcs-boutants ; ces détails architecturaux sont la marque du style gothique et donnent de la fluidité aux constructions et une impression de s'élancer vers le ciel.

En effet, les majestueuses cathédrales semblent monter en flèche vers les cieux. Elles sont ornées de sculptures et de vitraux, pour la plupart d'inspiration gothique, représentant des scènes magnifiques de l'histoire de la foi chrétienne et comportant une multitude d'anges et d'hôtes célestes. (Il est important de se rappeler qu'à cette époque, l'imprimerie de Gutenberg n'a pas encore été inventée ; comme les gens de la masse sont, pour la plupart, illettrés, les vitraux n'ont pas seulement une fonction esthétique, mais ils sont là aussi pour enseigner aux fidèles les bases de leur foi.) Par exemple, les anges entourant le portail principal de la cathédrale de Chartres, en France, expriment la perfection de la Création, tout autant qu'ils témoignent que les anges sont les protecteurs, les guides et les gardiens des humains.

Une communication directe

Malgré l'interdiction des représentations picturales, les auteurs juifs du premier livre de la kabbale, le Zohar, donnent des instructions pour atteindre des états de conscience mystiques au cours desquels il est possible de converser directement avec des anges. Il va sans dire que cette information est difficilement accessible au non-initié.

Les nimbes dans l'art chrétien

Bien que l'Écriture sainte ne mentionne nulle part que le nimbe fait partie de la tenue de l'ange, dans l'art chrétien, de la période du douzième siècle à aujourd'hui (celui qui nous est le plus familier), les anges sont presque toujours représentés avec un nimbe. Le nimbe était utilisé dans l'art bouddhiste ancien, et aussi dans l'art gréco-romain, pour désigner les dieux et les héros. Au quatrième siècle, les artistes chrétiens ont commencé à représenter Jésus, les anges et les saints avec un nimbe, probablement pour signifier que c'étaient des êtres surnaturels, différents des humains.

Les icônes des Russes et des Grecs orthodoxes

Il n'y a pas que l'Europe chrétienne qui a contribué à la représentation artistique des anges (et des saints) ; les formes de chrétienté orthodoxes russes et grecques y ont aussi participé. Les tableaux qu'elles ont légués, brillamment exécutés sur des supports de bois plutôt que sur des toiles, sont appelés « icônes ». Ces œuvres sont fascinantes pour leur beauté incomparable et le mysticisme qui en émane ; leur but est de favoriser la méditation par un contact direct avec l'image représentée.

Les anges dans la culture islamique

Plus tard, à l'époque des croisades, en même temps que se forme l'idéal de l'amour romantique (la dame aimée n'était pas libre et l'amour du chevalier était intense, mais jamais consommé) qui sera popularisé au douzième siècle, surtout en France, grâce aux troubadours, se développe la notion de « beauté ». À la même époque, le grand poète soufi, Ibn Arabi, affirme que son œuvre principale en prose, *Les révélations de La Mecque*, lui a été dictée par l'ange de l'Inspiration. Un autre soufi, Suhrawardi, nous laisse deux œuvres importantes : *L'archange empourpré* et *Le bruissement de l'aile de Gabriel* ; ces volumes constituent la plus importante source documentaire de rencontres avec des anges de la culture islamique.

Les ailes des anges

Comme nous l'avons vu précédemment, les ailes des anges sont, encore aujourd'hui, matière à controverse. Peu d'entre nous imagineraient un ange sans ailes — à moins, bien sûr, que l'ange se présente sous forme humaine ou animale —, car l'image de l'ange ailé a été gravée dans notre conscience par des siècles d'art grandiose et fascinant, au cours desquels les anges ont été peints ou sculptés par les plus grands maîtres et représentés pourvus d'ailes magnifiques. Chose curieuse, toutefois, bien que l'Écriture sainte parle d'anges volants — dans Daniel 9,21, il est écrit que Gabriel s'est approché de Daniel « d'un vol rapide », et dans l'Apocalypse 14,6-7, Gabriel vole encore —, il n'est jamais question d'*ailes* en soi.

L'oiseau de Dieu, de Dante

Dans l'épopée classique de Dante Alighieri, *La divine comédie (Purgatoire)*, nous trouvons la description d'un ange à la barre d'un bateau, les ailes déployées vers le haut, comme des voiles, et emportant les âmes vers leur destination. Dante appelle cet ange l'« oiseau

Michaël

Michaël, le Prince des armées célestes, apparaît toujours dans les tableaux de la Renaissance sous les traits d'un jeune homme fort, beau et revêtu d'une armure. Il est censé être le défenseur de Dieu ou le commandant en chef, et le protecteur général de l'Église catholique romaine. On le tient également pour le saint patron de la nation juive. Or, comme la tradition juive interdit les représentations et les icônes, il n'y a pas d'art religieux juif. C'est la même chose pour l'islam qui interdit d'adorer des images saintes. Néanmoins, cette dernière religion a produit un art remarquable et magnifique constitué de formes géométriques dont la signification est symbolique plutôt que littérale.

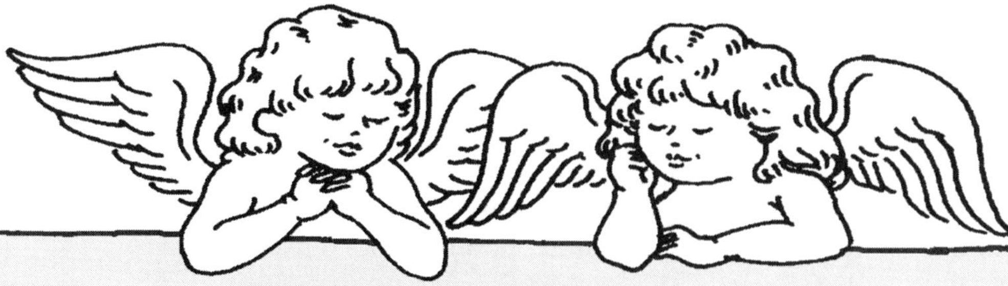

Les anges dans la littérature

Celui qui assiste, à minuit, à la progression de la Lune à travers les nuages est semblable à l'archange qui a assisté à la création de la lumière et du monde.

— Ralph Waldo Emerson

Et l'ange dit : « Je sais que la raison de vivre de l'homme est l'amour, et non la préoccupation de soi. »

— Léon Tolstoï

Ils l'ont mis en terre ; toute la nuit précédente, par les fenêtres éclairées, on a aperçu ses livres, rangés par trois, qui veillaient, comme des anges aux ailes déployées, et semblaient, pour lui qui n'était plus, un symbole de résurrection*.

— Marcel Proust

De nos oreillers, des échelles d'or s'élèvent jusqu'aux cieux.
Et de haut en bas,
chaussés de sandales ailées,
messagers de Dieu, les anges vont et viennent.

— R. H. Stoddard, *Hymn to the Beautiful* (Hymne à la beauté)

Dans son œuvre immense en poésie et en prose, Rainer Maria Rilke, auteur du livre de prières poétiques *Stundenbuch* (1905), n'a pas oublié les anges. Voici une citation extraite des *Élégies de Duino* (9) :

Loue ce monde devant ton ange [...]
Montre-lui
Ce quelque chose de simple qui s'est formé au fil des générations,
qui vit au milieu de nous, près de notre main, sous nos yeux.
Dis-lui [...].

À mon ami pour la mort de sa sœur

En silence, et comme une bénédiction,
Les anges du Seigneur viennent là où,
Assombrie par une peine immense,
L'âme se tient muette.

— John Greenleaf Whittier

L'autre monde

Autour de nous, des êtres doux veillent,
Et s'empressent à nos côtés ;
Dans nos pensées, dans nos prières,
Avec de gentils frôlements.

— Harriet Beecher-Stowe

* C'est nous qui traduisons. (N.d.T.)

de Dieu ». Aujourd'hui, « anges et ailes » vont de pair comme « café et crème », ou « Noël et décorations ». En cela, il faut d'abord reconnaître l'influence du grand maître de la Renaissance : Raphaël (sans doute nommé d'après le grand archange). Il a peint un nombre incalculable de toiles (dont une grande partie est exposée au Vatican) représentant des anges éthérés pourvus d'ailes légères et duveteuses. Ces représentations aux contours estompés semblent presque sortir d'un rêve, comme il convient au royaume angélique.

La nécessité des ailes

D'autres peintres ont représenté des anges dont les ailes étaient moins impressionnantes ; toutefois, les ailes correspondent à la norme. Cependant, je n'ai jamais vu de représentation d'un ange à six ailes, comme on en trouve dans la description d'Isaïe, non plus que d'un ange à quatre ailes, comme le rapporte la vision d'Ézéchiel.

Quoi qu'il en soit, un écrivain chrétien a fait remarquer avec justesse que les anges n'avaient pas besoin d'ailes pour accomplir leur travail. Selon lui, les ailes pourraient être « une faveur que Dieu nous accorde », par laquelle il signifie que les « anges sont toujours prêts à nous prodiguer leur soutien, et que leur intervention, quand la situation l'exige, est d'une rapidité étonnante ».

Rembrandt

Dans *Le paradis perdu*, Milton met sur le même pied l'archange Gabriel et le chef de la garde angélique chargée de veiller sur le paradis. De plus, Gabriel serait l'ange contre lequel Jacob aurait combattu une fameuse nuit (quoique, selon d'autres sources, le rôle du sombre adversaire soit donné tantôt à Michaël, tantôt à Uriel, à Métatron, à Samael ou à Chamuel). Peu importe l'ange impliqué dans cette lutte, la fameuse scène a été immortalisée sur une toile par Rembrandt.

Rembrandt avait continuellement l'inspiration de peindre des anges : ces derniers apparaissent sur les grandes toiles qu'il a réalisées. De plus, on retrouve une multitude de croquis d'anges dans ses dessins (la plupart de ces esquisses sont conservées au Musée national de la Hollande, à Amsterdam). Dans ces dessins, et en particulier dans la représentation de l'archange Raphaël en compagnon de voyage avec le jeune Tobie, les anges semblent détendus, charmants et accessibles.

Les descriptions d'anges dans la littérature islamique

Malgré l'absence d'*images* représentant des anges, nous trouvons de nombreuses descriptions colorées d'anges dans le Coran. Ainsi, on dit que la figure de Raphaël, que les musulmans appellent Azarel, est voilée d'un million de voiles. Il a quatre faces : l'une à l'endroit habituel, l'autre au sommet de la tête, une troisième à l'arrière de la tête, et la quatrième sous un pied. Outre cette quadruple configuration faciale, il ne possède pas moins de soixante-quatorze mille ailes, et il a le corps couvert d'yeux ; cette dernière idée prend son origine dans l'art bouddhique ancien.

La divine comédie de Dante

L'œuvre que Dante a réalisée avec de simples mots atteint de tels sommets de perfection qu'il faudrait consacrer un volume entier pour l'étudier et en discuter. Une partie de cette cathédrale de mots qu'a édifiée Dante traite des « ordres d'anges », comme établis par Denys (ou Pseudo-Denys) l'Aréopagite (voir le chapitre dix).

Dans la hiérarchie céleste de Dante, Dieu est un rayon de lumière cosmique qui, tout en demeurant « un », devient « multiple », se dispersant et se propageant dans les manifestations infinies de l'Univers et de tout ce qu'il contient, du plus grand au plus petit.

Selon l'interprétation que Dante fait de la hiérarchie angélique, la nature de ce rayon de lumière primordial est telle que nous sommes tous conduits, chacun selon ses capacités, de l'imagerie la plus sainte jusqu'aux principes et aux assimilations sans forme, unificateurs, élévateurs. C'est ainsi que toute chose est « transmise d'une manière surnaturelle aux êtres célestes [les anges] [...] et nous est donnée sous forme symbolique, de sorte que nous puissions atteindre « le degré de déification qui nous convient ».

Selon Dante, la théophanie, par laquelle « Dieu se manifeste et témoigne de sa divine nature, prend la forme de ce qui est sans forme et devient l'instrument grâce auquel la lumière divine se répand sur les prophètes [...] et les initie à participer aux choses divines ».

Dans ce système théologique, les anges constituent la plus puissante des théophanies, laquelle, selon une hiérarchie du haut vers le bas, manifeste Dieu à l'humanité à travers tous les ordres angéliques, des plus hauts au plus bas (les anges), jusqu'à atteindre les humains par le biais des anges ordinaires. Ainsi, chaque fois qu'un ange apparaît, on peut penser que c'est Dieu qui apparaît sous un déguisement ; à l'instar du dieu grec Zeus, qui prenait la forme d'un cygne ou d'une pluie d'or pour ne pas incinérer de l'éclat de sa gloire celui à qui il apparaissait, l'intensité de la lumière divine doit être réduite afin d'être perçue par les hommes.

Plusieurs siècles plus tard, le peintre et illustrateur français, Gustave Doré, a eu l'inspiration de créer des illustrations pour *La divine comédie* de Dante. Il a produit de magnifiques et impressionnantes eaux-fortes représentant des démons se tordant dans les fonds de l'enfer et des anges glorieux, et toutes les armées célestes s'élevant en spirale dans les régions infinies du Très-Haut.

Les visions des anges des médiums

Selon les gens dotés de clairvoyance qui ont vu des anges, les ailes apparaissent comme des rayons de lumière émergeant de deux chakras situés dans les épaules. Selon le système de chakras hindou, les chakras sont des points d'énergie situés le long du corps.

D'autres anges dans la littérature

La compassion et la sympathie des mondes invisibles : voilà ce qu'il vous faut cultiver. Sans doute est-il préférable qu'ils ne puissent être vus. Cela nous permet de nourrir la perception élevée des choses que nous appelons « foi ». Cependant, qui peut affirmer que jamais, même pour nous, habitants de la terre, l'invisible ne deviendra visible ?

— Phillips Brooks

Celui ou celle qui agit pour le mieux en toutes circonstances agit avec noblesse ; les anges ne pourraient faire mieux.

— Edward Young, *Night Thoughts* (Pensées de la nuit)

Dans le poème *The Kingdom of Heaven* (Le royaume du ciel) tiré de son livre *Poems and Essays*, le poète contemporain Francis Thompson écrit :

Les anges sont à leur poste de toujours
et battent des ailes en silence :
C'est vous, c'est de vos visages étranges
dont les multiples splendeurs du monde
sont privées.

Voici ma contribution personnelle à la poésie portant sur les anges :

*Le don d'Iris**

Un arc-en-ciel dans la brume du soir
est effleuré par un ange qui passe —
Pourquoi ? Pour le seul plaisir des yeux.
Oserais-je l'admirer encore plus,
Que s'ouvrirait la porte secrète de
l'enchantement.
Car dans l'air embrasé, imprégné de
pluie,
Se révèle le sens des mystères
anciens :
Et j'ai compris les rêves de jadis, les
Merveilleux récits de fortune d'or ;
Car les fées chevauchent ces couleurs
étincelantes,
Descendent le long de cet arc fragile et
se posent sur le sol !

— M. J. Abadie, *Two Birds with One Stone* (D'une pierre deux coups)

* Iris, déesse de l'arc-en-ciel et fille de Zeus, est appelée « *aggelos* », ou messagère des dieux. (N.d.T.)

Les livres d'art et de citations sur les anges

Angels : An Endangered Species (Les anges : une espèce menacée), Malcolm Godwin, Simon and Schuster. Un magnifique livre en images sur les anges.

Angels (Les anges), Caroline Johnson, Barnes and Noble. Vingt-six planches en couleurs de représentations d'anges faites par de grands artistes, incluant des renseignements sur les tableaux, reproduites et reliées.

The Angel Tree (L'arbre des anges), Lynn Howard and Mary Jane Poole, Knopf. L'histoire de l'arbre des anges du Musée d'art métropolitain de New York accompagnée de photographies.

A Host of Angels (L'armée des anges), Gail Harvey, Gramercy Books. Citations provenant d'œuvres littéraires variées accompagnées de photos d'art.

Angels and Cupids (Les anges et les cupidons), Sylvia Lawrence, Rizzoli. Un livre d'images accompagnées de citations en légende.

Angels : A Book to Keep and Fifteen Postcards to Send (Les anges : un livre et quinze cartes postales), Chronicle Books. Ensemble de quinze cartes postales regroupées dans un petit livre.

William Blake

Au moment de sa mort, le poète mystique et graveur anglais William Blake (1757-1827) avait entrepris de réaliser des eaux-fortes pour illustrer *La divine comédie*. Blake, qui faisait ses gravures sur des plaques de cuivre, utilisant une toute nouvelle technique, avait déjà réalisé et gravé de nombreuses scènes religieuses pour illustrer ses propres poèmes lyriques. De plus, il a écrit des volumes traitant de ses expériences avec les anges qui ont beaucoup influencé les penseurs majeurs de son temps. Il a laissé au monde un héritage magnifique et quelques-unes des représentations d'anges les plus vibrantes à n'avoir jamais été réalisées par un artiste. Voici un extrait de l'un de ses textes :

> Ce n'est pas le fait que les anges soient plus saints que les hommes ou les démons qui fait d'eux des anges, c'est parce qu'ils ne s'attendent pas à la sainteté les uns des autres, mais de Dieu seul.

Les préraphaélites

A succédé à Blake un groupe d'artistes et d'écrivains qui se donnaient le nom de « préraphaélites ». En 1848, ils formaient une fraternité de peintres et de poètes qui se révoltaient contre les normes de l'art britannique qui prévalaient à l'époque et contre l'arrivée imminente de la révolution industrielle qui mettait en péril toutes les activités artisanales. Ils avaient choisi ce nom, car leurs travaux s'inspiraient des peintres italiens prédécesseurs de Raphaël. Dans des tons éthérés, les préraphaélites peignaient des anges et des humains d'allure angélique. Mais ils étaient destinés à disparaître avant la fin du dix-neuvième siècle, et leur fin a entraîné la disparition des anges, qui ont été éclipsés par le progrès technologique et le nouveau matérialisme scientifique, lesquels n'avaient pas besoin d'anges, en images ni autrement.

Toutefois, sculptés dans la pierre, gravés dans le cuivre ou peints sur des toiles, les anges demeurent ; on peut les voir dans presque toutes les villes et capitales du monde occidental. Ils ornent les gares et les bibliothèques. Ils apparaissent sur des peintures murales et des frises. Ils décorent les monuments aux morts et les façades de musées. Coulés dans le bronze, ils s'élèvent au sommet des gratte-ciel. On les aperçoit sur les murs des grands magasins, des hôpitaux et des cinémas. Sculptés dans le marbre, ils se dressent au centre des fontaines dans les parcs ou sur des piédestaux dans les places publiques. Partout où vous regardez, vous voyez un ange.

Richard Crashaw

Il existe un nombre considérable de tableaux, œuvres de grands maîtres ou de peintres moins importants, qui ont pour thème l'Annonciation et qui représentent Gabriel apportant la « bonne nouvelle » à Marie. Toutefois, malgré les abondantes illustrations picturales de cet événement marquant, les descriptions en vers sont rares. En voici une sous la plume du poète anglais du dix-septième siècle Richard Crashaw, que l'on trouve dans un poème intitulé *Les marches du temple :*

Un messager céleste aux ailes d'or
Est envoyé à une simple vierge de Galilée
Le beau jeune homme s'est incliné bien bas, et avec grande déférence
A offert à la belle d'immortelles fleurs.

Les livres sur les anges

La plupart des livres sur les anges peuvent être commandés dans les librairies nouvel âge ; les librairies générales offrent des livres sur les anges publiés par les éditeurs les plus importants.

John Donne

Les anges sont aussi bien représentés dans les textes en prose que dans la poésie. Le poète anglais John Donne (1573-1631) traite des anges dans ses *Sermons on the Psalms and Gospels* (Sermons sur les Psaumes et les Évangiles) ; il écrit : « Je m'enferme dans ma chambre, j'y appelle et j'y invite Dieu et ses anges, et quand ils sont là, je néglige Dieu et ses anges pour le bourdonnement d'une mouche, pour le bruit d'une voiture, pour le grincement d'une porte. »

Dans son *Devotions*, Donne écrit : « Je reconnais ton immense bonté, ô mon Dieu, Toi qui, pour tant de tes remarquables œuvres, fais appel à plusieurs anges plutôt qu'un. » Décrivant les nombreux exemples rapportés dans l'Écriture sainte où non pas un seul ange, mais tout un chœur d'anges (ou une multitude, comme dans le cas des anges qui montaient et descendaient l'échelle de Jacob) est aperçu, Donne poursuit : « Du premier au dernier, dans chaque mission qu'ils accomplissent, les anges s'associent aux anges. »

Israfel*

Dans le ciel habite un esprit « dont les fibres du cœur font un luth ». Nul ne chante si étrangement bien — que l'ange Israfel, et les étoiles irrésolues (au dire des légendes) cessant leurs hymnes, se prennent au charme de sa voix, muettes toutes.

Ils disent (le chœur étoilé et tout ce qui écoute là) que la flamme d'Israfeli doit à cette lyre, avec quoi il siège et chante, le frémissement de vie qui se prolonge sur ces cordes extraordinaires.

Si je pouvais habiter où Israfel habite et que lui me fût, il se pourrait qu'il ne chantât pas si étrangement bien une mélodie mortelle ; tandis qu'une note plus forte que celle-ci peut-être roulerait de ma lyre dans le Ciel.

— Edgar Allan Poe

* Traduction de Mallarmé. (N.d.T.)

Quatrième partie

Les anges et leurs interactions avec les humains

CHAPITRE QUATORZE

Les anges existent-ils ?

Pourquoi nous donner la peine de prouver l'existence des anges? Nous avons tous certainement entendu suffisamment de témoignages de gens qui ont fait l'expérience des anges pour penser que ce ne sont pas que des inventions de bonnes femmes. Toutefois, quelle que soit la manière de formuler la question « Les anges existent-ils? », la réponse prête à discussion. Les anges existent peut-être, ou peut-être pas. Cependant, l'esprit humain est fait de telle sorte qu'il lui faut absolument savoir, toujours et avec certitude.

Bien sûr, il est difficile d'admettre que l'*invisible* soit *réel*, à moins d'être un spécialiste de la physique quantique pour qui cette chose est quotidienne et relève du domaine de la science. Mais la logique scientifique diffère de la logique ordinaire, surtout quand il est question d'anges. Nous croyons à l'existence de particules invisibles appelées « quarks » parce qu'une équipe de savants en blouse blanche très instruits, munis d'instruments technologiques à la fine pointe, travaillant dans des laboratoires dernier cri subventionnés par le gouvernement et différentes fondations, l'affirment sérieusement. Cependant, les fondations Rockefeller et Ford n'ont jamais déboursé un centime pour déterminer si les anges existent. Le gouvernement non plus, lequel, naturellement, a des choses plus sérieuses à subventionner, comme des études approfondies sur le comportement reproductif des sauterelles.

À une certaine époque, la question « Les anges existent-ils? » ne se posait même pas tellement la réponse était évidente : « Bien sûr, ils existent; c'est écrit dans la Bible. » Tout avait été dit, jusqu'à ce que la science fasse son apparition, qu'un grand scepticisme s'installe et que Thomas d'Aquin et sa suite entrent en scène.

Le grand théologien saint Thomas d'Aquin a écrit un imposant traité intitulé *La somme théologique*, qui regroupe toutes les connaissances théologiques de son époque. Une importante section de ce traité est consacrée aux anges; selon le brillant chroniqueur, les anges n'ont pas de corps, ils sont plus nombreux que les humains

et parfaits sur le plan spirituel. De plus, un de nos contemporains, le poète mystique allemand Maître Eckhart a eu un certain nombre de rencontres avec des anges, qu'il a décrites merveilleusement.

Pour des intellectuels comme ces derniers, la question ne se discute pas. Les anges existent : c'est un fait. La croyance religieuse en les anges se fonde sur trois éléments :

1. L'Écriture sainte atteste l'existence des anges sur la terre. Lorsqu'ils accomplissent leurs missions de messagers de Dieu sur terre, il est écrit qu'ils prennent une forme corporelle, ou une apparence telle. Les anges ne sont pas simplement des voix qui se font entendre d'une source inconnue, non plus qu'ils ne sont que des intuitions.
2. Le mot « ciel » apparaissant dans la première phrase de la Genèse atteste l'existence d'un royaume incorporel invisible, mais réel, tout autant que l'est le monde visible et matériel dans lequel vivent les humains.
3. Malgré qu'ils prennent l'aspect humain (généralement l'aspect d'hommes) ou d'autres formes, les anges appartiennent à un monde immatériel ; ils viennent du ciel sur la terre. C'est pourquoi la croyance religieuse en les anges fondée sur l'Écriture sainte est une croyance en l'existence d'anges qui ne sont pas des entités matérielles solides, mais des êtres purement spirituels.

Après que la science eut remplacé Dieu — avec la révolution scientifique commencée il y a trois cents ans — et que le sens du mot « existence » eut changé radicalement, la croyance aux anges fut ébranlée considérablement, comme le marché boursier en 1929. En fait, la croyance aux anges s'écroula ; et s'il y avait encore quelqu'un pour insister qu'ils étaient réels, on le considérait comme légèrement débile ou tout à fait dément, du moins dans les cultures avancées de l'Occident.

Toutefois, côtoyant ce nouveau scepticisme caractéristique de l'Occident à propos des anges, une certitude demeurait quant à leur existence dans des parties du monde non encore touchées par la nouvelle science et le rejet du monde invisible qui l'accompagnait. Partout au monde, dans les cultures traditionnelles dominées par le chamanisme, la question ne posait aucun problème. N'ayant jamais été posée, elle n'eut jamais besoin de réponse.

Les anges existent-ils vraiment ?

« Tout d'abord, il importe de savoir *si les anges ou les deva existent vraiment* […].

Nous trouvons une diversité de points de vue sur la question. Les scientifiques intellectuels de la vieille école affirment catégoriquement que non. Cependant, de plus en plus de penseurs modernes, moins dogmatiques, font preuve d'un peu plus d'ouverture ; toutefois, la tendance actuelle est de parler, d'une manière générale et impersonnelle, de l'existence d'un "courant de vie" derrière les formes vivantes biologiques plutôt que d'envisager l'existence d'entités intelligentes et personnalisées.

La psychologie des profondeurs nous offre un point de vue qui, d'une certaine façon, est ambigu. En effet, les analystes des écoles non matérialistes savent bien qu'à une certaine étape de la découverte du soi par l'individu, ce dernier a des rêves ou des visions d'anges ou d'autres figures mythologiques revêtant une grande importance pour lui. Ces entités communiquent des "messages" dont l'origine se trouve au-delà de l'esprit ordinaire personnel. Elles nous parlent de nous-mêmes et de notre état ; c'est en cela qu'elles sont "messagers de Dieu". Cependant, il est généralement admis que ces personnages imaginaires sont des produits de l'esprit du rêveur, qu'ils prennent leur origine de l'intérieur de la personne et qu'ils ne représentent pas des entités qui existeraient en elles-mêmes […]. Néanmoins, les psychologues les mieux avisés adoptent le point de vue des clairvoyants, pour qui les anges ou les deva sont des êtres ayant une existence indépendante des humains […] leur rendant visite et leur prodiguant des enseignements. »

— Laurence J. Bendit, « The Incarnation of the Angels »
(L'incarnation des anges)
dans *Angels and Mortals* (Les anges et les mortels)

Néanmoins, nous avons décidé, d'une part, de poser cette question qui s'impose et, d'autre part, de tenter d'y répondre. Alors, les anges existent-ils ?

Le dictionnaire ne nous est pas d'un grand secours. Le *Petit Robert*, dans son édition de 2001, donne les définitions suivantes pour « exister » :

1. Avoir une réalité ; être.
2. Vivre.

Cherchant ensuite le sens du mot « réalité », nous trouvons :

1. Caractère de ce qui est réel, de ce qui ne constitue pas seulement un concept, mais une chose, un fait.

Au mot « réel », le dictionnaire donne le sens suivant :

1. Vrai ; ne concerne pas seulement une idée, un mot ou une apparence.
2. Qui existe actuellement (opposé à *possible ou fictif*), concrètement (opposé à *abstrait, imaginaire*).

Pour « imaginaire », nous trouvons :

1. Qui n'existe que dans l'imagination, qui est sans réalité.

« Le jour où nous avons vu les anges »

Avez-vous l'impression de tourner en rond ? Voyons une intéressante petite histoire qui a été reproduite plusieurs fois dans diverses publications, incluant *Guideposts* et *Spiritual Frontiers Fellowship*. Elle est intitulée « The Day We Saw the Angels » (Le jour où nous avons vu les anges). Ce texte a été écrit par le professeur S. Ralph Harlow, de Northampton, au Massachusetts. L'histoire se déroule durant les années 1930.

> Ce n'était pas Noël — ce n'était même pas l'hiver —, quand s'est produit l'événement qui pour moi a soudainement projeté une nouvelle lumière sur les anges légendaires. Par une splendide matinée de printemps, mon épouse et moi étions

Dieu se révèle à nous par les anges

Selon le philosophe juif Philo Judaeus (20 av. J.-C. — 50 apr. J.-C.), qui vivait à Alexandrie, Dieu se manifeste à nous par les anges. Ce qui ne veut pas dire que les anges sont Dieu, non plus que Dieu est un être changeant. Il faut comprendre de cela que toutes les âmes font des expériences des anges différentes et que chacune reçoit une impression de Dieu qui lui est propre.

Dans *Angels and Angelology in the Middle Ages* (Les anges et l'angéologie au Moyen Âge), David Keck exprime le point de vue suivant : « Le concept de hiérarchie angélique venant de Pseudo-Denys l'Aréopagite (et à un degré moindre de saint Augustin) apporta aux philosophes du Moyen Âge ce que M. D. Chenu a appelé une "hypothèse exhaustive", c'est-à-dire un cadre permettant de comprendre toutes choses, comparable en cela à la théorie actuelle de l'évolution. »

en train de marcher entre les bouleaux et les érables bourgeonnants, près de Ballardvale, au Massachusetts.

Maintenant je me rends compte que ce récit, comme tout récit d'expérience personnelle, n'est aussi valide que le bon sens et l'honnêteté de la personne qui le raconte. Que puis-je dire à mon sujet ? Que je suis un universitaire qui évite les conjectures et qui éprouve de l'admiration pour l'étude scientifique ? Que je détiens un B.A. de Harvard, une M.A. de Columbia, un Ph.D. du Hartford Theological Seminary ? Que je n'ai jamais été sujet à faire des hallucinations ? Tout ceci est vrai, et pourtant, je doute que de telles références puissent influencer l'opinion d'une autre personne.

En fin de compte, nous devons tous passer au crible ce qui nous provient des autres ; le passer à travers le filtre de notre propre expérience de vie et de notre vision de l'Univers. Je raconterai donc simplement mon histoire.

Le petit chemin sur lequel Marion et moi marchions ce matin-là était spongieux sous nos pas. Nous promenant nonchalamment près d'un charmant ruisseau, nous nous tenions les mains, remplis d'une joie de vivre absolue. C'était le mois de mai, et comme mes étudiants du Smith College étaient en semaine d'étude avant les examens, nous avions pu partir quelques jours pour rendre visite aux parents de Marion.

Il nous arrivait fréquemment de faire des promenades en campagne, et après le dur hiver de Nouvelle-Angleterre, nous aimions tout particulièrement le printemps ; car c'est à ce moment que les champs et les bois sont radieux et calmes tout en montrant la nouvelle vie qui surgit de la terre. Ce jour-là, nous étions tout spécialement heureux et paisibles ; nous bavardions de temps en temps, nos phrases étant ponctuées de longs intervalles d'un silence gratifiant.

Puis, derrière nous, nous avons entendu un murmure de voix assourdies, venant de loin. J'ai dit à Marion : « Nous avons de la compagnie dans les bois ce matin. »

Marion a hoché la tête et s'est retournée pour regarder. Nous n'avons rien vu, mais les voix s'approchaient — à un rythme plus rapide que celui de nos propres pas — et nous avons alors compris que les étrangers nous dépasseraient bientôt. Puis, nous nous sommes aperçus que les sons ne provenaient pas simplement de derrière nous, mais qu'ils

« Notre sommeil n'est que
naissance et oubli.
L'âme éclose avec nous, étoile de
la vie,
Ailleurs fut se coucher
Et provient de très loin.
Ce n'est pas sans mémoire aucune,
Dans une entière nudité,
Mais traînant avec nous des
nuages de gloire,
Que nous venons. »

— William Wordsworth, *Ode : Pressentiments d'immortalité*

Les anges dans le petit matin*

« Les anges, dans le petit matin,
Batifolent dans les gouttes de rosée,
Plongeant, cueillant, souriant et voletant,
Les boutons leur appartiennent-ils ?

Quand le soleil est brûlant, les anges
Batifolent dans les grains de sable,
Plongeant, cueillant, souriant et voletant,
Desséchées sont les fleurs qu'ils traînent. »

— Emily Dickinson

* C'est nous qui traduisons. (N.d.T.)

venaient aussi d'au-dessus de nous, et nous avons levé les yeux.

Comment puis-je décrire ce que nous avons ressenti ? Est-il possible de rendre compte de la vague d'exaltation qui nous a envahis ? Est-il possible de noter ce phénomène de façon exacte et objective tout en demeurant crédibles ?

À environ trois mètres au-dessus de nous, vers notre gauche, il y avait un groupe ondoyant de créatures glorieuses et magnifiques illuminées de beauté spirituelle. Nous nous sommes arrêtés et nous les avons regardées alors qu'elles passaient au-dessus de nous.

Elles étaient six ; des jeunes femmes superbes, vêtues de vêtements blancs ondulants, conversant intensément. Si elles étaient conscientes de notre présence, rien ne l'indiquait. Nous pouvions parfaitement distinguer leur visage et une femme, légèrement plus âgée que les autres, était particulièrement magnifique. Ses cheveux foncés étaient tirés vers l'arrière en ce qu'aujourd'hui nous pourrions appeler une queue de cheval ; même si je ne peux affirmer qu'ils étaient attachés à l'arrière, c'est ainsi qu'ils m'apparaissaient. Elle parlait avec intensité à une âme plus jeune, qui nous tournait le dos, et qui levait les yeux vers le visage de la femme en train de parler.

Ni Marion ni moi ne pouvions comprendre leurs paroles, même si leurs voix étaient clairement audibles. C'était comme si nous nous étions trouvés à l'intérieur d'une maison, les portes et les fenêtres fermées, et que nous pouvions entendre, sans les comprendre, un groupe de personnes se trouvant à l'extérieur.

On aurait dit qu'elles flottaient en nous dépassant, et leurs mouvements gracieux semblaient naturels — aussi doux et paisibles que le matin lui-même. Après nous avoir dépassés, le bruit de leur conversation s'est affaibli jusqu'à ce qu'il s'estompe entièrement. Nous sommes demeurés cloués sur place, nous tenant toujours les mains, cette vision toujours présente devant nos yeux.

C'est peu dire que d'affirmer que nous étions abasourdis. Puis nous nous sommes regardés tous les deux, chacun se demandant si l'autre avait aussi vu la même chose.

Un bouleau était étendu sur le sol, juste là, à côté du chemin. Nous nous y sommes assis, et j'ai dit : « Marion, qu'as-tu vu ? Raconte-le-moi exactement, dans tous les détails. Et dis-moi ce que tu as entendu. »

Elle connaissait mon intention — tester mes propres yeux et mes propres oreilles pour vérifier si j'avais été victime de mon imagination ou d'une hallucination. À tous les égards, sa réponse était identique à ce que mes propres sens m'avaient signalé.

J'ai raconté cette histoire avec la même fidélité, le même respect pour la vérité et l'exactitude que si j'étais à la barre des témoins. Mais même en racontant cet événement, je comprends à quel point il peut sembler incroyable.

Peut-être ne puis-je réclamer autre chose que l'effet profond qu'a eu cet événement sur nos propres vies. Car même si elle a eu lieu il y a presque trente ans, cette expérience a extraordinairement transformé notre façon de penser.

Un regard neuf sur ce qui est familier

« L'un des plus grands moments de plénitude dans la vie se produit lorsque, en une fraction de seconde, ce qui nous est familier nous apparaît soudainement paré de l'éclat éblouissant du neuf. »

— Edward B. Lindaman, *Thinking in the Future Tense* (Penser au futur)

Neurolinguistique et astrologie

Les anges existent-ils ? Déterminée à trouver une réponse à cette troublante question, je me suis tournée vers Mary Orser. Auteure de plusieurs volumes, astrologue professionnelle et titulaire d'une maîtrise en psychologie expérimentale, Mary a étudié de très près la nouvelle science de la neurolinguistique, et elle a cosigné un fascinant volume associant neurolinguistique et astrologie, publié chez Harper and Row, et s'intitulant *Changing Your Destiny* (Changez votre destin). Elle m'a gentiment permis de reproduire ici l'extrait suivant d'un livre non encore publié intitulé *Reality : What Is It ?* (Qu'est-ce que la réalité ?) :

> La révolution scientifique fut une réaction contre l'acceptation naïve de pratiquement tout ce qu'il fallait faire, ou croire, simplement parce que cela avait été décrété par quelque autorité. Avec raison, les scientifiques remirent en cause les vérités qui avaient été acceptées seulement parce que quelqu'un d'important (généralement une autorité ecclésiastique) les avait déclarées telles.
>
> Les scientifiques insistèrent pour faire eux-mêmes l'expérience de la « réalité objective », et il est devenu de plus en plus évident que cette « réalité objective » correspondait à quelque chose que *tous* les observateurs pouvaient voir, entendre, sentir, goûter ou toucher — en d'autres mots, à

Un ange sauve un enfant

L'écrivaine Hope Macdonald, dont nous avons parlé au chapitre onze, et qui raconta l'histoire de la petite fille et du chien, nous fait ici le récit de ce qui arriva à sa sœur Marilyn. À l'époque, Marilyn avait huit ans et Hope, elle-même, en avait quatre. Un jour, leurs parents conduisirent Marilyn à l'école, mais revinrent aussitôt à la maison avec elle, couverte de sang et d'ecchymoses. Ils la déposèrent sur le canapé en attendant l'arrivée du médecin. Apparemment, au moment de traverser la rue devant l'école, Marilyn avait été happée par une voiture et lancée en l'air. Elle était ensuite retombée sur le sol et avait roulé vers une bouche d'égout grande ouverte. Au lieu de tomber dedans, comme cela semblait inévitable, elle s'était arrêtée net juste au bord. Incrédules, les parents se demandaient à haute voix comment l'enfant avait pu s'arrêter si brusquement, alors qu'elle roulait si vite.

Marilyn, toute surprise, leur répondit de son canapé : « Mais enfin, vous n'avez pas vu ce grand ange magnifique debout dans la bouche d'égout? C'est lui qui a levé les mains pour m'empêcher d'y tomber. »

quelque chose qui pouvait être perçu grâce aux cinq sens, quelque chose qui possédait une réalité *physique* pouvant être mesurée à l'aide d'un instrument.

À l'époque culminante de la pensée scientifique matérialiste, tout ce qui ne satisfaisait pas à ces préalables « scientifiques » était irrémédiablement taxé d'« imagination », d'« hallucination », d'« irréalité » ou de « non-existence ». Et comme la science et ses méthodes sacro-saintes permettent de réaliser certaines merveilles — notamment en médecine et en technologie —, le public en général, dans le monde occidental, accorde aux scientifiques une grande crédibilité.

Ce passage de l'autorité ecclésiastique à une autorité séculière fit que les gens cessèrent de croire en tout ce qui ne pouvait être perçu par l'un des cinq sens; ce qui n'avait pas un corps physique dont le poids et la taille pouvaient être mesurés, ou qui ne geignait pas si l'on y piquait une épingle, n'était pas réel. Fut alors rayé de l'existence tout ce qui était soit invisible, soit incorporel; les anges, les fées, les elfes, les esprits (des disparus), les esprits animant d'autres vies que la vie humaine (comme les esprits de la nature) cessèrent tout simplement d'exister. Ce virement se produisit bien que, depuis des siècles, une multitude de gens de toutes cultures, de toutes les nations, partout au monde, eussent rapporté avoir eu des interactions avec de tels êtres. Peu importait tous les témoignages accumulés au fil des âges : dans la nouvelle vision du monde que proposait le matérialisme scientifique, ce genre de choses relevait de fantaisies nées de l'imagination.

Néanmoins, il est certain que la science comme *méthode* est appropriée pour découvrir certaines vérités, mais les conclusions des scientifiques se fondent sur des théories, et les éléments qui ne cadrent pas avec la théorie sont tout simplement écartés. Or, il existe un grand nombre de théories que l'on a dû rejeter, parce que contredites par des recherches ultérieures. Le problème est que la nouvelle de l'invalidation de certaines théories ne se rend pas toujours jusqu'à la population.

Ce n'est qu'avec l'arrivée d'Albert Einstein dans le monde scientifique que les bases de la théorie selon laquelle la matière seule est réalité furent ébranlées. Sans faire de bruit,

Einstein creva la bulle scientifique et invalida la théorie selon laquelle la matière est une réalité fondamentale.

C'est alors que commença la révolution qui modifia totalement notre compréhension du monde. Cette « révolution » était fondée sur l'équation « matière égale énergie » ; elle fut soutenue et se poursuivit grâce au développement de la physique quantique. Des découvertes récentes renversèrent à ce point notre compréhension de la réalité que les grands scientifiques de l'heure commencèrent à prendre l'allure de mystiques !

Considérons le propos suivant attribué au physicien renommé John Wheeler : « L'Univers n'existe pas à l'extérieur de nous, d'une manière indépendante. Nous sommes inévitablement concernés par l'apparition de ce qui semble se produire. Nous ne sommes pas que de simples observateurs. Nous sommes des participants. D'une manière étrange, notre Univers est participatif. »

La nouvelle physique ouvrit la porte à l'acceptation de tous les types de manifestations que la physique newtonienne considérait comme impossibles. Ce qui inclut l'existence d'« êtres » dont la forme n'est pas composée de matières solides, liquides ou gazeuses, lesquelles ont toujours été associées à une forme.

Selon les enseignements des traditions ancestrales de nombreuses régions du monde, il existe différents niveaux de matière, chacun ayant divers degrés de densité. Ceux-ci sont parfois appelés les « plans de la réalité », et l'on considère qu'ils s'interpénètrent à la manière dont une goutte de teinture se répand dans un verre d'eau, ou une cuillérée de sucre se dissout dans une tasse de café.

Dans cet ordre d'idées, tout ce qui possède un corps physique possède aussi un corps dans chacun de ces autres plans subtils, ou non matériels ; cependant, nos sens ne perçoivent que le plan qui a la plus grande densité. Or, nous avons aussi des sens subtils qui nous permettent de faire l'expérience de ces autres champs de la réalité. Malheureusement, l'information de ces autres sens (de cette perception extrasensorielle, pourrions-nous dire) est généralement effacée par celle venant des perceptions grossières de nos sens physiques ; de plus, nous n'avons pas l'habitude de porter attention à nos perceptions subtiles. À moins de faire un effort particulier

La vie après la vie

Raymond Moody est l'auteur d'un livre intitulé *La vie après la vie* et regroupant des expériences de mort imminente qu'ont faites certaines personnes. Voici le cas du docteur Hugh Hildesby, qui était sur une table d'opération quand il fut expulsé de son corps :

« Je suis baigné de lumière. Je sens l'absence de poids et ce flot vibrant de lumière d'une brillance incroyable de couleur or et blanc, d'un blanc si pur et scintillant qu'il semble animé de vie [...]. Des "anges" entourent la lumière, mais ils n'ont pas l'aspect d'anges comme nous les concevons d'ordinaire. C'étaient des esprits dépourvus de forme [...]. Je ne sens aucune inquiétude. Je me sens totalement en sécurité, et c'est en partie grâce aux anges [...] vous êtes un de ces anges. Vous avez trouvé votre identité. »

et conscient, nous perdons l'information qu'elles nous transmettent. Comme le fait de nous trouver le soir dans une pièce brillamment éclairée nous empêche de voir ce qui se passe à l'extérieur. Éteignez la lumière, vos yeux s'habitueront à l'obscurité et vous verrez ce qui auparavant était pour vous « invisible », parce qu'un obstacle vous empêchait de le voir.

La clairvoyance est la capacité de capter consciemment des impressions de ces plans subtils de manifestation : le clairvoyant contourne les perceptions des sens physiques et se met à l'écoute des autres plans de la réalité. La clairvoyance est un don, comme l'oreille absolue ; cependant, ce talent peut être développé, comme toute autre habileté. Il a été démontré que tous, nous possédons un certain degré de clairvoyance innée, ce que confirme l'observation d'enfants, parmi lesquels beaucoup manifestent des dons de clairvoyance avant qu'on leur dise que ce dont ils font l'expérience n'est que le produit de leur imagination. C'est une grande pitié que ce don merveilleux soit écrasé chez nos enfants par les forces de la vision matérialiste du monde actuel. Si les adultes prenaient au sérieux les compagnons de jeu invisibles et les autres êtres non physiques, comme les fées, que les enfants voient naturellement, et s'ils leur portaient plus d'attention, nous en bénéficierions tous.

Chacun de nos sens physiques a un double qui lui correspond dans les plans subtils : clairvoyance = vue, clairaudience = ouïe, clairvoyance sensitive = sensation (toucher) et odorat. Apparemment, plus de gens seraient clairvoyants sensitifs que clairvoyants tout court : ainsi, la plupart d'entre nous sont capables de sentir l'ambiance d'un endroit, ou de s'en rendre compte quand on les observe par-derrière.

Selon des traditions répandues partout dans le monde, de nombreux êtres possèdent des corps dans des plans subtils de la réalité, mais ne possèdent pas de corps physique. Depuis des siècles, des clairvoyants de nombreuses cultures ont rapporté avoir eu des visions d'esprits de la nature : des fées, des elfes et d'autres entités. Les anges habitent les plans subtils de la réalité, de même que les personnes récemment décédées, lesquelles gardent leur corps subtil en quittant leur corps physique, au moment de la mort.

De nombreux volumes furent publiés, sous la plume de médecins et de chercheurs dans le domaine des expériences de mort imminente, rapportant des cas de personnes déclarées mortes qui sont revenues à la vie. Bon nombre de ces récits de personnes racontant ce qui s'est passé pendant qu'ils ne respiraient pas, ou qu'ils étaient « morts », sont extrêmement similaires. Ils se savaient à l'extérieur de leur corps physique — certains se sont vus étendus sur la table d'opération — et ils disaient avoir rencontré des amis et des parents décédés ; ils disaient aussi avoir rencontré des êtres de lumière et d'amour : des anges.

Certains clairvoyants déclarent avoir vu l'aura d'anges : une énergie rayonnante s'échappant des épaules vers le haut et ressemblant à des ailes. Il se peut que les plans subtils de la réalité se manifestent comme un champ d'énergie. Nous disposons déjà d'instruments pouvant photographier divers champs d'énergie : rayons X, photographie Kirlian, etc. Un jour, l'utilisateur d'un ordinateur, muni d'une caméra vidéo permettant de filmer les champs d'énergie, pourra-t-il faire apparaître sur son moniteur les manifestations de la présence d'un ange ? Des anges sur Internet ? Pourquoi pas ?

Maintenant que les théories scientifiques les plus récentes ont ouvert la voie à l'existence de formes autres que celle de la forme physique dense de notre corps, on ne peut plus nier la possibilité que des entités non pourvues de corps physique existent. Bien que les moyens actuels ne permettent pas de « démontrer » l'existence de ces entités peuplant les plans subtils de la réalité, il y a tout lieu d'espérer qu'un jour, de nouvelles découvertes mettront de nouveaux moyens à notre disposition. Nous serons alors en mesure de transformer les perceptions extrasensorielles sous une forme que nos sens physiques ordinaires pourront reconnaître. D'ici là, nous devons nous en remettre à l'expérience vécue par tous ceux qui nous ont donné des descriptions colorées et détaillées des êtres angéliques.

À la question de savoir si les anges existent, nous répondons par l'affirmative. Oui ! C'est se rendre à l'évidence que d'affirmer que les anges existent.

Des récits de première main

Angel Letters, Sophy Burnham, Ballantine

Angels Among Us, A Guideposts Book

Angels Among Us, Don Fearheiley, Avon

Angels of Mercy, Rosemary Ellen Guiley

Answers from the Angels, Terry Lynn Taylor, H. J. Kramer

A Rustle of Angels, Marilynn et Bill Webber, Zondervan

Brush of an Angel's Wing, Charles Shedd, Servans

In the Presence of Angels : Stories from New Research on Angels, Robert C. Smith, A.R.E., Edgar Cayce

Meetings with Angels, H. C. Moolenburgh, C. W. Daniel Co., Ltd (traduit du hollandais)

Touched by Angels, Eileen Elias Freeman, Warner Books

Where Angels Walk : True Stories of Heavenly Visitors, Joan Wester Anderson, Ballantine

CHAPITRE QUINZE

Des histoires d'anges : les témoignages

Les nombreux livres publiés aujourd'hui traitant des anges indiquent un renouveau d'intérêt croissant pour la question, et ils témoignent que les gens croient que les anges existent et que ces derniers se préoccupent des humains. Les anges sont partout, non seulement dans les livres qui leur sont consacrés, mais aussi à la télévision ; on les retrouve sous forme de poupées, on les représente dans les cartes de vœux, des bulletins leur sont consacrés, et il existe même des boutiques de cadeaux qui vendent exclusivement des produits à caractère angélique. D'une manière, cette explosion de l'intérêt pour les anges signifie que, même si un certain nombre de choses sont mises en doute actuellement, notre croyance en les anges, elle, connaît une résurgence — une renaissance, pourrait-on dire —, car nombreux sont ceux qui ont une histoire d'ange à raconter.

Pourquoi les anges sont-ils si populaires maintenant ? Pourquoi y a-t-il en ce moment tant d'histoires d'anges qui sont racontées ou qui font l'objet de commentaires ? L'on ne parle pas ici seulement de ces histoires qui ont déjà été publiées plusieurs fois, comme celle des anges qui se sont manifestés à Mons, en Belgique, durant la Première Guerre mondiale (qui est racontée plus loin dans ce chapitre), mais de toutes les nouvelles histoires qui sortent chaque jour, dans les livres, les revues, à la télévision, et des récits que font des gens en privé.

Ce phénomène nous porte à penser que les anges se manifestent à nous en réponse aux prières ferventes de nombreuses personnes. On dirait que les anges reconnaissent l'urgent besoin que nous avons de leur intervention et de leur action dans notre vie.

Une autre raison qui expliquerait pourquoi les anges sont soudainement si présents est le rôle d'antidote qu'ils jouent dans nos sociétés stressées par tous les gadgets technologiques qu'elles ont inventés. Comme Marshall McLuhan le signale dans *Le média est le message*, les technologies actuelles sont « froides ». Si nous les

Des histoires d'anges

L'auteure Joan Wester Anderson demanda à ses lecteurs de lui envoyer leurs histoires d'anges. Elle reçut des milliers de réponses.

« Ce fut un plaisir de lire les lettres que j'ai reçues [...] des magazines imprimèrent mon invitation [à m'envoyer des histoires d'anges] [...] de nombreux étrangers partagèrent avec moi un "événement spécial de leur vie" [...]. Mon dossier s'épaississait.

Ce que je trouvai fascinant est que, malgré la variété des récits, les gens impliqués dans ces histoires avaient presque toujours la même double réaction : d'abord, ils hésitaient à raconter l'événement ; puis [...] même des années plus tard, le souvenir de l'événement éveillait encore en eux un puissant respect mêlé de crainte. Aucun d'entre eux ne souhaitait que disparaisse cette conviction qu'il avait été privilégié, et qu'il avait pu accéder à un monde [...] d'habitude accessible uniquement par la foi. Cette réaction émotionnelle semblait également universelle. »

— Joan Wester Anderson, *Par la grâce des anges gardiens*

utilisons à outrance, ou si nous comptons trop sur elles, elles nous éloigneront de nous-mêmes, de la communauté des hommes, de la chaude spontanéité et de la bonté aimante. Les anges lancent une contre-attaque à l'assaut de notre immersion presque totale dans l'univers de ces appareils dépourvus d'humanité qui nous aliènent non seulement de nos frères humains, mais aussi de la partie la plus profonde de notre être. Le fait que nous ayons transformé, pour répondre à nos attentes, les anges féroces et terrifiants, créatures pourvues de nombreuses ailes et d'yeux multiples de l'histoire et des visions bibliques des prophètes, en créatures gentilles, duveteuses et caressantes illustre le nouveau rôle que les anges jouent dans notre vie en réponse à nos prières.

Nous avons parcouru une longue route depuis les messagers humains placides qui rendirent visite à Abraham et Sara pour annoncer à ce vieux couple qu'ils auraient un enfant, la vision impressionnante qu'eut Isaïe des terrifiantes et glorieuses créatures possédant quatre faces qui déposèrent un charbon ardent sur ses lèvres pour le purifier, les visiteurs de Loth qui détruisirent la ville de Sodome, l'adversaire inconnu contre lequel lutta Jacob, les êtres à face de bœuf d'Ézéchiel et la destruction par les anges des armées du roi Sennachérib à l'époque du roi David.

Les anges sont devenus *gentils* ; certains les diront mièvres et larmoyants, mais il ne s'agit peut-être là que d'ergotage sans conséquence. Rappelons-nous qu'une multitude d'anges remplissent l'Univers, lesquels ont atteint un plus haut niveau d'évolution que celle accomplie par les humains. Ces anges sont chargés de guider et de contrôler les nombreux processus de la nature, y compris les processus humains. Il faut comprendre maintenant que les anges viennent vers nous et se présentent à nous sous des aspects que nous pouvons reconnaître, et non sous les formes qu'ils ont prises il y a quelque deux mille ans pour se manifester dans un monde qui était totalement différent du nôtre.

À quoi les anges ressemblent-ils? Ils prennent les formes qu'ils souhaitent ou qui conviennent à leurs objectifs. Il semble qu'ils se manifestent sous un aspect que la personne qui reçoit le message peut reconnaître. Aucun ange ne parlera anglais à quelqu'un dont la langue maternelle ou la seule langue d'expression est le français ou l'espagnol, comme l'illustre amplement l'histoire des anges de Mons, laquelle est peut-être l'histoire d'anges la plus fascinante n'ayant jamais été racontée, et certainement la plus connue.

Qu'est-ce que la foi ?

Selon le prêtre russe orthodoxe Alexander Schmemann, « la foi, c'est de toucher un mystère ». Il écrit : « Cela consiste à voir l'autre dimension dans tout ce qui existe dans le monde. Grâce à la foi, le sens mystérieux de la vie apparaît [...]. Pour dire les choses simplement : la foi voit, sait, ressent la présence de Dieu [et de ses anges] dans le monde. »

Le théologien protestant Paul Tillich définit la foi de la façon suivante : « Avoir la foi signifie être emportés par une puissance qui nous dépasse, une puissance qui nous secoue et nous retourne, et nous transforme et nous guérit. »

Pour l'archevêque catholique du Zaïre, Bakole wa Ilunga, « la foi n'est pas un sentiment temporaire, mais une bataille contre le découragement qui nous menace chaque fois que nous rencontrons un obstacle. »

Le ministre protestant Samuel H. Miller affirme que « la foi nous permet d'affronter tout ce qui pose problème dans le monde [...] et de répondre par la compassion à ces choses, qui en sont transformées et même exaltées. »

Kenneth Leech, un prêtre anglican, déclare qu'« une foi véritable et adulte ne peut grandir et parvenir à maturité seulement si elle réunit des éléments paradoxaux et si le doute créatif [...] en fait essentiellement partie. Car la foi en Dieu n'est pas porteuse de la fausse paix résultant de questions résolues et de paradoxes élucidés. »

Pour le rabbin Abraham Joshua Heschel, le rôle de « la foi est de ramener Dieu dans le monde, dans notre vie [...]. La foi en Dieu nous révèle ce qui est caché. »

« Choisir chaque jour ce qui est difficile comme si c'était facile, voilà ce qu'est la foi », nous dit finalement le poète anglais W. H. Auden.

Les anges de Mons

Pendant la Seconde Guerre mondiale, de nombreuses personnes croyaient que les anges se battaient du côté des forces alliées et que leur aide fut décisive dans la victoire finale.

Néanmoins, l'histoire la plus extraordinaire d'anges combattant du côté des vainqueurs nous vient d'une autre guerre : la Première Guerre mondiale. Voici l'histoire des anges de Mons, en Belgique, racontant des événements qui se produisirent en 1914, entre le 26 et le 28 août :

> Les troupes des armées française et britannique battent en retraite vers Paris après avoir subi l'assaut de la puissante artillerie lourde de l'armée allemande occupant alors la Belgique. Bien qu'il ne s'agisse pas de la perte la plus désastreuse de cette guerre sanglante et meurtrière — on dit que l'espérance de vie d'un officier britannique est de vingt minutes — au cours de laquelle le carnage massif est chose quotidienne, c'est néanmoins une retraite triste et peu glorieuse pour ces vaillants soldats qui se battent pour libérer l'Europe du joug de l'Allemagne.
>
> Peu à peu, à mesure que les rangs se reforment, que les blessés sont hospitalisés, il se met à circuler des récits particuliers à propos de la retraite de Mons, laquelle se déroula avec succès, à l'étonnement général des cadres de l'armée. Une infirmière de l'hôpital où les blessés reçoivent des soins déclare qu'elle et ses collègues entendirent une même histoire, dans des versions fort peu différentes, de la bouche de nombreux hommes qui survécurent au repli des troupes à Mons.
>
> Des soldats français déclarent avoir vu l'archange saint Michaël — d'autres rapportent qu'ils ont vu sainte Jeanne d'Arc — revêtu d'une armure dorée et chevauchant un magnifique destrier blanc dont la crinière vole dans le vent comme des ailes. L'ange (ou la créature, quelle qu'elle soit), dont la tête découverte est couronnée de boucles dorées, brandit une imposante épée étincelante.
>
> Les soldats britanniques virent saint Georges émergeant d'une brume dorée, également monté sur un grand cheval blanc se cabrant; c'était «un homme grand aux cheveux

blonds, revêtu d'une armure dorée, monté sur un cheval blanc et criant "Victoire!" », comme les journaux le décrivirent.

De plus, le récit n'est pas le fait d'un seul, de deux ou de trois hommes : ils sont très nombreux parmi les blessés de nationalités française et britannique à raconter l'histoire. Plusieurs demandent des médailles et des images de saint Michaël, ou de saint Georges, selon le cas.

Un patient rapporte qu'au moment exact où ils craignirent que leur retraite ne soit compromise par les forces ennemies, il vit « un ange, les ailes déployées, comme une nuée lumineuse » apparaître entre les Allemands qui progressaient rapidement et les troupes qui battaient en retraite. À cet instant, l'offensive ennemie perdit de son intensité.

Un autre patient parle d'« une étrange lumière, dont les contours semblaient nettement définis, et qui n'était pas un reflet de lune… » Il poursuit : « [Elle] devint très brillante, et je vis distinctement trois formes : la première, au centre, présentait, à ce qu'il semble, deux ailes déployées; les deux autres formes n'étaient pas aussi grandes que la première et en étaient nettement distinctes. Ces personnages semblaient vêtus d'une tunique ample et longue dans des tons dorés, et ils faisaient face au front allemand qui s'avançait vers nous. »

De retour à Londres, ayant entendu parler de la retraite de Mons à la radio, un journaliste britannique, Arthur Machen, a l'idée d'écrire une nouvelle qu'il intitule « Les archers », et que le *London Evening News* publie dans son édition du 14 septembre 1914, trois semaines après la retraite de Mons. L'histoire — qui est pure invention selon Machen — raconte que les soldats se repliant eurent une vision de chevaliers médiévaux en armure « étincelante », des « archers fantômes » venus du champ de bataille d'Azincourt — municipalité située non loin de Mons — où le roi Henri V d'Angleterre aurait défait les Français le 25 octobre 1415. Comme les histoires à propos de Mons continuent d'affluer, Machen, croyant que sa nouvelle en est la cause, tente de dissuader les gens de croire que des anges sont apparus à Mons, mais sans succès.

Qui plus est, un an plus tard, du côté des Allemands, on raconte une histoire remarquablement similaire : au moment critique, à l'instant où ils vont envahir les troupes qui battent en retraite, les Allemands se trouvent « dans

Les visiteurs célestes

« Les anges ne sont pas des êtres humains devenus immatériels […] ce sont des visiteurs célestes […] des émanations de Dieu, portant des ailes de Vérité et d'Amour. La mentalité humaine projette sur les anges ses formes de pensées, marquées aux contours de la superstition, faisant d'eux des créatures pourvues d'ailes évocatrices; mais cela n'est que fantaisie […].

Les anges sont les représentants de Dieu. Ces êtres s'élançant vers le ciel […] nous montrent le chemin vers le Principe de tout bien […]. Si nous portons une attention fervente à ces guides spirituels, ils nous accompagneront. »

— Mary Baker Eddy, *Science and Health* (Science et santé)

Des histoires personnelles

Marilynn Carlson Webber et William D. Webber, les auteurs du livre *A Rustle of Angels* (Le bruissement des anges), posent cette question : « Si l'on croit que les gens gardent pour eux-mêmes les expériences qu'ils font avec les anges, comment ces expériences sont-elles parvenues jusque dans ce livre ? »

En guise de réponse, ils déclarent : « Nous n'avons pas cherché ces histoires ; elles sont venues à nous. Marilynn écrivit une histoire véridique émouvante à propos d'une femme dont la vie fut changée par un ange. Cette histoire fut publiée [*Guideposts*, octobre 1992]. Pour un article qu'il écrivait sur l'explosion d'intérêt que suscitent les anges, David Briggs, de l'Associated Press, interviewa Marilynn. »

L'article de Briggs fut publié dans de nombreux journaux ainsi que dans le *Ladies' Home Journal* (décembre 1992).

« Nous n'étions pas préparés à la réaction qui suivit [...]. Des gens se mirent à nous appeler, généralement en interurbain. Souvent, l'appelant disait : "Jamais, dans ma vie, je ne me suis senti autant poussé à appeler quelqu'un ; après avoir lu votre histoire, j'ai su que vous comprendriez [...]." Des milliers de lettres ont afflué. Des centaines d'entre elles étaient des récits de première main de rencontres avec des anges, dont l'auteur [disait souvent] : "Je n'ai jamais raconté cela à personne." »

Webber et Webber ajoutent que « leur livre renferme nombre de ces expériences personnelles [...], que les gens [conservaient] ces événements [...] comme des trésors et les gardaient près du cœur avec le secret désir, néanmoins, de les révéler, au bon moment, de la bonne façon, à la bonne personne [...]. Quand l'équipe de la série de télévision *Dossiers mystères* nous demanda des histoires pour son émission, nous avons refusé. Selon nous, la manifestation des anges n'est pas un dossier mystérieux au même titre que [...] les activités paranormales. »

l'impossibilité absolue d'avancer [...] les chevaux font brutalement volte-face et s'enfuient [...] impossible de les arrêter ». Les soldats du régiment allemand impliqués dans cette manœuvre furent sévèrement punis par leurs supérieurs; néanmoins, ils n'en démordirent pas et affirmèrent qu'ils avaient vu des « milliers » de troupes le long de la ligne des Alliés, alors qu'en fait il y avait à peine deux régiments, lourdement décimés, formant un mince cordon, les hommes placés à douze mètres les uns des autres, ou dispersés en désordre le long de la route en train de battre vivement en retraite.

Que s'est-il réellement passé à Mons? On ne le saura jamais avec certitude. Le plus intéressant est que les Français virent un ange français, ou sainte Jeanne, tandis que les Britanniques virent saint Georges, le patron de l'Angleterre! Pour leur part, les Allemands virent des *troupes* de « soldats alliés », lesquelles peuvent être interprétées comme les armées d'anges auxquelles la Bible renvoie fréquemment lorsqu'elle désigne les anges comme des militaires.

Malheureusement, bon nombre de soldats blessés ne survécurent pas. Cependant, d'après les infirmières, ces derniers, au moment de mourir, étaient entourés d'une étrange aura de sérénité et de paix, et il émanait d'eux un sentiment de joie et d'exaltation.

Des sceptiques dénoncèrent ces histoires comme étant de l'hystérie collective, le produit de l'imagination de vaincus ayant pris la route seulement quatre jours auparavant comme s'ils étaient une armée de cent mille hommes et s'attendant à une défaite rapide des Allemands. Au lieu de cela, ils avaient dû subir la perte de quinze mille des leurs au cours du premier engagement.

D'autres opposants déclarèrent que les infirmières — accablées par la fièvre et la fatigue, travaillant quarante-cinq heures d'affilée, terriblement surchargées et faisant quotidiennement l'expérience de l'horreur quand les blessés arrivaient à l'hôpital dans des charrettes tirées par des chevaux et qu'elles devaient dégager les hommes encore vivants d'entre les cadavres froids des morts — avaient eu des hallucinations.

Quoi qu'il en soit, il est clair que *quelque chose* s'est produit à Mons : quelque chose d'extraordinaire. Et depuis lors,

Des anges effrayants

Les anges de la Bible sont parfois effrayants. La première image d'anges donnée dans la Bible les présente armés d'une épée redoutable : « Il posta à l'orient du jardin d'Éden les chérubins et la flamme du glaive tournoyant, pour garder le chemin de l'arbre de vie. »

— Genèse 3,24

de nombreuses personnes croient qu'il y eut des anges à Mons.

La rencontre des cosmonautes avec les anges

Un scientifique russe qui passa aux États-Unis en 1985 raconta une histoire incroyable, qui fut publiée dans les journaux dans les années quatre-vingt. Cette histoire, si elle est véridique, jette un éclairage étonnant sur les anges dans notre monde d'aujourd'hui.

Selon le savant, le cent cinquante-cinquième jour de sa présence à bord de la station spatiale *Saliout 7* en orbite autour de la Terre, trois cosmonautes — Vladimir Solevev, Oleg Atkov et Leonid Kizim —, qui étaient sur le point de procéder à une expérimentation médicale, furent soudain aveuglés par une brillante lueur orange.

Stupéfaits, les scientifiques craignirent un quelconque désastre. Mais quand leurs yeux se furent habitués à la lumière orange éclatante, ils virent « sept personnages géants qui avaient l'aspect humain, mais qui portaient des ailes et un nimbe indistinct, suivant l'idée habituelle que l'on se fait des anges. Ils semblaient hauts de plusieurs centaines de mètres et l'envergure de leurs ailes était celle d'un avion de ligne ».

D'après les cosmonautes qui furent témoins de cette apparition presque incroyable, le visage de ces personnages était rond, souriant, angélique, et ils étaient tous identiques ! Ces personnages suivirent la capsule pendant plusieurs minutes, puis ils disparurent.

Cependant, l'épisode n'était pas terminé. Douze jours plus tard, ils réapparurent, tous les sept, tous identiques ; lors de cette seconde visite, d'autres savants les aperçurent. Svetlana Savitskaya, la seule femme scientifique à bord, déclara : « Nous étions tout à fait renversés. Il y avait une immense lumière orange à travers laquelle nous voyions les formes de sept anges. Ils souriaient comme des complices partageant un grand secret. »

Tout cela ne peut que nous rappeler que les archanges sont au nombre de sept !

Des histoires de lumière surnaturelle

Les manifestations angéliques semblent généralement s'accompagner d'une lumière brillante, blanche ou colorée. Malcolm

Muggeridge, dans son volume *Something Beautiful for God* (Quelque chose de beau pour Dieu), raconte une histoire à propos de mère Teresa de Calcutta, en Inde. Il décrit une expérience qu'il fit concernant le tournage d'un documentaire sur cette dernière par la British Broadcasting Corporation. Le scénario exigeait que certaines scènes soient tournées à l'hospice des mourants, un lieu peu éclairé et seulement pourvu de petites fenêtres près du plafond. L'équipe de la photographie n'était pas certaine de pouvoir procéder au tournage avec un aussi faible éclairage [la raison pour laquelle elle ne disposait pas de flashs ou de projecteurs est inexpliquée ; peut-être que ce pauvre secteur de Calcutta n'était pas desservi par l'électricité] ; néanmoins, pour éviter que l'expédition ne soit un total fiasco, elle décida de procéder avec les moyens du bord. Comme mesure de précaution, l'équipe du film tourna aussi quelques séquences extérieures dans la cour ensoleillée de l'hospice.

Plus tard, de retour à Londres, le film fut développé : il apparut que les séquences extérieures étaient plutôt décevantes ; en revanche, les scènes tournées à l'intérieur, avec un faible éclairage, « baignaient d'un éclat magnifique ». Des techniciens examinèrent la pellicule et la trouvèrent en excellent état ; ils ne purent donner aucune explication à ce renversement de la situation qui allait à l'encontre de toutes les règles.

À propos de cet événement, Muggeridge déclara : « Je suis convaincu que cette lumière inexplicable sur le plan technique est, en fait, d'ordre surnaturel. La maison pour les mourants de mère Teresa déborde d'un amour lumineux. Un peu comme les nimbes que les artistes voyaient et qu'ils représentaient [...]. Pour moi, il n'y a rien d'étonnant à ce que cette luminosité ait pu être captée par une pellicule photographique. »

La vision angélique de George Washington

George Washington écrivit à propos d'un ange qu'il vit à Valley Forge ; l'ange lui rendit visite trois fois. Il lui dit qu'après trois grandes guerres, au moment où il semblerait qu'ils soient éclipsés de la scène mondiale, les États-Unis d'Amérique seraient non seulement victorieux, mais encore émergeraient comme la plus grande puissance mondiale. Ce message insuffla au président des États-Unis le courage de continuer le combat. De plus, la prophétie semble s'être réalisée, car ce pays est maintenant l'unique superpuissance qui a survécu.

Un archange de lumière créatrice

Dans son volume *Clairvoyant Investigations* (Les enquêtes d'un médium), Geoffrey Hodson raconte l'histoire suivante à propos des vacances qu'il passa à Onerahi, Whangarei, North Auckland, en Nouvelle-Zélande :

> Soudain, on aperçut dans le ciel, au-delà de la fenêtre de notre hôtel, de nombreux et grandioses deva remarquablement brillants. L'un d'entre eux s'approcha très près de nous et me communiqua directement à l'esprit les mots suivants :

> « Nous nous présentons à vous, nous les membres de la hiérarchie devique, comme une manifestation véritable des grandes démarches de créations extérieures émanant de la Source intérieure la plus profonde de l'Univers objectivement connu existant, de la nature et de toutes ses réalisations. »
>
> Jamais, il me semble, je n'avais été en contact avec un être si grandiose [...], une telle apparition archangélique de lumière créative individuelle. Depuis les anges et à travers eux, comme des sources de force étoilées, irradiaient des « formes-pensées », de l'énergie et de la lumière. Ce devaraja semblait porter en lui — néanmoins avec une conscience cosmique élargie — tous les processus de formation et de préservation de l'Univers. Quelques-unes des étoiles quadridimensionnelles blanches à cinq pointes semblaient occuper une position permanente dans la portion supérieure de l'immense et brillante aura. De plus, chose étrange, elles semblaient clignoter constamment et transmettre leur lumière pour ensuite disparaître comme si la source de lumière avait terminé sa manifestation. Ce processus se poursuivit non seulement dans la partie supérieure de l'aura et devant celle-ci, mais également sur les côtés et derrière la grandiose entité brillante.
>
> La couleur prédominante de la moitié inférieure de l'aura, se répandant vers le bas depuis un point correspondant à l'endroit où se situe le plexus solaire chez l'homme, était le vert feuille, parsemé d'or et de blanc, un peu comme si des rayons de lumière brillante le traversaient. Des radiations semblables à des ailes, bleu ciel et or, s'élevaient en l'air depuis les « épaules ». Les « yeux » ressemblaient plus à deux immenses fontaines de lumière qu'à des yeux humains [...]. Des radiations dorées émanaient de ce qui semblait être la « tête » et s'élançaient très loin vers le haut. L'aura de cette grandiose entité semblait porter des ailes, et son mouvement ressemblait, sans se méprendre, à un battement.

Pour ma part, j'ai entendu de nombreuses histoires d'anges dont j'ai pu vérifier l'authenticité, souvent parce que j'étais présente au moment où les événements se sont produits. Ou bien parce que le raconteur était en compagnie de témoins, ou parce que je sais que le raconteur est digne de crédibilité et qu'il est une bonne source d'information.

L'ange de mon vingt et unième anniversaire

À trois reprises, j'ai eu la vie sauve grâce à un ange. Ma deuxième rencontre avec un ange se produisit dans des circonstances dramatiques. C'est arrivé le jour de mon vingt et unième anniversaire. Je vivais à Houston, et ma compagne, Nancy, avait organisé une fête-surprise en mon honneur à bord d'un navire des Holland-America Lines qui était amarré dans le canal maritime de Houston. C'était un grand privilège, car personne n'était autorisé à monter à bord d'un cargo sans une invitation du capitaine. Il se trouva que Nancy était une amie du directeur général local de la compagnie de navigation, lequel nous fit l'honneur de nous inviter.

Lorsque nous partîmes en voiture, Nancy conduisait et je n'avais aucune idée d'où nous allions. Je n'avais jamais vu le secteur du port, lequel était laid et très différent du quartier bien tenu de la ville où je vivais, par delà la grande rue à trois voies. Nous nous arrêtâmes dans un bar d'allure louche pour y rencontrer le directeur et sa femme, et nous roulâmes à leur suite le long d'une rue désolée, la Navigation Road, qui menait au quai. Nancy ne connaissait pas l'endroit, elle non plus ; le chemin était compliqué et sombre.

Cependant, ce parcours déroutant en valut la peine, car, à bord, c'était le grand luxe. Le capitaine scandinave et ses officiers arboraient tous l'uniforme marine à boutons de cuivre galonné d'or. Ils étaient magnifiques. Pour commencer, on nous offrit des cocktails et de délicieux canapés dans le grand salon. Je crus que la fête se résumait à cela jusqu'au moment où un steward vint annoncer que le dîner était servi.

Nous pénétrâmes ensuite dans une salle à manger de grande classe. La table était recouverte d'une nappe double immaculée et l'ordonnancement des nombreux couverts présageait un repas à plusieurs services. À l'époque, je n'avais jamais vu un tel déploiement de mets aussi fins, et depuis, je n'ai jamais, non plus, rien vu de comparable. Le directeur nous avait averties qu'il fallait attendre avant de boire l'aquavit, placé devant nous sur la table en tout temps, que le capitaine porte un toast. Nous devions alors vider notre verre d'un trait, et faire ensuite descendre cet alcool avec de la bière. Placé derrière chacun, un steward s'assurait que les verres d'aquavit étaient toujours pleins. Après plusieurs de ces toasts, j'étais un peu ivre. Mais ce n'était pas tout. Des vins différents furent servis pour accompagner chaque service. Et à la fin du repas, après les fromages, on apporta des fraises fraîches (au mois de janvier!) dans des coupes étincelantes et l'on

Les deva

Aujourd'hui, les deva sont reconnus comme des esprits de la nature bienfaisants pouvant aider les humains. D'habitude, ils ne sont pas visibles, mais des médiums peuvent les voir. On dit qu'ils communiquent avec les humains par la clairaudience et la méditation.

servit du champagne. Comme dessert, il y eut une charlotte russe, qui fut suivie de café et de cognac que l'on prit au salon.

La soirée fut magnifique. Personne n'aurait pu espérer une fête aussi splendide pour célébrer ses vingt et un ans. Nous repartîmes emportant tout un assortiment de cadeaux, comprenant une meule de deux kilos de fromage roquefort que le capitaine avait insisté pour que je prenne, car j'avais manifesté avoir beaucoup apprécié ce fromage. Franchissant la passerelle branlante jetée au-dessus des eaux sombres du port, je perdis l'équilibre et je faillis presque laisser tomber mon trésor dans l'eau recouverte d'huile.

Présumant que nous étions en mesure de retrouver notre chemin, nos guides prirent une autre direction et nous laissèrent nous arranger par nous-mêmes pour rentrer à la maison. Au moment où nous montâmes dans notre vieille voiture, le ciel commençait à s'éclairer légèrement : le noir d'encre de la nuit faisait place aux pâles lueurs de l'aurore. Nancy s'installa au volant. Comme le démarreur de la vieille voiture n'était pas toujours fiable, elle eut du mal à démarrer. Néanmoins, le moteur s'anima. J'espérai qu'il ne cale pas, comme cela arrivait souvent, car il fallait alors attendre vingt minutes avant de redémarrer.

Peu de temps après, nous entamâmes le long et inhabituel trajet qu'il nous fallait parcourir le long de rues désertes. Dans le siège du passager, je m'endormis rapidement. Je m'éveillai soudain pour m'apercevoir que la voiture était immobile, à cheval sur une voie de chemin de fer. Nancy s'était effondrée sur le volant. Lorsque je pris conscience de la situation, je vis l'éclat aveuglant d'une locomotive qui fonçait sur nous. Dégrisée sur-le-champ, laissant derrière les effets de cette nuit d'ivresse, à la vitesse de l'éclair et avec une extrême clarté, je pris conscience des choix qui s'offraient à moi. Je n'avais pas le temps de sortir de la voiture, d'en faire le tour, d'ouvrir la portière, de pousser Nancy du côté du passager, de remonter dans la voiture et de tenter de la faire redémarrer. De plus, Nancy était une fille costaude, plus lourde que moi, et je savais qu'il m'était impossible de la déplacer et de l'amener en sécurité. La seule solution était de redémarrer la voiture *immédiatement*. Comment faire ?

Malgré la gravité de la situation, je demeurai d'un calme et d'une maîtrise absolus. Dans quelques minutes, le train allait nous emboutir. Néanmoins, je sus exactement ce qu'il fallait faire. Renversant la banquette de la voiture vers l'arrière le plus loin possible, je grimpai sur Nancy, je tournai la clé de contact et je me mis à prier. La voiture a démarré. L'alimentation soudaine en essence lança le moteur durant un temps suffisamment long pour permettre à la voiture de rouler en sécurité le long de la pente avant de s'immobiliser. Le train passa comme un coup de tonnerre derrière nous. Je sentis le sol s'ébranler sous le passage trépidant de plusieurs tonnes d'acier se déplaçant à cent kilomètres à l'heure.

Au bas de la pente, à quelques mètres seulement de ce qui aurait pu être la scène d'un désastre, je jetai un coup d'œil et je vis une lumière brillante flottant autour du rail.

Après vingt minutes, en poussant et en tirant, je parvins à installer Nancy, toujours inconsciente, du côté du passager et à m'asseoir à la place du conducteur. À ce moment, je pris conscience que je n'avais aucune idée de l'endroit où nous étions ni comment nous allions revenir à la maison. Les faibles rayons roses de l'aurore teintaient l'horizon lorsque je parvins à démarrer la voiture. Je roulai sans me tromper, comme un pigeon qui revient au nid, traversant un dédale de rues inconnues — dans le secteur industriel des quais, désolé et désert — pendant plus d'une heure, sans me perdre ni devoir rebrousser chemin, jusqu'à ce que je me retrouve en territoire connu. Comme si, tout simplement, je connaissais la route à suivre, moi qui n'ai aucun sens de l'orientation. Mes amis me taquinent souvent en disant que je pourrais me perdre dans une cabine téléphonique. On dirait que les anges peuvent aussi jouer, à l'occasion, le rôle de système de positionnement par satellite (GPS).

Personne ne peut dire avec certitude *ce que sont* les anges. Je crois que ce sont des intelligences célestes. Certains disent que ce sont des êtres de pure lumière qui entrent en communication avec nous en passant par notre intuition ou par notre perception subtile.

Il arrive que les anges se manifestent sans prendre aucune forme. Ils apparaissent comme une pensée, un besoin du corps ou une intuition soudaine ou spontanée. La manière dont ils se présentent n'est pas importante. Ce qui importe est que vous perceviez leur présence, que vous captiez leur message et que vous démontriez adéquatement votre gratitude pour les bienfaits dont vous êtes l'objet.

La définition d'un ange

Selon l'*Encyclopedia of Mystical and Paranormal Experience* de Harper (L'encyclopédie des expériences mystiques et paranormales) de Rosemary Ellen Guiley, un ange est « un être immortel qui réside dans le monde spirituel et qui agit comme intermédiaire entre Dieu et l'humanité ».

L'ange du motel

Voici l'histoire merveilleuse et mystérieuse d'un événement récemment arrivé à l'un de mes bons amis, qui, pendant des années, fut le seul à prendre soin de sa mère. Sa mère était partie vivre en Arizona en 1966, après son divorce. Même si elle avait grandi à Long Island et avait vécu à Westchester, dans l'État de New York, durant son mariage, elle avait l'impression que l'Arizona était sa vraie patrie et elle souhaitait y demeurer.

En fils dévoué, mon ami s'est déraciné de la vie active qu'il menait à New York et il est parti pour l'Arizona, où sa mère était heureuse. Le temps passa, et diverses maladies, dont un cancer de la peau qui nécessita une importante reconstruction faciale, affligèrent cette femme. À certains moments, il avait du mal à tenir le coup; néanmoins, étant quelqu'un qui possédait une grande spiritualité, il n'a jamais perdu l'espoir qu'elle se rétablirait. Finalement, la situation s'améliora. Cependant, sa mère vieillissait, et son ancienne vie à New York et tous les amis qu'elle y avait se mirent à lui manquer; elle se dit qu'elle ne reverrait jamais un seul d'entre eux.

En secret, sachant que c'était pour elle la dernière chance de retrouvailles, il se mit à faire des préparatifs de voyage. Et il appela les anges à la rescousse. (Il n'avait jamais vraiment cru à l'existence des anges jusqu'au voyage en voiture d'une semaine que nous fîmes ensemble en 1987, et dont je ferai le récit plus tard.) Il *savait* que les anges l'accompagnaient, car ces quelques dernières années (depuis notre voyage), il faisait souvent l'expérience de présences angéliques.

Sans qu'un bruissement d'ailes soit entendu ni que l'ombre d'une plume soit aperçue, tous les éléments de son plan soigneusement orchestré se mirent doucement en place. D'abord, il tenait à ce qu'elle voyage en première; ce qu'elle n'avait jamais fait de sa vie. Il avait peu d'argent; néanmoins, celui que nous avons baptisé précédemment l'ange du passage en première se manifesta pour l'occasion d'une manière inusitée (pourrions-nous dire miraculeuse?). Mon ami venait de changer de fournisseur d'interurbains, et l'entreprise qu'il avait quittée l'appela pour récupérer sa clientèle et lui offrit dix mille points pouvant être utilisés sur des vols de ligne. Voilà comment la question du voyage en première fut réglée! Rempli de gratitude pour l'ange du passage en première, mon ami continua ses démarches pour que tout soit parfait pour sa mère.

Ils avaient besoin d'une grande voiture pour transporter leurs bagages et le fauteuil roulant de sa mère. Quand il s'informa de la location d'un tel véhicule, il se rendit compte que le coût dépassait les limites de son budget. Tout semblait indiquer que ce voyage n'était qu'une fantaisie; néanmoins, il pria l'ange des locations de voitures, qu'il avait déjà rencontré lors du voyage que nous avions effectué ensemble. Son message fut entendu, on ne peut mieux! Discutant de la situation avec l'agent de l'entreprise de location au téléphone, dans un appel interurbain, il expliqua qu'il avait besoin d'un grand véhicule et, tout bonnement, s'informa de la possibilité de louer une fourgonnette, certain de ne pas en avoir les moyens. L'agent fit des recherches dans son ordinateur et déclara :

— Eh bien ! Vous savez quoi ? Il y a un rabais sur la location de fourgonnettes. Vous pouvez en louer une pour le même prix qu'une petite voiture.

Bingo ! Bondissant de joie, mon ami confirma la transaction et envoya un gros « Merci ! » à l'ange des locations de voitures.

Il subsistait le problème de trouver des manteaux d'hiver, car, en Arizona, un tel vêtement n'est pas nécessaire. Pendant des années, mon ami s'était contenté de vêtements d'occasion, achetés dans des boutiques bon marché, car les soins requis par la santé de sa mère étaient coûteux, et il ne pouvait se permettre aucun luxe. Toutefois, il souhaitait se faire beau pour elle et aussi trouver quelque chose d'un peu spécial. Il se mit à la recherche d'une veste en cuir, peu convaincu de trouver quelque chose qu'il pouvait s'offrir. Il essaya un modèle qui lui plut : comme dans le conte *Boucle d'or*, la veste lui allait parfaitement. Le prix était de 300 $. Pendant qu'il caressait amoureusement le cuir souple, un vendeur s'approcha et lui déclara :

— Ce manteau sera soldé de quarante pour cent la semaine prochaine. Si vous souhaitez l'acheter, je vous le réserverai jusque-là.

Existe-t-il un ange chargé de nos besoins vestimentaires ? Il y en avait certainement un, ce jour-là, dans cette boutique, à l'affût d'un client à aider. Quand mon ami retourna au magasin la semaine d'après pour récupérer son achat, il semble que l'ange l'ait accompagné. En effet, sur le chemin du retour, il acheta un journal qui contenait un bon de réduction de vingt pour cent applicable sur tout article acheté dans ce même magasin. En toute hâte, il revint à la boutique, retrouva l'employée avec qui il avait traité et lui montra le paquet intact contenant le manteau.

— Est-il possible que je retourne cette veste et que j'en fasse de nouveau l'achat en utilisant ce bon ? demanda-t-il à la femme, plein d'espoir.

Celle-ci leva à peine les yeux et répondit :

— Je ne vois pas pourquoi cela serait impossible.

Finalement, il s'était procuré pour un peu plus de 100 $ une veste qui en valait 300 ! Voilà un ange qui mérite que nous fassions tous appel à lui.

Puis vint la question du logement. Il souhaitait trouver un endroit où sa mère pourrait recevoir ses amis avec élégance, puisque, comme

Des anges de toutes les formes

Les pharisiens croyaient aux anges, mais les sadducéens pensaient que les anges étaient le produit de l'imagination humaine. D'autre part, dans les écrits mystiques juifs, nous lisons : « Les anges, qui sont les messagers de Dieu, se présentent sous différents aspects ; ils prennent parfois des formes féminines, parfois des formes masculines. »

— Le Zohar

elle se déplaçait difficilement, elle ne pourrait faire des visites. C'est pourquoi il réserva une chambre à deux lits à deux places, équipée d'une douche de plain-pied, pour convenir aux besoins particuliers de sa mère, dans un hôtel de première classe en plein centre de Westchester. Tout fut confirmé, et il envoya le paiement d'avance.

À mesure que les frais du voyage augmentaient, il prit conscience qu'il n'aurait que peu d'argent à dépenser pour lui-même. Cela lui importait peu, pourvu que sa mère eût tout ce qu'il lui fallait et profitât du voyage sans se faire de soucis. Cependant, souvent les anges arrivent à la fête sans avoir été invités; et d'une manière tout à fait inattendue, il reçut un chèque pour son anniversaire — en novembre, alors qu'il est né en juillet — d'une vieille tante qui confondait les anniversaires de ses nombreux neveux. Le dernier élément en place, ils s'envolèrent donc pour New York dans leur siège de première.

C'était tout de même un vol assez long. Ils changèrent d'avion après une escale fatigante à Houston et atterrirent tard en soirée à l'aéroport La Guardia de New York. Ils arrivèrent à Westchester passé minuit. Tous deux avaient hâte de se retrouver dans leur lit. Cependant, ils furent déçus.

À leur arrivée à l'hôtel, vérifiant que la chambre comportait bien deux lits à deux places et une douche de plain-pied, mon ami apprit que la seule chambre qui restait était équipée d'un grand lit et d'une baignoire. Épuisé, inquiet de cette fatigue supplémentaire imposée à sa mère et furieux que sa réservation, faite un mois plus tôt, ne soit pas honorée, il se mit à crier contre l'employée, une femme noire grassouillette.

— Ma mère a eu une attaque cardiaque. Il lui faut une douche de plain-pied. J'ai fait cette réservation il y a un mois. Jamais nous ne reviendrons dans un hôtel Holliday Inn, vociféra-t-il.

— Calmez-vous, mon cher Monsieur, répondit l'employée sur un ton posé. Inutile de vous mettre dans cet état. Nous allons régler le problème. Prenez vos bagages, conduisez votre maman à la chambre et revenez ici ensuite.

Apaisé par l'attitude placide de la femme, il fit ce qu'elle lui avait dit, s'efforçant, dans les circonstances, de faire le maximum pour que sa mère soit installée confortablement. Un peu plus calme, il revint à la réception, où il s'excusa de son emportement et expliqua toute la situation.

— C'est vous qui prenez soin tout seul de votre maman? demanda Clara, la commis.

— Oui, répondit-il, depuis le jour de sa première attaque en 1986.

— C'est drôle, s'étonna Clara. Ma maman, elle aussi, a eu une attaque en 1986. Et elle n'a que moi pour prendre soin d'elle. Tous les deux, nous devons avoir le même âge.

Ils comparèrent leur anniversaire respectif et se rendirent compte que leur âge ne différait que de quelques semaines. Ils parlèrent de l'épreuve que c'était de prendre soin tout seul d'une mère invalide. Puis, sans préambule, elle déclara :

— Allez voir les suites que nous avons en bas et dites-moi ce que vous en pensez.

Il fit ce qu'elle lui avait recommandé et il trouva une suite luxueuse de deux pièces : la première était meublée de deux lits à deux places et la seconde, qui servait de salon, comportait un canapé-lit. Dans la grande salle de bain, il y avait une douche de plain-pied et une baignoire. Il soupira en se demandant combien la location d'une telle suite pourrait coûter de plus.

De retour au comptoir, il dit :

— Ce serait parfait si je pouvais avoir une de ces suites, mais… hésita-t-il tristement, je doute que nous puissions nous le permettre. Quel montant devrais-je verser de plus que ce que j'ai déjà payé pour avoir une suite ?

— Ne vous tracassez pas. Transportez vos affaires en bas et installez votre mère afin qu'elle puisse se reposer. Nous parlerons des frais supplémentaires plus tard.

Surpris, mais reconnaissant de ce sursis tardif, il remercia Clara et lui précisa qu'il acquitterait le solde de la note au moment de leur départ de l'hôtel. Celle-ci acquiesça.

Pendant huit jours, sa mère et lui prirent du bon temps, et tout se déroula comme il l'avait prévu. Les amis de sa mère vinrent lui rendre visite, et il coucha sur le canapé-lit dans le petit salon, lui laissant la chambre. Il n'y aurait pas eu de meilleurs arrangements.

Pendant toute la durée du séjour, il ne revit pas Clara au comptoir ; il pensa qu'elle travaillait selon un autre quart. Ils décidèrent qu'ils quitteraient l'hôtel tôt, le jour du départ, et l'après-midi précédent, il se rendit à la réception pour payer sa note, espérant que le montant supplémentaire pour la suite n'épuiserait pas ses maigres réserves.

— Nous partirons tôt demain matin, déclara-t-il à la réceptionniste. J'aimerais régler ma note maintenant.

Elle lui demanda son nom, elle se mit à taper sur les touches de l'ordinateur et elle lui dit :

— Je vois que vous avez payé une semaine à l'avance. Comme vous n'avez rien pris dans le minibar, il n'y a aucuns frais

Les anges aident les gens à trouver leur chemin

« Les anges et les esprits angéliques nous sont utiles de nombreuses autres façons durant notre vie avant la mort. Quand nous avons besoin de force ou de courage, ou d'une réponse que nous sentons ne pouvoir trouver en nous-mêmes, nos demandes d'aide […] seront entendues par les anges pourvu que nos appels soient sincères et que nous soyons disposés à accepter le secours qu'ils nous apportent […]. Le plus fréquemment, le soutien ou les conseils émergent de profondeurs spirituelles inconscientes : quand nous en prenons conscience, la force ou la réponse que nous souhaitons semble avoir surgi de l'intérieur, d'une source jusqu'alors inconnue. »

— Robert H. Kirven, *Angels in Action* (Les anges en action)

supplémentaires. Bon retour chez vous! poursuivit-elle sur un ton chantant en s'apprêtant à répondre au téléphone, qui sonnait.

Il prit conscience que personne n'avait inscrit dans l'ordinateur le changement dans la suite luxueuse. Clara avait-elle oublié, ou s'agissait-il d'un cadeau, venant d'un ange, peut-être?

Lorsque la réceptionniste eut raccroché, il lui demanda :

— J'aimerais dire bonjour à Clara. Travaille-t-elle ce soir?

— Non. Clara ne travaille pas le soir, pas depuis que sa mère a eu une attaque, il y a quelques années. Maintenant, elle travaille à temps partiel : de midi à dix-sept heures.

Si Clara ne travaille pas la nuit, à qui donc avait-il parlé? Qui était responsable de leur avoir donné la suite et de ne pas avoir inscrit le changement dans l'ordinateur? Si ce n'était pas Clara, qui était-ce?

Clara était-elle un ange? Mon ami le croit, et je suis d'accord avec lui, car, à un moment crucial, lors du voyage que nous avons effectué ensemble, nous avons rencontré l'ange du motel.

Il était passé minuit lorsque nous arrivâmes dans un motel près de Nashville, avec l'intention d'y passer la nuit. Après une journée de voyage longue et fatigante, sous une forte pluie, par des routes encombrées de lourds travaux de construction, nous nous fîmes répondre que le motel était complet à cause d'un spectacle de musique country qui avait lieu ce week-end-là.

— Il ne reste plus une chambre en ville, précisa la commis au comptoir.

Fatigués, inquiets et consternés, nous nous effondrâmes dans les fauteuils du hall d'entrée, ne sachant que faire. Puis, le téléphone sonna. Après quelques minutes, la réceptionniste se tourna vers nous et déclara, en nous tendant les clés d'une chambre :

— Nous avons eu une annulation.

Dix minutes plus tard, nous étions installés bien au chaud et détendus, prêts à refaire nos forces pour la journée de route du lendemain.

Nous nous versâmes un verre de vin pour célébrer notre bonne fortune, pour porter un toast et rendre hommage à l'« ange du motel » qui nous avait dispensé ses grâces.

L'ange de la route

En juin 1997, je quittai la ville de New York pour m'en aller vivre dans une résidence secondaire que je possédais dans la campagne, à l'est du Texas, où, à l'abri des distractions de la grande ville, je pourrais me consacrer à l'écriture. Mon ami d'Arizona, dont j'ai raconté l'histoire précédemment, accepta gentiment de prendre l'avion depuis Tucson pour venir me servir de chauffeur; accomplir seule cette expédition était au-delà de mes forces.

Nous chargeâmes quelques-unes de mes possessions dans un camion de location et nous prîmes la route. Planifiant le voyage, j'avais demandé au club automobile de me tracer un parcours à la fois rapide, c'est-à-dire empruntant le système d'autoroutes reliant les États, et pittoresque, c'est-à-dire prévoyant des portions sur des petites routes secondaires. Comme j'avais opté pour un parcours rectiligne (m'appuyant sur l'axiome géométrique selon lequel la ligne droite est le plus court chemin entre deux points), nous devions traverser la Pennsylvanie, la Virginie-Occidentale, le Kentucky et le Tennessee.

Après avoir laissé derrière nous la circulation urbaine de New York et l'autoroute à péage du New Jersey, nous commençâmes à nous détendre. Mon ami aime beaucoup conduire, et pour ma part, j'aime admirer le paysage. Nous roulions dans un silence agréable, entrecoupé de conversation, lorsque l'attention requise à la conduite le permettait.

À un certain moment donné — je ne peux me rappeler quand ni exactement où —, le sujet des anges fut soulevé. Je me mis à parler d'eux et à raconter quelques-unes de mes expériences. Mon ami se montra sceptique, mais intéressé. Il avait expérimenté positivement certaines techniques métaphysiques qu'il avait apprises et nous avons comparé nos conclusions respectives à propos de ces méthodes. Cependant, les anges, c'était quelque chose de nouveau pour lui.

Comme un jeu, chaque fois que nous passions devant une église se trouvant le long d'une des nombreuses petites routes que nous empruntions — on aurait dit qu'il y en avait une à tous les quelques kilomètres —, je disais : « Voici un autre ange qui monte pour faire le voyage avec nous », ou je criais en direction de l'église : « Y a-t-il un ange qui veut monter avec nous ? » Après quoi, j'annonçais que nous avions pris à bord un nouveau passager angélique.

Les petites églises de campagne que nous croisions avaient des noms curieux que je n'avais jamais entendus auparavant, comme « Église de la sainte lumière » ou « Église de la paix éternelle ». Il y en avait même une dont le nom était « Église des anges du ciel ». À mesure que j'invitais les anges à nous accompagner, mon ami se prit à ce qu'il considérait comme un jeu, en partie pour me faire plaisir, en partie pour rendre le long trajet moins ennuyeux.

À l'écoute des anges

« Quand nous sommes à l'écoute, nous entendons la voix de l'ange qui nous parle depuis les lieux d'ombre et de lumière où habitent la paix et les ténèbres à l'intérieur de nous. La voix de cet ange est le témoignage du triomphe de l'Esprit. »

— Karen Goldman, *Angel Voices* (Des voix angéliques)

Ensuite, des choses étranges se produisirent. Il apparut que nous avions fait un mauvais virage et que nous étions perdus sur un chemin de terre non identifié sur la carte. Mon ami est un citadin, et cette campagne désolée le rendit nerveux et tendu. Il songea à demander notre route à quelqu'un, mais il s'écoula plus d'une heure sans que nous rencontrions un quelconque véhicule ou passions par un point de service ou un magasin général. Nous ne vîmes rien d'autre que des églises de chaque côté de la route.

— Ne t'inquiète pas, lui dis-je pour le rassurer (c'était moi qui étais navigatrice et chargée de lire la carte correctement). Je suis certaine que nous sommes sur la bonne voie. De plus, nos anges savent le chemin que nous devons prendre.

Cette remarque ne fit rien pour alléger ses craintes que nous étions désespérément perdus et que nous nous trouvions à des heures de voiture de la route que nous aurions dû suivre.

Nous continuâmes de rouler pendant une autre heure, sans rencontrer un seul véhicule ; l'inquiétude de mon ami devint palpable. Il était convaincu qu'il nous fallait trouver le chemin pour retourner à la sortie d'autoroute que nous avions prise afin d'emprunter cette « route pittoresque », contre laquelle il protestait amèrement.

« Car à ses anges il prescrira pour toi de te garder dans tous tes chemins. »

— Psaumes 91,11

Dans le but de calmer ses inquiétudes, car le soleil allait bientôt se coucher et l'obscurité menaçait, je repérai, devant nous, une église avec une longue flèche s'élançant dans le ciel. C'était une petite église communautaire, mais il n'y avait aucune habitation en vue.

— Écoute, lui dis-je, quand nous allons passer devant cette église, je vais demander à un ange de sauter à bord.

Il me regarda comme si j'avais perdu l'esprit. Comme nous passions devant le petit édifice peint en blanc, fidèle au poste et isolé sur le bord de la route, je me mis à faire des gestes de bienvenue à travers la vitre en disant :

— Ohé ! Nous avons besoin d'un ange pour nous indiquer le chemin qui mène à l'autoroute.

Malgré la conversation que nous avions eue sur les anges, mon ami envisageait le pire. Il était persuadé que nous étions perdus et que nous finirions par passer la nuit dans le camion dans un endroit isolé. Nous étions en train de discuter du bien-fondé de la décision de rebrousser chemin, lorsque, examinant la carte de nouveau, je vis une petite route que je n'avais pas remarquée avant, et je me rendis compte qu'en effet, nous avions fait un virage dans la mauvaise direction.

Au moment où cette idée importune et déplaisante me traversa l'esprit, nous avions alors dépassé l'église et nous aperçûmes un signe encourageant : sur l'accotement, dans un véhicule des travaux routiers non identifié qui avait dû connaître de meilleurs jours se tenaient deux travailleurs. Poussant un soupir de soulagement, mon ami immobilisa le camion. Immédiatement, l'un des hommes vint vers nous. L'autre, le conducteur, resta à sa place. Nous ne voyions que l'arrière de sa tête.

Abaissant la glace de la portière, je saluai l'homme en lui demandant s'il connaissait les environs.

En riant, il répondit dans un accent du terroir que je n'avais jamais entendu :

— Madame, j'suis né par ici. J'connais le coin comme ma poche. Où s'que vous allez ?

Lui montrant la carte, j'indiquai notre destination. De son pouce calleux, il fit sur la carte un trait différent de celui qu'avait fait le club automobile.

— Vous êtes corrects. Z'avez juste à continuer encore pendant un kilomètre et demi sur ce chemin-là, pis ensuite prendre à gauche, pis rouler encore neuf kilomètres, et z'allez être sur la route des chutes.

Avec un gloussement, il poursuivit :

— Vous pouvez pas vous tromper. Z'allez entendre le bruit de l'eau ben avant d'arriver au tournant. Y font ben du bruit.

Les yeux bleus pétillant dans son visage rougeaud, il rit encore et ajouta :

— Allez-y au son, vous pouvez pas manquer les chutes.

Je le remerciai abondamment, et mon ami — maintenant rasséréné et de bonne humeur — lança le moteur. Nous nous remîmes en route, et je sortis la tête pour faire des signes d'au revoir à nos bons samaritains, mais je ne vis rien d'autre, derrière nous, que la longue route non pavée et la minuscule église au loin. Où étaient-ils passés ? Dans le rétroviseur, nous ne vîmes rien, pas d'hommes, pas de véhicule d'entretien routier. Se pouvait-il que l'ange, que j'avais plaisamment invoqué en passant devant la petite église, fût réellement monté avec nous pour ensuite se transformer en guide ?

Suivant les indications que notre guide nous avait données, nous avons, en effet, entendu le grondement des chutes avant d'atteindre le virage. Notre conversation se perdit dans le bruit des eaux se précipitant du haut des falaises d'ardoise. Depuis des années, je souhaitais visiter la fameuse Falling Water House construite par Frank Lloyd Wright, mais je n'avais jamais pris conscience que cette construction historique, aujourd'hui musée, était édifiée autour d'imposantes cascades.

Guidés par le bruit des chutes, nous approchions du virage, et je sentis mon excitation monter. Enfin, j'allais voir de près la fameuse maison dont j'avais entendu parler et que j'avais vue seulement en photographie. Comme je racontais son histoire à mon ami, nous prîmes la route principale, et bientôt apparut l'entrée de la maison. Nous tentâmes de nous y engager, mais une chaîne en bloquait le passage. Une pancarte indiquant « Fermé » s'y balançait.

— Oh non! m'écriai-je, je n'aurai *jamais* une autre chance de la voir!

J'étais au bord des larmes. Ne sachant comment me consoler, mon ami rétrograda, se préparant à faire marche arrière. À ce moment, un homme, de toute évidence un jardinier, dans un bleu de travail barbouillé de terre, apparut près de la chaîne.

— Voulez voir la maison? cria-t-il, employant le même accent que les travailleurs routiers que nous avions rencontrés.

— Oh oui! répondis-je, nous sommes vraiment désolés qu'elle soit fermée.

— V's'en faites pas, ma p'tite dame, répondit-il en détachant la chaîne. V'nez par ici.

Fascinés, nous eûmes droit à une visite privée. Au moment de partir, nous le remerciâmes pendant qu'il raccrochait la chaîne, et mon ami murmura quelque chose, en aparté.

— Quoi? dis-je.

— Un ange.

« Un sceptique de moins », pensai-je en remerciant intérieurement nos compagnons angéliques pour le magnifique tour guidé que je n'aurais voulu manquer pour rien au monde.

Après cet incident, chaque fois que nous passions devant une église, dans une grande ville, un village ou sur une route de campagne, j'invitais les anges à se joindre à nous, ce qu'ils ne manquèrent pas de faire, car il se produisit de nombreuses situations au cours desquelles l'aide nous tomba littéralement du ciel. Elles sont trop nombreuses pour en faire le récit; cependant, j'en raconterai une autre.

Au Texas, quand nous arrivâmes à destination, mon ami retourna le camion à l'entreprise de location et l'échangea pour une voiture. Il demeura avec moi pendant une semaine pour m'aider à m'installer, à faire les courses et ainsi de suite. Je ne m'étais pas aperçue qu'il n'avait pas pris l'assurance supplémentaire pour la voiture louée jusqu'au jour où il glapit en sortant d'un restaurant :

— Cette voiture a été marquée.

Je ne sus pas ce qu'il voulait dire. À l'aide d'une clé, un mauvais plaisantin avait gravé une profonde éraflure dans le fini brillant de la voiture.

— Que se passe-t-il ? lui demandai-je pendant qu'il examinait la voiture comme si c'était un serpent venimeux.

— Ils vont me facturer un joli montant pour les dommages, s'exclama-t-il avec colère.

Il était sur le point d'exploser.

— Ne t'en fais pas, lui répondis-je sur un ton apaisant, nous allons demander à l'ange des locations de voitures de nous accompagner quand nous allons rendre la voiture.

Puis, avant de partir pour l'aéroport de Houston prendre son vol de retour pour Tucson, il me dit :

— Peux-tu demander à un ange de me faire voyager en première ? Je n'aime pas les classes affaires.

Pourquoi pas ? À cette époque, j'étais devenue aussi prolifique pour créer des noms d'anges que l'étaient les antiques patriarches hébreux.

Personne ne sera étonné d'apprendre qu'en arrivant à Tucson, mon ami m'appela, s'exclamant :

— Les anges, ça marche !

Il me raconta ce qui s'était produit quand il avait rapporté les clés : las et somnolent, le préposé à qui il eut affaire ne s'embarrassa même pas de jeter un coup d'œil sur la voiture ! Considérablement soulagé, mon ami se dirigea vers la porte d'embarquement pour attendre l'annonce de son vol. Soudain, il entendit un message venant des haut-parleurs lui demandant de se rendre au comptoir d'embarquement. S'exécutant, il apprit que sa demande de passage en première avait été approuvée ! Comme vous pouvez le constater dans l'histoire qui précède le concernant, l'ange du passage en première le suit toujours de près. Maintenant, mon ami a une foi ardente en les anges. (D'après lui, je serais en communication directe avec eux ! Je n'irais pas jusqu'à dire cela. Tout est une question d'entrer en contact avec eux, et de le rester.)

L'échapper belle

Je termine ce chapitre avec l'histoire suivante que raconta LouAnn Thomas, de Plymouth, en Indiana, et qui fut publiée dans le numéro de septembre-octobre 1999 de la revue *Angels on Earth*.

Au mois de mars de l'an dernier, ma famille et moi arrivâmes finalement à Panama. Mon frère, Mike Hiser, officier de l'armée de terre, était stationné là-bas avec sa femme et son petit garçon. Nous avions souvent rêvé d'aller les visiter. Coordonner cette aventure nécessita beaucoup de travail, comme obtenir des passeports et des visas pour nous six, sans parler de faire les bagages! Néanmoins, j'avais l'habitude de m'occuper de détails de ce genre. En tant que superviseure d'une entreprise nationale de télécommunications, je disposais d'un réseau de contacts permettant de favoriser la souplesse des opérations pour les clients.

Maintenant, j'étais en vacances. Jim et moi avions retiré nos trois garçons de l'école, et l'amie de notre fils aîné faisait ce voyage spécial avec nous. L'isthme de Panama joint l'Amérique du Nord et l'Amérique du Sud et s'étend du Costa Rica à la Colombie. Naturellement, il nous était agréable de voir le canal, mais la végétation tropicale luxuriante nous plaisait aussi beaucoup, ainsi que la vue sans limites que nous offrait d'un côté l'océan Pacifique, et de l'autre, la mer des Caraïbes. Tout cela était si différent des paysages enneigés, à l'intérieur des terres, que nous avions laissés derrière nous en Indiana!

Un jour, nous partîmes visiter la vieille ville de Panama avec Mike, Cindy et leur fils, Robbie. Le temps était ensoleillé. Nous prîmes des provisions et nous nous dirigeâmes vers Colon, qui est une ville située sur la portion nord du canal, à deux heures de route de Panama. Notre destination était Fort San Lorenzo : des ruines datant de quatre cents ans, s'élevant sur un piton rocheux au-dessus de l'embouchure du fleuve Chagres. Christophe Colomb avait mis pied à terre à cet endroit en 1503. Avec ses tourelles et l'histoire de pirates à la recherche d'or qui circulait à son sujet, la fortification semblait irrésistible, surtout aux garçons.

Après environ une heure de route, nous traversâmes un pont pittoresque jeté au-dessus du lac Gatun, et nous aperçûmes San Lorenzo s'élevant devant nous. La région semblait désolée.

— Nous sommes seuls ici, m'exclamai-je, cherchant en vain des signes d'autres présences.

L'endroit était trop retiré à mon goût. Je souhaitais simplement jeter un coup d'œil et repartir.

Cependant, aussitôt que la fourgonnette fut garée, tous partirent en quête d'aventure. Prenant des photographies, je me promenai autour du fort avec mon frère. J'aperçus finalement d'autres promeneurs. Puis, Mike et moi trouvâmes un genre de rampe inclinée menant au sommet de la fortification. Nous nous mîmes à grimper lentement le long de ces ruines effondrées. Sur les murs, la rouille était visible aux emplacements des canons. La mer s'écrasait au pied de la falaise plus bas. À l'intérieur, nous trouvâmes une cour jonchée de pierres tombées. Le vent me fit frissonner, et Mike m'entoura les épaules de son bras.

De gros nuages inquiétants s'amoncelèrent au-dessus de nous. Levant les yeux vers le ciel changeant, Mike déclara :

— On dirait que Dieu nous observe.

J'enroulai mon bras autour du sien, lui faisant confiance. Puis, mon frère dit qu'il avait faim ; nous nous mîmes donc à rassembler les enfants. Je ne voyais ni Jason, ni Robbie, ni mon mari. Je commençai à m'inquiéter. L'endroit était vaste ; il pouvait être dangereux.

Finalement, j'entendis un cri qui était le bienvenu :

— Maman !

C'était Jason, et Robbie était avec lui. Ils se ruèrent sur la rampe, et bientôt, je les serrai dans mes bras.

— Vite ! Une photo ! dis-je, et mangeons ce pique-nique !

Cindy et les garçons prirent la pose, tout sourire. Je m'accroupis légèrement pour placer l'appareil de manière à inclure dans la photo l'océan bleu infini s'étendant derrière eux. Jetant un regard autour de moi, je décidai de reculer d'un pas afin d'avoir une meilleure vue. Je soulevai un pied.

— Prends garde ! me cria Jason, tu es près du bord !

J'abaissai le pied, pensant rencontrer le rebord du mur. Mais il n'y avait pas de bord. Il n'y avait rien sur quoi reposer mon pied !

Je tombais en sachant exactement ce qui se passait. **En une seconde, j'allais atterrir sur le sol.** Cependant, je dérivais, lentement même, à ce qu'il me semblait, comme une feuille d'automne. J'entendis une voix féminine disant :

— Tu vas tomber plus bas encore. Ne regarde pas.

La voix était apaisante.

— Laisse tes jambes prendre le choc, m'ordonna-t-elle.

Lentement et doucement, chère
âme rachetée
De mes bras aimants je t'entoure,
Et, au-dessus des eaux du
jugement,
Qui roulent, je te tiens, je
t'abaisse, et je te retiens.
Et soigneusement je te plonge
dans le lac,
Et puis, sans un sanglot ni une
résistance,
Les flots effaçant ton rapide
passage,
Tu t'enfonces profondément dans
l'étendue sombre.
Les anges, à qui revient cette
heureuse tâche
Veilleront sur ton corps
étendu, ils te soigneront, et
t'apaiseront ;
Et les liturgies sur la terre, et les
prières célestes,
Te conduiront vers le trône du
Très-Haut.
Adieu, mais pas pour toujours !
Sois courageux et patient sur ton
lit de douleur,
Car ici rapidement passera cette
nuit d'épreuve,
Et demain, je serai là à ton réveil.

— Dom Wilmart,
Auteurs spirituels et textes dévots
(un livre de prières anciennes aux anges gardiens)

Détendue, je fermai les yeux, je tournai mes pieds vers l'extérieur et j'étendis les jambes. Le sol vint à ma rencontre, et je sentis mon corps exploser, quoique doucement, comme une goutte d'eau sur la vitre. Il n'y eut pas d'impact, pas de douleur.

J'ouvris les yeux; j'étais allongée, le corps tordu sur le sol de la cour, le visage dans la poussière. Sean était près de moi. Puis, je vis mon mari et mes deux autres fils.

— Mike a son téléphone cellulaire, déclara Cindy, il va appeler les secours.

Elle courut pour le trouver.

Puis, il y eut un débordement d'activité. Des marines s'empressèrent autour de moi.

— Nous sommes à l'entraînement dans le secteur, déclara l'un d'eux. Nous avons reçu l'appel de votre frère.

— Je suis secouriste, dit un autre en me faisant une intraveineuse.

Un autre secouriste me précisa que j'avais de multiples fractures.

— Essayez de ne pas bouger, me recommanda-t-il.

Ce qui était facile. Mon coude me faisait mal, mais je n'avais pas d'autres douleurs. Quelqu'un dit que j'avais fait une chute de dix mètres, mais cela ne m'inquiéta pas. J'étais calme. Jim était assis par terre, me tenant la main. Mike était aussi à côté de moi. Si quelqu'un m'avait dit que la femme qui m'avait apaisée pendant que je tombais était aussi près de moi, je l'aurais cru. J'entendais constamment sa voix rassurante me disant : « Dieu prend soin de toi. »

La cour se remplit de gens : des hommes de l'équipe de tournage que j'avais repérés dans la colline, des secouristes des forces armées de l'air et un médecin de l'armée de terre de la base voisine de Fort Sherman. Le médecin avisa les secouristes qu'il me fallait des jambières pressurisées, c'est-à-dire d'énormes trucs en plastique gonflés d'air pour protéger mes jambes.

— Un hélicoptère Blackhawk est en route, déclara un marine, l'oreille collée sur un émetteur-récepteur portatif.

Toutefois, quelques minutes plus tard, il fronça les sourcils en marmonnant à un autre soldat :

— Ce n'est pas une militaire. Pas d'hélicoptère.

Ces paroles ne furent que murmurées ; néanmoins, je les entendis.

— Elle est fichue, dit-il.

J'étais toujours calme. « **Dieu prend soin de moi** », me répétai-je. Un moment plus tard, on entendit l'émetteur-récepteur biper de nouveau. Le marine y recolla son oreille. Il sourit et leva ses dix doigts. Le Blackhawk allait être là dans dix minutes. Jim me serra la main.

On m'installa les jambières pressurisées et l'on me déposa sur une civière. Lentement, quatre marines me transportèrent à l'extérieur du fort, en un lieu ouvert. Bientôt, le sol trembla, et un appareil aux hélices vrombissantes se posa tout près. On m'y transporta, et Jim grimpa à bord pendant que l'on assujettissait la civière à l'intérieur de l'appareil avec des courroies.

Lorsque nous atterrîmes à Panama, une ambulance nous attendait, et la police militaire nous escorta jusqu'à l'hôpital. Après avoir reconduit les garçons à la maison, Cindy et Mike vinrent nous rejoindre, Jim et moi.

Dans ma chute, je me suis brisé les deux jambes, et je me suis aussi fracturé un bras, une hanche et un pied. Je demeurai à l'hôpital de Panama jusqu'à ce que mon état permette d'envisager la chirurgie. Sean dut retourner au collège aux États-Unis, mais pour les autres garçons, c'était les vacances scolaires. Nous revînmes à la maison trois semaines plus tard. Je fus admise au service de traumatologie de l'hôpital méthodiste d'Indianapolis, et je me préparai à subir d'autres chirurgies. Depuis l'accident, j'ai eu vingt opérations.

Grâce à des traitements réguliers de physiothérapie, je marche de nouveau et je suis retournée au travail à temps complet. Je suis fière de travailler, mais je suis très consciente que je ne peux y arriver seule. Un réseau de soutien a dû être mis en place. Il en est ainsi également dans la vie. « Dieu prend soin de toi », m'a-t-on dit à San Lorenzo. Et il le fit, par la voix réconfortante d'un ange, et par tous ceux qui ont été là pour me venir en aide.

Le frère de LouAnn a eu raison quand il a dit : « On dirait que Dieu nous observe. »

Organismes regroupant des personnes intéressées par les anges*

The AngelWatch Foundation, Inc.
P.O. Box 1397
Mountainside, NJ 07092
Publication : *AngelWatch*, magazine bimestriel se rapportant aux anges. L'abonnement annuel est de 16 $ aux États-Unis et de 20 $ au Canada. Pour obtenir de l'information, envoyez une enveloppe-réponse affranchie.

Angels Collectors Club of America
16342 West 54th Avenue
Golden, CO 80403
Cette grande association s'adresse aux collectionneurs d'objets de toutes sortes se rapportant aux anges. Elle a des sections régionales, tient un congrès semestriel et publie un bulletin. Écrivez à l'adresse mentionnée pour de plus amples renseignements.

Angels of the World
2232 McKinley Avenue
St. Albans, WV 25177
AWI est une association d'intérêt général pour ceux qui s'intéressent aux anges et aux autres questions s'y rapportant. Elle fait circuler des pétitions, tient un congrès semestriel et fait paraître un bulletin. Écrivez à l'adresse mentionnée pour de plus amples renseignements.

Be an Angel Day
Angelic Alliance
P.O. Box 95
Upperco, MD 21155
Cette association parraine l'événement annuel *Be an Angel Day.* Pour obtenir de l'information, écrivez à l'adresse mentionnée ou téléphonez à Jane Howard, au numéro 410 833-6912.

Opus Sanctorum Angelorum (Le travail des saints anges)
Marian Center
134 Golden Gate Avenue
San Francisco, CA 94102
OSA est un organisme catholique international qui a pour mission d'expliquer la nature des anges et de promouvoir la dévotion envers ces derniers.

Tapestry
P.O. Box 3032
Waquoit, MA 02536
Tapestry parraine un colloque annuel portant sur les anges. Pour obtenir de l'information, écrivez à K. Martin-Kuri.

* Ces organismes sont tous situés aux États-Unis.

CHAPITRE SEIZE

Comment reconnaître la présence d'un ange ?

À QUOI RESSEMBLE UN ANGE? À ce qui lui convient ou à ce qui lui permet d'atteindre son but. Il semble que les anges prennent une forme que la personne à qui se destine leur message est en mesure de reconnaître. Aucun ange ne parlera anglais à quelqu'un qui ne parle ou ne comprend que le français ou l'espagnol. Les anges peuvent manifester leur présence par une pensée qui surgit dans notre esprit, un besoin physique ou une poussée de l'intuition.

On peut attribuer la facilité qu'ont les sceptiques de nier les apparitions d'anges, ou les autres manifestations de ces messagers, à la variabilité des manifestations de présences angéliques qui existent, comme si l'uniformité devait être un critère approprié pour juger de l'existence de ces divins messagers! Nous avons tendance à voir les anges de la manière dont ils nous ont été présentés dans notre culture, laquelle est une forme de langage autant qu'une langue comme telle. De la même manière que les dialectes peuvent modifier une langue, les anges accordent l'apparence qu'ils prennent aux différentes circonstances.

Dans le monde occidental chrétien, les anges sont associés à des personnages ailés, vêtus de blanc, qui ressemblent à des humains. Cependant, les perceptions réelles que nous avons des anges ressemblent rarement à cette imagerie populaire. Souvent, les anges prennent l'aspect d'hommes ou d'animaux, ou ils agissent par l'intermédiaire d'un humain.

On *sent* la présence des anges plus souvent qu'on ne les voit : ils se manifestent comme des pensées, des idées, des guides. Souvent, il m'arrive, lorsque je cherche une référence, de tomber sur un livre par hasard, de l'ouvrir et de trouver exactement l'information dont j'ai besoin. De nombreux écrivains ont rapporté ce phénomène, que l'auteur anglais Arthur Koestler appelle l'« ange bibliothécaire ».

Il y a plusieurs façons de détecter la présence d'un ange. Parfois, un ange se manifeste comme un parfum de fleurs ou comme une brise légère. J'ai une lampe Tiffany suspendue au plafond qui se met

Des présences angéliques

« Un soir, en se mettant au lit, June dit : "Je sentis un mouvement au-dessus de ma tête, un léger déplacement d'air. Je sus immédiatement que c'était le battement des ailes d'un ange. Je ne vis rien. Pas de lumière, pas d'effets spéciaux. Cependant, je pris conscience d'une présence. Je pris conscience qu'elle avait toujours été là ; je ne l'avais simplement jamais remarquée. La protection attentive de Dieu m'entoure." Nous souhaitons de tout cœur que Dieu, qui nous a créés, tienne également notre vie entre ses mains. L'auteur Reynolds Price résume bien ici ce que tous les humains se languissent d'entendre : "Le Créateur de toutes choses connaît mon existence et Il la souhaite." »

— Timothy Jones, *Celebration of Angels* (Célébration des anges)

à osciller doucement, même lorsque les fenêtres sont fermées et qu'il n'y a aucun courant d'air. C'est un signe qu'un ange me rend visite. Les anges peuvent aussi causer des sensations corporelles, comme une perception aiguë ou des états modifiés de conscience qui nous rendent réceptifs aux messages.

Certaines personnes entendent des sons : des cloches, des carillons ou des trompettes. Selon d'autres, les sons de trompettes seraient le bruit que font les anges franchissant le mur du son, quand ils abaissent leur fréquence vibratoire pour accéder à notre dimension humaine.

La lumière est un autre moyen que prennent les anges pour annoncer leur présence. En grec ancien, le mot « *aggelos* » signifie « messager », et sous cet aspect, le travail qu'effectuent les anges peut être associé à celui de Mercure, ou d'Hermès, dont l'une des filles est appelée « ange » par Pindare. Une fille de Zeus, Iris — laquelle, en tant que déesse de l'arc-en-ciel, représente l'arc magique de lumière colorée que l'on aperçoit dans le ciel —, est décrite comme un ange par le poète Hésiode. Les termes utilisés suggèrent qu'un ange est un porteur spécial de messages venant des dieux, comme ce fut le cas de l'ange Gabriel annonçant à Marie qu'elle concevrait par l'opération du Saint-Esprit. Dans les tableaux, les anges ainsi porteurs de messages sont souvent représentés chevauchant un rayon de lumière.

L'impression de déborder d'amour est un autre exemple de la façon dont on peut sentir ou percevoir la présence d'un ange, comme le cas se produisit lorsque je reçus la visite d'une lueur rose et qu'après, j'eus le sentiment d'avoir reçu beaucoup d'amour. De nombreuses personnes déclarent avoir fait ce genre d'expérience. Un phénomène quelconque peut faire partie de l'expérience, comme la lueur rose que j'ai vue, ou celle-ci peut survenir au cours d'une journée ordinaire au milieu de la routine familière. Soudain, le temps s'arrête et nous sommes amenés — même pendant un bref instant — à percevoir les choses différemment de ce qu'elles semblent ; quelqu'un ou quelque chose est tout près de nous, veille sur nous et *se préoccupe de ce qui nous arrive*. Pour la plupart d'entre nous, la probabilité de faire une expérience spectaculaire avec un ange ou d'avoir une vision frappante et complète du royaume des cieux est plutôt mince ; en revanche, la perception de la présence d'un ange est à la portée de quiconque se montre réceptif. Le simple fait que des anges nous entourent est un signe que s'effectue une myriade d'activités invisibles dépassant notre conscience habituelle des choses.

Généralement, les expériences avec les anges sont fortuites ; elles sont fugitives et éphémères. Néanmoins, elles se produiront souvent si seulement nous faisons le silence en nous et attendons que notre œil intérieur les perçoive. Ces petits clins d'œil qui nous viennent d'une autre réalité — ces moments au cours desquels le voile qui sépare les mondes se soulève — auront lieu si nous sommes attentifs et réceptifs aux traces qu'ils laissent dans notre paysage intérieur.

Le silence

Le contact avec les anges se produit dans la paisible tranquillité, lorsque l'esprit et le cœur sont au repos. Ce lieu de silence est comparable au point milieu immobile d'une roue en mouvement. Ce centre immobile constitue la frontière entre les efforts de l'ego et le royaume des anges cherchant notre attention. Pour trouver ce centre en nous, il faut trouver la paix et la tranquillité. C'est seulement ainsi que, à travers le fouillis de nos pensées désordonnées et conflictuelles, nous trouverons notre route jusqu'à l'endroit où réside l'esprit.

Le silence est le chemin qui conduit au centre de soi. Lorsque nous faisons silence, nous faisons l'expérience de l'unité et reconnaissons que nous participons du tout. Voilà en quoi consiste essentiellement la perception de la présence des anges. Presque tous, nous en avons fait l'expérience à un moment ou à un autre, peut-être assis près d'un lac, seuls et silencieux, ou bien en contemplant un enfant endormi, ou encore, seuls sur une route de campagne, éblouis par un magnifique coucher de soleil. Voilà des moments mystiques qui nous rapprochent de la grande totalité dont nous participons. Ces moments nous laissent rivés sur place et nous transforment. Le sentiment que nous éprouvons alors est difficile à décrire ; nous ne trouvons pas les mots pour parler de cette impression que nous avons de franchir nos frontières habituelles et de passer dans quelque chose de grandiose et d'inspirant. Cela se produit toujours dans le silence.

Souvent, le simple fait de ralentir un peu — de se faire le témoin de notre existence à multiples niveaux — est une expérience éclairante. À mesure que nous faisons progresser notre silence vers le point immobile intérieur, nous nous débarrassons des couches de pensées hétéroclites nous empêchant de prendre contact avec le monde des anges que nos pensées et nos actions recouvrent. Par la pratique du silence, nous nous ouvrons à faire l'expérience directe du Très-Haut.

L'aspect des anges

« On nous dit que les anges se manifestent à travers des pensées, des songes, des visions, des animaux, des lueurs dans l'eau, des nuages ou des arcs-en-ciel, ou encore sous forme humaine. Circulent-ils sur terre sous l'apparence de gens ordinaires ? Ou bien n'apparaissent-ils qu'à un moment, avant de se dissoudre dans l'éther ? Ou pourrait-il se faire que nous autres [...] soyons un instant saisis par la main de Dieu pour prononcer, sans le savoir, les mots dont quelqu'un a besoin, ou pour lancer une bouée de sauvetage à une autre âme ? »

— Sophy Burnham, *Le livre des anges* (p. 66)

Ils veillent sur nous

« À présent que la terre est
peuplée de la génération
d'aujourd'hui,
celle-ci appelle la précédente les
purs esprits bénis ;
ils vivent sur la terre
et ils sont bons ; ils veillent sur
les mortels
et les défendent du mal ;
ils négocient à leur terme
les procès et les dures
négociations ;
ils se drapent dans une brume
obscure
et errent dans toute la campagne ;
ils sont les gardiens de la
richesse ;
ce droit leur a été conféré comme
un sceptre royal. »

— Hésiode,
Les travaux et les jours

Le silence n'est pas simplement l'absence de bruit. C'est un lieu paisible que nous habitons lorsque nous nous sentons libres et sans inhibitions. Comme des repères sur la carte de notre spiritualité, les moments de silence ponctuent les étapes obligées de notre cheminement vers la croissance continue et le développement personnel. Le silence est un grand maître spirituel qui nous guide et éclaire le chemin quand il fait sombre. Dans le silence de notre être intérieur, nous atteignons la *gnose*, ou la vérité, et de là, nous faisons l'expérience des anges, lesquels nous conseillent, nous honorent de leur présence et nous transmettent les messages que nous avons besoin d'entendre.

Les anges souhaitent nous aider, et ils souhaitent que nous puissions reconnaître leur présence auprès de nous. Souvent, leur voix tranquille et ténue ne peut cependant être entendue parmi le méli-mélo de bruits et de pensées hétéroclites dont nous nous divertissons et nous occupons.

Pourquoi est-il si difficile de faire silence ? Dans le silence, craignons-nous d'entendre des choses que nous ne souhaitons pas entendre ? Avons-nous peur de découvrir que l'existence peut être vécue selon divers plans ?

Si vous souhaitez faire l'expérience de la présence des anges, il vous faut couper le son. Si vous souhaitez atteindre votre centre spirituel, il vous faut établir les limites d'un territoire du silence, déclarer une guerre d'indépendance personnelle à la tyrannie de la pollution par le bruit. Faire l'expérience des anges est faire silence, au moins à certains moments. Tâchez d'éteindre tous les appareils électroniques sonores et d'écouter à la place les bruits simples autour de vous, comme le pépiement d'un oisillon, le gazouillis d'un bébé, le bruit d'un chat qui tombe sur ses pattes, la pluie qui dégouline, votre respiration ou peut-être le bruissement d'ailes d'un ange, ou son chant.

À mesure que vous prendrez conscience du pouvoir mystique du silence et des moments naturels de silence comblant les interstices entre les sons, vous ouvrirez vos sens à la perception de la présence des anges, car ces derniers sont toujours présents à vos côtés, et ils attendent vivement que vous les reconnaissiez et leur portiez attention.

Les anges sont partout autour de nous ; néanmoins, nous devons nous montrer réceptifs à leur présence en éliminant les bruits excessifs auxquels nous permettons d'encombrer notre vie.

Dans la société dans laquelle nous vivons, exiger le silence pour soi nécessite une foi considérable. Non seulement il nous faut surmonter des obstacles simplement pour avoir un peu de silence dans notre monde très agité, mais il nous faut aussi jalousement lutter pour défendre le silence contre les envahisseurs bruyants, comprenant ceux qui nous habitent intérieurement, qui tentent de saboter nos efforts de faire silence. Un moment de silence fortuit — qu'il soit de quelques instants ou de quelques heures — et, pour nous distraire, nous nous jetons avec appréhension, pour la plupart, sur le premier bruit venu. Prenez conscience qu'un tel silence n'est pas votre adversaire. C'est le filon en or qui vous mènera au royaume des anges.

Heureusement, il n'est pas nécessaire de devenir moine ou ermite pour faire l'expérience du silence contemplatif qui est au cœur de l'expérience du monde des anges. Vous pouvez expérimenter votre silence, entrer en contact avec le centre immobile de votre être et reconnaître la présence des anges en pratiquant le silence quotidiennement.

La solitude

On dit que le silence est d'or, mais la solitude est un joyau précieux. L'historien Edward Gibbon a dit que la solitude est « la pépinière du génie », et Karen Goldman, dans son livre *Angel Voices* (Des voix angéliques), renchérit : « Les voix angéliques surgissent d'un endroit en nous d'où est absente la pensée, d'une tranquillité nous habitant et nous entourant, d'un lieu sacré intérieur [...] et parfait. »

Dans notre monde mû par des impératifs sociaux, la solitude, cet ingrédient nécessaire pour reconnaître la présence des anges qui nous entourent constamment, est aussi difficile à atteindre que le silence. Si nous craignons le silence, la solitude nous apparaîtra comme un état négatif des moins souhaitables. Trop souvent, au lieu d'être reconnu comme un trésor de dons sublimes, le fait d'être seul est considéré comme un état odieux auquel il faut remédier sans attendre. Et s'il nous est impossible de remplir le vide avec des personnes réelles, les images changeantes en couleurs de notre téléviseur, ou le bavardage incessant des innombrables tribunes téléphoniques feront l'affaire.

Pourtant, comme le silence, la solitude est nécessaire. Sans cette condition, nous nous perdrons dans le remous des existences des autres. Sans moments de solitude, nous nous sentirons isolés malgré la présence des autres... isolés, car nous n'aurons pas pris contact avec notre être le plus profond. Lorsque les heures, les jours, les

Des cadeaux précieux

« Les enseignements des anges sont des cadeaux précieux que l'on cueille dans les abysses du silence des profondeurs de soi ; ils sont vivants comme des cristaux en perpétuelle évolution. »

— Karen Goldman, *Angel Voices* (Des voix angéliques)

années, toute notre vie même, sont remplis de la présence des autres, nous écartons la possibilité de nous connaître nous-mêmes. La négligence et l'abandon de notre être intérieur engendrent des résultats amers. Nous aurons le sentiment de ne pas savoir vraiment qui nous sommes et, en fait, nous ne le saurons pas, puisque nous ne nous serons jamais donné la peine de nous recueillir en nous-mêmes, là où réside notre être véritable, cet être en mesure de reconnaître l'ange intérieur, lequel attend seulement que nous nous éveillions à sa présence pour nous donner un aperçu du paradis qui est le nôtre. Les anges ne se cachent pas; c'est nous qui les évitons en refusant les cadeaux de la solitude.

D'une certaine façon, nous avons l'impression qu'il faut plaindre la personne solitaire, laquelle serait inférieure, ou déficiente d'une quelconque manière, incapable ou réticente qu'elle est à établir des relations significatives avec les autres. Pourtant, les artistes et les écrivains les plus créatifs du monde ont toujours préféré la solitude à la compagnie d'autrui. De plus, les grands visionnaires, ceux dont les rencontres avec les anges nous furent rapportées dans diverses sources comme la Bible, le Coran et dans d'autres écrits mystiques religieux comme ceux de sainte Catherine, firent seuls l'expérience des anges. Les prophètes de l'Antiquité se retirèrent dans des grottes de montagnes pendant des jours pour méditer avant que ne surviennent leurs visions. Il semble bien que la solitude soit un ingrédient nécessaire si l'on veut faire l'expérience de la présence des anges.

Où sont les anges ?

« On trouve les anges voletant dans les pauses et les espaces entre nos visions imaginaires ; dans les intervalles entre nos sentiments, nos pensées et nos perceptions ; ou dans ces moments où nous nous oublions et où nous nous délestons un peu de notre souffrance. Les anges ont besoin d'espace pour leurs allées et venues. »

— Karen Goldman, *Angel Voices* (Des voix angéliques)

Le psychologue Abraham Maslow, qui définit l'*expérience paroxystique* comme un moment d'une sensation d'unité totale — une reconnaissance que le soi participe du tout —, affirme que la capacité de faire ce genre d'expérience est reliée à notre capacité de nous sentir libres par rapport aux autres, « ce qui signifie que nous sommes authentiques et que avons acquis notre identité propre ». La démarche de Maslow diffère considérablement de ceux qui soutiennent que ce sont les relations interpersonnelles qui donnent tout son sens à la vie.

Néanmoins, le bonheur total, ce sentiment océanique d'harmonie parfaite entre les mondes intérieur et extérieur, est quelque chose de rare, et les profondes expériences psychologiques et spirituelles ont toujours lieu à l'intérieur de nous et n'ont pour seul témoin que le soi qui nous habite. Ces expériences font rarement intervenir d'autres êtres humains ; et si tel est le cas, le rapport est éloigné. Pour une large part, la manière dont les hommes s'adaptent au monde est un produit de l'imagination et résulte du développement d'un univers

Technique de concentration

Cette technique de concentration vous permettra de créer les espaces de silence dont vous avez besoin dans votre vie pour être en mesure de reconnaître la présence des anges. Pour faire cet exercice, vous aurez besoin d'une plume et de papier, et il faudra vous ménager au moins vingt minutes de calme et de tranquillité. Lisez les questions qui suivent, considérez-les pendant quelques minutes et retournez-les dans votre tête afin de sentir comment vous aimeriez y répondre. Puis, quand vous serez détendu et aurez les idées claires, faites trois colonnes sur une feuille et allouez à chaque colonne les réponses aux trois questions suivantes :

- Quel genre de silence est-ce que je souhaite dans ma vie ?
- De quel genre de bruit est-ce que je souhaite me débarrasser ?
- Comment pourrais-je établir un bon équilibre entre le bruit et le silence dans ma vie ?

Maintenant, pour chaque question, faites une liste de tout ce à quoi vous pensez, comprenant même ce que vous pensez de la question. Laissez votre imagination vagabonder. Ne vous préoccupez pas encore de la manière dont vous allez parvenir aux résultats. La concentration sur ce que vous souhaitez accomplir est la clé du succès. L'identification de ce dont vous ne voulez pas vous permet de mieux vous concentrer sur ce que vous souhaitez. La concentration sur ce que vous souhaitez vraiment activera un processus intérieur de guidance.

intérieur dont le rôle est de protéger le soi contre les caprices de l'extérieur. Sans ce monde intérieur et ses structures fortes et robustes, le monde extérieur nous semblerait menaçant et dangereux. La capacité de nous retirer, de nous immerger dans le présent, totalement fascinés et absorbés dans l'ici et maintenant, nous permet d'entrer en interaction avec les présences angéliques nous guidant et nous protégeant. Lorsque nous sommes dans cet état, nous invitons les anges à nous rendre visite, et en retour, ils fournissent des réponses à des questions émanant des profondeurs de nous-mêmes, des questions que nous ne pensions jamais avoir en nous.

Il semble que la psyché humaine est ainsi faite que la découverte ou la création de l'unité dans l'univers intérieur procure un sentiment de complétude et d'unité dans le monde extérieur; c'est comme un miroir qui réfléchit. C'est aussi ce que signifie le mouvement nouvel âge en disant : « Vous créez votre propre réalité. » Les événements extérieurs et l'expérience intérieure interagissent. Non seulement l'esprit et la matière sont inséparables, mais encore ils s'influencent l'un l'autre. C'est pourquoi lorsque nous réalisons l'harmonie sur le plan intérieur, le monde extérieur emboîte le pas, presque magiquement.

Nous ne savons pas avec certitude *comment* ni *pourquoi* cela fonctionne ainsi; cependant, il est évident que la communion avec notre être intérieur nous aligne sur les forces du cosmos et sur l'ordre parfait et naturel des choses. On pourrait dire que nous nous mettons ainsi délibérément au diapason des accords harmonieux de l'Univers. Et quand nous sommes bien accordés avec l'Univers, des effets se produisent.

Le pouvoir du silence

« L'expérience quotidienne du silence, dans l'humilité et la ferveur, comme un exercice indispensable de nourriture spirituelle, crée graduellement en nous un état permanent de silence. Dans un silence de cette qualité, l'âme découvre des possibilités insoupçonnées. Elle se rend compte que l'existence comporte différents niveaux. »

— Pierre Lacout, *God Is Silence* (Dieu est silence)

Les anges dans les rêves

Les anges apparaissent également dans les rêves. Quoiqu'il m'arrive fréquemment de rêver des anges, un rêve que j'ai fait, en particulier, se démarque des autres. Je l'appelle « le rêve d'Angelo ». Afin d'expliquer les fascinants entrelacs qui m'ont conduite à ce rêve, il me faut mentionner que lorsque je vivais en Italie, j'avais un bon ami qui s'appelait Raphaële (une forme du nom Raphaël) et qui venait de Capri. Or, il se trouve que les gens qui vivent sur l'île de Capri ressemblent plus physiquement à leurs ancêtres que les autres Italiens, et l'on remarque que leurs visages sont étonnamment semblables aux visages qui apparaissent dans les tableaux de la Renaissance. Un jour, j'ai photographié un enfant qui semblait sortir tout droit d'une toile de grand maître italien. Le visage de mon ami Raphaële rappelait tellement les visages du quinzième siècle qu'il aurait pu facilement poser pour le grand peintre dont il avait le nom.

Le rêve d'Angelo

Je dors dans mon lit et, soudain, je suis réveillée par un fort cognement à la porte, lequel m'inquiète, car nous sommes au milieu de la nuit. Je crie :

— Qui est là ?

Une voix rude et canaille me répond d'un ton péremptoire et exigeant :

— Angelo !

Comme je ne connais personne du nom d'Angelo et comme la voix est menaçante — je pense que c'est quelqu'un de la mafia —, je ne dis rien. Les cognements se font plus forts et insistants, comme pour signifier « Ouvrez, ou je défonce la porte. »

Je crie :

— Qu'est-ce que vous voulez ?

La réponse est inintelligible, formulée rapidement dans un dialecte qui ne possède que peu de ressemblance avec la langue d'où il prend son origine. (Dans l'île de Capri, où j'ai habité pendant une année, les gens parlent un tel dialecte que même quelqu'un qui parle italien couramment n'en comprend pas toutes les variations.)

Je n'ouvre pas la porte, et l'homme s'en va finalement. Dans la suite du rêve, c'est le soir et je donne une fête chez moi. Soudain, mon ami Raphaële apparaît au petit balcon qui donne sur la fenêtre de mon séjour, assis, les jambes croisées comme un elfe. Il a l'air engageant et il sourit comme il en a l'habitude. Me dirigeant vers la fenêtre pour lui souhaiter la bienvenue et l'inviter à entrer, je me demande comment il a fait pour monter les trois paliers jusqu'au balcon. Une fois à l'intérieur, il m'entraîne à travers la foule des invités et me fait sortir dans l'entrée, car il a quelque chose à me dire. Nous nous assoyons dans les marches qui montent vers l'étage supérieur, et il me raconte une histoire fascinante à propos de mes ancêtres, portant sur quatre générations, et dont, en réalité, je ne sais absolument rien. Il me dit que chaque génération a écrit un livre sur elle-même. Toutefois, l'histoire est incomplète, car je n'en fais pas partie. Il dit que je suis un personnage manquant.

Les histoires qu'il me raconte sur les quatre générations de ma famille sont absolument fascinantes, et je souhaite lire les livres dont il me parle. Lorsque je l'interroge à propos du livre de ma propre génération, il me répond :

Les voix de nos anges

« Lorsqu'un saint ailé apparaît dans notre chambre et darde sur nous des rayons de vérité silencieuse ; ou qu'un messager apparaît dans nos rêves la nuit ; ou que le ciel se manifeste dans le silence de notre âme, ou par les paroles d'un étranger, d'un ami ou d'un enfant ; ou que le royaume du paradis se réfléchit avec amour dans nos méditations ; ou que notre intuition se manifeste subtilement par des mots, des émotions et un sentiment de prémonition [...], voilà des moyens que prennent les anges pour nous offrir des présents qui nous élèvent, nous consolent, nous récompensent et constituent des caresses pour notre être véritable, indiquant toujours le chemin de la liberté. »

— Karen Goldman,
Angel Voices
(Des voix angéliques)

Le sanctuaire intérieur

Pour de nombreuses personnes, la solitude est un bienfait difficile à obtenir; constamment, notre temps et notre présence sont requis. Si vous travaillez à ménager des moments de solitude dans votre vie, vous accéderez à un lieu intérieur de solitude. Une fois cette étape accomplie, et que ce lieu intérieur est bien réel pour vous, un sentiment de paix et de bien-être se répandra en vous. Visualisez-le comme votre sanctuaire intérieur, comme un endroit où vous rechargez vos batteries et où vous entrez en contact avec votre être intérieur profond. Il est facile de se créer un lieu de solitude intérieur. Voici comment procéder :

Prévoyez une demi-heure de tranquillité et de solitude. Commencez par prendre quelques minutes pour respirer lentement et rythmiquement, et ainsi permettre à votre corps de se détendre totalement.

Ensuite, visualisez l'image d'un endroit agréable. Il peut s'agir d'un lieu retiré dans les bois ou d'une crique le long d'un littoral. L'endroit peut être à l'intérieur ou à l'extérieur. Sentez-vous libre et détendu, imaginant tranquillement ce que signifie un sanctuaire pour vous. À mesure qu'une image se forme en vous (il n'est pas nécessaire de la voir vraiment; il suffit d'en avoir le sentiment), laissez-vous emporter par la paix, la beauté, le silence et la réconfortante solitude de l'endroit.

Lorsqu'une image apparaît à votre esprit, ou que vous éprouvez une émotion suggérée par la nature de votre sanctuaire, efforcez-vous d'en préciser les moindres détails. Imaginez à quoi ressemble cet endroit qui n'appartient qu'à vous et comment vous vous y sentez. Qu'aimeriez-vous y placer ? Un fauteuil confortable ? Un bouquet de fleurs fraîches ? Des tableaux aux murs ? Tâchez de rendre la visualisation aussi complète que possible en précisant les couleurs, les odeurs et les textures. Marchez dans cet espace que vous avez créé et reconnaissez-le comme votre sanctuaire personnel de solitude intérieure.

Lorsque vous sentirez que vous avez totalement pris possession de cet endroit spécial, effectuez un geste symbolique — comme y écrire votre nom ou y déposer un de vos objets favoris — grâce auquel vous pourrez revenir dans ce sanctuaire quand il vous plaira. L'objectif est de vous faciliter le souvenir de cette expérience. Puis, prenez quelques minutes pour respirer lentement et doucement avant de revenir à votre état de veille ordinaire.

Vous avez maintenant créé un lieu intérieur de solitude. Il est toujours à votre disposition. Vous pouvez y accéder quand vous le souhaitez, chaque fois que vous déciderez de faire l'expérience de la solitude et de la tranquillité et que vous aurez besoin d'un lieu pour vous recueillir.

— Ce livre est déjà écrit. Il n'en tient qu'à toi de le terminer.

Assise avec lui, sur ce palier faiblement éclairé, avec le bruit de la fête en arrière-fond, je me sens à l'aise, et je suis fascinée par les histoires qu'il me raconte sur ma famille. Je pense à écrire un de ces livres, moi aussi. Cependant, les livres — tous — sont déjà écrits. Je me demande comment faire pour y prendre ma place. Comment puis-je inclure mon histoire dans les livres afin de les compléter ? Je ne le sais pas, et mon ami ne m'en dit rien.

Il me dit qu'il doit partir, et cela me rend triste de le voir s'en aller. Je m'éveille avec le sentiment qu'il était vraiment là, et cela me prend de longues minutes pour me rendre compte que c'était un rêve. Malgré que je ne me souvienne pas du contenu des livres, je me réveille avec la même pensée que j'ai dans le rêve, c'est-à-dire que j'aimerais beaucoup écrire un de ces livres que mon ami m'a décrits.

Selon moi, le sens de ce rêve est qu'Angelo, incapable d'entrer par la porte principale, laquelle symbolise le conscient, s'est présenté sous un aspect qui m'était familier, et que j'étais en mesure d'accepter. Naturellement, Raphaël est l'un des puissants archanges, et Angelo m'a effrayée avec son pouvoir. Le message est clair : j'ai des ancêtres, et bien que je ne les connaisse pas, eux me connaissent. L'ange est venu me dire que « ma présence » manque, c'est-à-dire qu'il me faut écrire un livre grâce auquel j'entrerai dans les archives de la famille. Longtemps, j'ai souhaité effectuer des recherches généalogiques tant du côté maternel que du côté paternel et écrire un livre autobiographique décrivant ma quête. L'ange est venu me dire que non seulement le temps était venu d'écrire le livre, mais encore que *le livre était déjà écrit*, comme sont écrits d'ailleurs tous les livres dans l'Esprit divin. Il ne s'agit que de poser ses doigts sur le clavier, ou de prendre une plume et du papier, et de laisser le grand réservoir cosmique s'ouvrir et répandre ses trésors.

Le contact avec les anges

« Maintenant, les anges jettent un pont entre notre réalité matérielle et leur énergie pure et spirituelle. Comme une feuille tombant doucement dans les eaux tranquilles de notre conscience, leur présence se manifeste. Si nous leur faisons confiance, ils répandront leurs bénédictions sur nous […]. Plus vous serez attentif aux anges, plus ils seront attirés vers vous. »

— Denise Linn, *Les espaces sacrés*

Reconnaître la présence d'un ange

Soyez vigilant. Si vous sentez la présence d'un ange, arrêtez-vous et attendez le message. Plus vous deviendrez conscient de la présence des anges, plus vous les attirerez à vous et plus vous en ferez souvent l'expérience. Dans cette période de naissance d'une ère nouvelle, de nombreux anges s'approchent du royaume des humains. Ils jouent le rôle de ponts reliant nos âmes respectives à la conscience cosmique ultime toujours prête à se manifester pour tous ceux qui sont réceptifs à son énergie et à ses messages d'amour et de paix universels. Écoutez avec vos oreilles, vos yeux, vos émotions, votre corps, et surtout, avec votre cœur.

Si vous effectuez le voyage sans vous réserver des moments de tranquillité, vous risquez de passer à côté de la sagesse que prodiguent les anges. Cependant, si vous exigez que soit respecté votre droit au silence et à la solitude, vous serez en mesure de percevoir la présence des anges et vous entendrez leurs chants.

Le travail avec la respiration

On dit que les anges sont de purs esprits; or, nous pouvons améliorer notre contact avec ce monde simplement grâce à des techniques de respiration («respiration» est synonyme d'«esprit»). «L'esprit de Dieu plana sur les eaux et Il créa le monde.» En prenant conscience de notre respiration, nous prenons conscience de notre nature spirituelle, car la respiration est la vie. Nous pouvons donc employer notre souffle, comme le font les yogis, pour élever notre conscience jusqu'au lieu où résident les anges.

Solitude

« Une seule chose est nécessaire : la solitude. La grande solitude intérieure. Aller en soi-même, et ne rencontrer personne durant des heures, c'est à cela qu'il faut parvenir. »

— Rainer Maria Rilke, *Lettres à un jeune poète*

La respiration est la porte d'entrée de la dimension sacrée angélique. La respiration est une chose que nous tenons pour acquise, car nous ne pourrions fonctionner dans ce monde s'il nous fallait toujours penser consciemment à respirer. Généralement, nous sommes inconscients de notre respiration, à moins qu'elle ne devienne difficile à cause d'un rhume, ou quand nous sommes essoufflés. Quand nous prenons conscience de notre respiration, nous atteignons le lien qui nous unit à notre être spirituel. Par la conscience et la maîtrise du souffle, nous nous ouvrons consciemment au royaume sacré qui nous habite.

Selon les enseignements de la plupart des philosophies orientales, nous vivons dans un océan d'énergie vitale que nous absorbons et activons grâce à notre respiration. Le yoga traditionnel hindou appelle cette énergie le «prana». Dans les techniques orientales d'équilibration de l'esprit et du corps, comme l'acupuncture et le shiatsu, cette force vitale est le Qi (chi). Dans la tradition hawaïenne *huna*, c'est le mana (le mana loa, dans sa forme la plus élevée). Dans la langue hawaïenne, le mot «*mana-o*» signifie «penser».

Le travail sur la respiration est une forme de pratique spirituelle. Maîtriser notre respiration nous permet d'extraire de nouvelles énergies de l'air. Notre corps physique emmagasine cette énergie comme il emmagasine les aliments sous forme de gras. Lorsque les réserves

La respiration rythmique

La respiration rythmique est simple ; cependant, si vous la pratiquez quotidiennement, elle vous apportera une force intérieure. Cet exercice simple et élémentaire vous permettra d'atteindre l'équilibre entre le corps, l'âme et l'esprit. Cette technique de respiration peut être employée en tout temps et en tous lieux, que ce soit dans la tranquillité de votre foyer, dans votre voiture ou en train.

Fermez les yeux et détendez-vous. Observez votre respiration sans rien modifier. Ne faites que porter attention au souffle qui entre dans votre poitrine et qui en sort. Puis, commencez à respirer lentement et profondément. Inspirez par le nez et expirez par la bouche. En inspirant, sentez la fraîcheur de l'air. Puis, en expirant, sentez l'air vicié s'échapper. Imaginez que chaque respiration vous purifie et vous remplit d'énergie.

Ensuite, écoutez le bruit que vous faites en respirant. Ne portez pas de jugement ; ne faites qu'écouter. Observez également si vos respirations sont profondes ou pas et portez attention à l'endroit où l'air inspiré va, dans le diaphragme ou dans le ventre. Est-ce que votre poitrine s'élève et s'abaisse, ou est-ce votre ventre qui s'élève et s'abaisse ?

En prenant chaque respiration, prenez conscience de l'air qui entre dans votre corps et qui en sort. Soyez attentif au cycle inspiration/expiration et tâchez de voir à quel moment ces processus se coupent. En fait, la respiration s'effectue dans un mouvement continu ; mais, lorsque nous pensons à ce processus, nous avons tendance à séparer l'entrée d'air de l'expulsion. Continuez d'observer le cycle de votre respiration pendant plusieurs minutes. L'objectif est de prendre conscience de votre respiration, et d'observer son cycle naturel, rien de plus. Visualisez votre respiration en train de remplir toutes les cellules de votre corps de la même manière que l'on remplit un ballon en soufflant de l'air à l'intérieur. Laissez la sensation de votre être se remplissant de prana se répandre dans tout votre organisme. Ne vous forcez pas ; restez détendu.

de cette énergie subtile diminuent, vous vous sentez à plat, morose et fatigué, et vous pouvez tomber malade. Lorsque cette énergie est en abondance, vous vous sentez plein d'allant, gonflé à bloc, optimiste et dynamique. Quoique subtile, cette énergie est bien réelle.

Vous pouvez expérimenter ceci en portant attention à la nature des ions de l'air que vous respirez. En effet, l'air est chargé d'ions positifs et d'ions négatifs. Or, un surplus d'ions positifs entraîne une atmosphère oppressante et lourde, comme avant un orage. Les ions positifs ont pour effet de saper votre énergie. Il n'y a qu'à penser comment on se sent quand un orage se prépare et que le ciel s'assombrit de nuages bas. En revanche, les ions négatifs favorisent un regain d'énergie dans l'air. Quand l'orage éclate et qu'il pleut à torrents, l'atmosphère s'éclaircit et se rafraîchit. Vous reprenez courage, vous êtes d'humeur charmante. Vous êtes plein d'énergie et prêt à tout. Une respiration profonde correcte a pour effet de saturer votre organisme d'ions négatifs, ce qui contribue à la détente et à la paix de l'esprit et favorise l'atteinte d'un état propice à la visite des anges.

Cette énergie est subtile, mais réelle. Les yogis affirment que non seulement elle apporte de la vitalité au corps, mais encore qu'elle nourrit la dimension spirituelle du soi. Un haut niveau de prana dans l'organisme favorise le développement des talents naturels de la personne sur les plans mental, physique, émotionnel et spirituel. La présence du prana se fait sentir, que nous en soyons conscients ou pas. Cependant, quand nous nous efforçons délibérément de l'accroître en nous, des canaux de communication se débloquent. La respiration est un puissant instrument pour prendre contact avec la dimension sacrée de nous-mêmes. La respiration consciente crée un lien entre le corps et l'esprit, entre le conscient et l'inconscient, entre l'esprit et les anges.

Des conseils pour attirer les anges

Ménagez-vous des moments de silence chaque jour.

Créer des espaces dans votre vie pour la pratique de la solitude.

Pratiquez la respiration contrôlée quotidiennement.

Méditez régulièrement et détendez-vous dans un endroit calme et tranquille, loin des distractions.

La relaxation

Un autre moyen grâce auquel nous pouvons reconnaître la présence des anges est la capacité de relaxer. Quand nous sommes tendus, comme le sont généralement la plupart des gens, nous sommes dans l'incapacité de reconnaître la présence d'un ange, même si celui-ci nous cogne dans l'œil avec un rayon de lumière céleste.

Beaucoup sont simplement trop occupés pour prévoir des moments libres qui permettraient aux anges de se manifester. Nos vies sont si dominées par des emplois du temps chargés et trépidants que souvent, il n'y a plus de place pour la détente. Pourquoi

La respiration de détente

Voici une technique simple qui ne prend que peu de temps. Assoyez-vous ou allongez-vous dans un endroit paisible et confortable, loin de toutes distractions. Desserrez vos vêtements ; déboutonnez ou défaites tout ce qui comprime votre corps. Commencez par respirer *consciemment*, en suivant votre souffle qui entre dans vos poumons et qui en sort. Inspirez par le nez et expirez par la bouche. Concentrez toute votre attention sur votre souffle, qui entre et qui sort, qui entre et qui sort. Soyez attentif au bruit qu'il fait et sentez-en la pulsation rythmique. Continuez l'exercice jusqu'à ce que vous vous sentiez calme et détendu, un état qui se manifeste par une respiration lente et régulière.

Vous pouvez approfondir ce moment de détente par la respiration en visualisant que vous inspirez le prana, ou l'énergie vitale, et que vous expirez toutes les tensions, toutes les émotions et les expériences négatives. Une façon de faire consiste à choisir une couleur pour le prana et une autre couleur pour les énergies négatives, et à respirer en imaginant qu'un courant ayant la couleur de l'énergie positive entre dans votre corps lorsque vous inspirez, tandis qu'un courant ayant la couleur des énergies négatives en sort lorsque vous expirez. Le blanc et le noir conviennent bien ; le blanc correspond à l'énergie pure de la lumière, et le noir représente toutes les idées sombres. Utilisez les couleurs que vous souhaitez. Ne vous en faites pas si des pensées viennent vous distraire. Laissez-les passer (vous pouvez simplement les remettre à plus tard) comme des bulles de savon dans l'air et ramenez votre attention à votre respiration.

en est-il ainsi? On ne peut répondre exactement à cette question, quoique le regard que nous portons sur la vie puisse donner quelques indications. Si nous percevons la vie comme un adversaire ou une menace, nous sommes constamment dans un état de lutte ou de fuite. De plus, au lieu de relâcher la tension quand le danger est écarté, nous l'emmagasinons; les tensions, s'accumulant dangereusement dans l'organisme, peuvent entraîner des maladies reliées au stress, comme l'hypertension artérielle, les ulcères et autres. Il est inutile d'ajouter que, dans un tel état, la délicate présence d'un ange passera inaperçue.

À la fin des années 1960, le cardiologue Herbert Benson, de Harvard, travailla à l'élaboration de tests physiologiques sur des méditateurs. Il a découvert que les méthodes de relaxation, qui sont nombreuses, entraînaient des changements tant psychologiques que *physiologiques* dont l'effet contrebalançait dans l'organisme les réactions de lutte et de fuite. Il appela ce phénomène la « réaction de relaxation ». La réaction de relaxation n'est pas une technique, mais une série coordonnée de changements internes se produisant quand le corps et l'esprit s'apaisent et se tranquillisent; elle peut être obtenue de différentes façons, comme par la respiration profonde, la relaxation musculaire, la méditation, la visualisation et la prière. La technique la plus simple est la méditation concentrée. Les études de Benson montrent que le simple fait de s'asseoir calmement en concentrant son esprit sur un simple mot, une idée ou une pensée peut avoir des effets considérables sur la physiologie, réduisant le métabolisme, abaissant les rythmes cardiaque et respiratoire, et produisant dans le cerveau des ondes comparables aux ondes associées à l'activité onirique. Nous avons montré précédemment que l'état du rêve est le moyen privilégié qu'utilisent les anges pour communiquer avec nous, tout comme le sont les états modifiés de conscience dont nous faisons l'expérience quand nous sommes plongés dans nos pensées ou dans une rêverie.

La relaxation physique est un excellent complément de la pratique spirituelle. L'utilisation d'une technique de détente élargira votre conscience, et vous pourrez entendre le bruit léger des pas des anges ou le bruissement de leurs ailes.

CHAPITRE DIX-SEPT

La communication avec les anges

PLUS VOUS SEREZ ATTENTIF ET RÉCEPTIF aux messages venant des énergies angéliques, plus vous attirerez dans votre vie ces expériences extraordinaires. Plus vous ferez preuve d'ouverture — vous efforçant de maintenir une vigilance constante à leur manifestation —, plus vous en ferez l'expérience à un moment ou à un autre de votre vie. En espérant des miracles, et en vous préparant à en reconnaître l'occurrence, vous ne pouvez pas manquer les manifestations des anges. Si vous êtes vigilant et si vous sentez la présence d'un ange, faites le calme en vous et attendez le message. Plus vous serez conscient de la présence des anges lorsqu'ils vous rendent visite, plus vous les attirerez à vous et plus souvent vous en ferez l'expérience.

Nombre d'entre eux s'approchent du royaume des humains en ce début d'une nouvelle ère. Ils jouent le rôle de ponts reliant nos âmes respectives à la conscience cosmique ultime toujours prête à se manifester pour tous ceux qui sont réceptifs à son énergie et à ses messages d'amour et de paix universels. Écoutez avec vos oreilles, vos yeux, vos émotions, votre corps, et surtout, avec votre cœur.

Les anges sont partout. Vous ne les voyez peut-être pas, mais vous pouvez toujours en percevoir la présence. Et une fois que vous commencez à prendre contact avec eux, de telles expériences se répéteront fréquemment. On peut entrer en contact avec les anges de diverses façons. Néanmoins, les trois méthodes les plus efficaces et les plus simples sont l'*invocation*, le *rêve* et l'*écriture*.

L'invocation des anges

Pour appeler un ange ou un esprit, pratiquez l'invocation suivante. D'abord, assoyez-vous dans le calme et la tranquillité et recueillez-vous dans votre sanctuaire. Prenez contact avec votre centre. Puis, demandez aux esprits de venir. En formulant votre prière, visualisez un magnifique ange blanc déployant ses ailes pour vous protéger.

Les portes du royaume des anges

« Le royaume des anges possède deux portes. L'une nous permet d'aller vers eux ; l'autre leur permet de venir vers nous. Le soir, avant de nous endormir, revoyons le jour écoulé, rappelons-nous les événements de ce jour et tâchons de voir la sagesse se cachant derrière eux. La gratitude que nous éprouvons pour les choses qui sont venues vers nous solidifie le contact que nous avons avec notre ange et lui facilite la tâche de nous venir en aide. Réciter une prière avant de nous endormir prépare notre âme à recevoir de l'inspiration durant notre sommeil. L'autre porte s'ouvre le matin, au réveil [...], nous prenons conscience « du plan de la journée » et des présents que l'esprit a en réserve pour nous [...]. Le simple fait d'être conscient de l'existence des anges ouvre l'âme à leur influence. »

— James H. Hindes, *Angels and Mortals* (Les anges et les mortels)

Depuis longtemps, les anges sont associés aux quatre coins de l'univers, aux quatre points cardinaux et aux quatre éléments. En formulant les invocations suivantes, placez-vous face à la direction indiquée :

Les Esprits du feu (l'ouest)

Je demande aux Anges du feu de m'apporter l'amour, la protection et la sécurité. Puisse la chaleur du feu vivifiant pénétrer mon être et me guider. Puisse la force du soleil se répandre en moi et illuminer ma route.

Les Esprits de la terre (le nord)

Je demande aux Anges de la terre de m'apporter l'amour, la protection et la sécurité. Puisse le pouvoir régénérateur et fortifiant de la terre me garder bien ancré et me guider. Puisse le pouvoir de renouveau de la lune se répandre en moi et éclairer ma route.

Les Esprits de l'air (l'est)

Je demande aux Anges de l'air de m'apporter l'amour, la protection et la sécurité. Puisse le souffle des douces brises du ciel m'imprégner de ses énergies aériennes. Puisse le pouvoir de communication de Mercure se répandre en moi et guider ma route.

Les Esprits de l'eau (le sud)

Je demande aux Anges de l'eau de m'apporter l'amour, la protection et la sécurité. Puissent les eaux du ciel me laver et me purifier. Puissent les pouvoirs fluides et régénérateurs de l'eau se répandre en moi et guider ma route.

Avant de commencer toute invocation, déterminez quel endroit ou secteur correspond au centre, ou au cœur, de la situation ou de la question. Si le foyer est le centre, déterminez la partie de la maison qui semble appropriée. Pour certains, la salle de séjour est au cœur de la maison, alors que pour d'autres, c'est la cuisine, et ainsi de suite. Une fois que vous avez déterminé le cœur de la question — même si ce n'est pas un endroit physique, mais plutôt un état intérieur, comme votre souhait d'un mariage heureux, votre désir d'un enfant ou d'un nouveau travail —, assoyez-vous, totalement silencieux et calme, pendant quelques minutes et visualisez un ange accourant à votre demande. Imaginez qu'un magnifique et brillant rayon blanc sort de sa tête et vous illumine. Demandez-lui toutes les bénédictions et l'assistance que vous souhaitez. Ensuite, remerciez l'ange d'être venu.

Les enfants ont des affinités spéciales avec les anges. Si vous avez des enfants, demandez à un ange de veiller sur chacune de leurs chambres.

L'écriture aux anges

L'écriture de lettres

Une autre façon d'établir un contact avec les anges est de leur écrire. Écrire aux anges est un moyen merveilleux de s'aligner sur le champ de leurs énergies et de prendre contact avec eux. De plus, l'écriture vous permettra de clarifier votre pensée en ce qui concerne les questions qui vous touchent. En écrivant aux anges, vous créez un lien cœur-esprit entre eux et vous.

Les Anges du feu vous apportent une énergie d'amour agissante, protègent vos entreprises extérieures et favorisent les conduites prudentes. Les Anges de la terre apportent une énergie d'amour stable, veillent sur le foyer et la famille, et protègent la maison, les accouchements et les affaires concernant les femmes. Les Anges de l'air apportent une énergie d'amour fluctuante, veillent sur les démarches intellectuelles et protègent les entreprises qui ont à voir avec l'air, comme le vol. Les Anges de l'eau apportent un amour spirituel, veillent sur les démarches créatives et protègent les entreprises qui ont à voir avec l'eau, comme la navigation ou les croisières.

Vous pouvez écrire à votre ange personnel, ou vous pouvez écrire à tous les anges dont il a été question au chapitre onze. De plus, vous pouvez écrire aux anges à la place d'autres personnes ou concernant d'autres personnes. Par exemple, si vous ignorez quels sont les sentiments de quelqu'un pour vous, vous pouvez écrire à l'ange de cette personne pour lui demander de clarifier la situation. Ou, si quelqu'un est malade, vous pouvez écrire à l'ange de cette personne pour lui demander sa guérison.

Une lettre à un ange n'est pas différente d'une lettre écrite à un ami. Vous commencez en disant : « Cher Ange de... ». De plus, c'est toujours une bonne idée de faire un exercice de détente par la

Des anges pour un besoin précis

Pour invoquer un ange dans un objectif précis, concentrez vos pensées sur cet objectif et procédez à des rituels appropriés. Par exemple, si vous souhaitez la présence d'un ange dans votre maison, surtout si vous venez d'emménager dans un nouvel endroit, commencez par faire un nettoyage approfondi des lieux. Débarrassez-vous de tout ce dont vous n'avez pas besoin, de ce dont vous ne vous servez pas ou de ce que vous n'aimez pas. Les anges ne sont pas attirés par les endroits encombrés ; cela entrave leur liberté de mouvement et de manifestation. De plus, bien sûr, comme tout invité, ils aiment être accueillis dans un endroit propre.

Les couleurs préférées des anges

Les anges ont des couleurs préférées. Quand vous écrivez à un ange, vous pouvez soit porter des vêtements de la couleur préférée de l'ange à qui vous vous adressez, soit utiliser un papier de cette couleur.

Rose, vert tendre : anges gardiens du foyer
Bleu saphir profond : anges guérisseurs
Bleu ciel : anges de la maternité et de la naissance
Blanc : anges des cérémonies ; anges musiciens
Vert pomme : anges de la nature
Jaune : anges de l'art et de la beauté

respiration afin de prendre contact avec votre centre avant d'écrire à un ange. Il est préférable d'être seul et de choisir un endroit calme pour écrire, même si j'ai déjà écrit à des anges à bord d'un avion ou dans des salles d'attente d'hôpitaux remplies de gens. Généralement, le bruit extérieur ne dérange pas les anges ; en revanche, ils n'aiment pas les interférences de l'intellect dans leurs communications. C'est pourquoi il vaut mieux garder votre ligne directe avec le ciel exempte de parasites.

Lorsque vous écrivez, ne vous laissez pas intimider par la page blanche. Laissez les mots venir du cœur. Ne vous préoccupez pas de grammaire, d'orthographe, de ponctuation ou de style ; votre ange est un guide spirituel, non un professeur de français. Écrivez la date sur votre lettre, remerciez votre ange à l'avance pour sa réponse et signez votre lettre. Inutile d'affranchir votre envoi !

Fabriquez ensuite votre propre boîte aux lettres angélique. Vous pouvez utiliser n'importe quel contenant, comme une boîte à chaussures recouverte d'un joli papier. Ou bien, vous pouvez déposer la lettre sous votre oreiller, ou la placer à un endroit où vous gardez des souvenirs particuliers. Une fois votre lettre postée, n'y pensez plus. Ne vous préoccupez pas de la réponse. Elle viendra au moment approprié et de la manière qui conviendra.

L'écriture d'un journal

La tenue d'un journal sur les anges est un autre moyen d'entrer en contact avec les anges. La tenue d'un tel journal est en fait une pratique spirituelle. Cette pratique peut vous apprendre d'où vous venez et vous montrer où vous allez. Elle constitue un canal pour atteindre votre soi élevé.

À certains moments, lorsque la vie nous semble un parcours solitaire à travers une étendue sauvage inconnue et dépeuplée, le journal que nous tenons peut s'avérer un magnifique compagnon. Et un véritable ami. Souvent, quand les gens apprennent que j'écris des livres, ils me disent : « Vous devriez écrire un livre à propos de moi. Ma vie pourrait donner un grand livre. » Et c'est vrai. La vie de chaque personne pourrait faire l'objet d'un livre magnifique. Et chacun devrait écrire l'histoire de sa vie afin d'en souligner le caractère unique.

Ce genre d'écrit nous met en contact avec nos aides célestes, car il nous permet d'éliminer le babillage du cerveau antérieur — ce dialogue incessant que nous entretenons avec nous-mêmes, la plupart du temps pour nous critiquer — nous empêchant d'avoir une communication claire avec notre ange. Adressez-vous aux anges de la même façon que vous parleriez à un confident qui a votre confiance.

Considérez votre journal sur les anges comme le livre de votre vie et comme un ami qui est toujours là pour vous soigner, vous rasséréner et célébrer avec vous vos réussites. La relecture des pages écrites antérieurement peut être une expérience éclairante. Il se peut que vous vous demandiez si la personne qui a écrit ces lignes il y a quelques semaines est vraiment vous.

Un journal sur les anges est un instrument merveilleux qui se prêtera à tous les rôles que vous souhaitez lui voir jouer ; il vous tiendra compagnie, il vous permettra d'exprimer vos pensées et vos émotions, il sera l'ami qui gardera vos secrets, un recueil de faits vous concernant ou le récit de votre vie intérieure. Rappelez-vous que les anges sont des êtres de communication ; ayez cela à l'esprit lorsque vous écrivez, et les anges s'approcheront de vous, aligneront leur énergie sur la vôtre et entreront en contact avec vous. La tenue d'un journal sur les anges solidifiera votre relation avec celui qui est votre ange gardien et votre meilleur ami céleste. C'est une manière de garder le contact, un peu comme vous téléphonez à votre mère ou écrivez à un ami éloigné.

Ce journal vous permettra d'atteindre les nombreuses couches de votre être, de faire l'expérience de diverses formes d'expression et de refléter les différentes facettes de votre personnalité. En plus d'être un moyen extraordinaire pour apprendre à vous connaître, le fait d'écrire au sujet de vos expériences de vie, tant intérieures qu'extérieures, vous permettra de faire des prises de conscience fascinantes et pleines de surprises, et d'entrer en contact avec votre partenaire céleste, lequel s'intéresse à tous les aspects de votre vie, des plus gais aux plus sombres.

Vous n'avez pas besoin de grand-chose pour commencer : une plume, du papier, un endroit tranquille si possible, peut-être la flamme d'une bougie ou un peu d'encens. Toutefois, tout cela n'est pas nécessaire. Je connais des gens qui écrivent leur journal au milieu des embouteillages. Un homme que je connais range son cahier dans la boîte à gants de sa voiture à cette fin. Selon lui, le fait d'écrire sur les anges, entouré de gens s'impatientant, lui permet de rester calme et posé. D'autres personnes écrivent, confortablement installées dans le train ou l'autobus, durant leurs trajets quotidiens.

Ce qui fait le charme de ces écrits est qu'ils demeurent totalement personnels. Pourquoi ne pas envisager cette activité comme une

Journal sur les anges

« Un journal sur les anges ressemble à un filet à papillons : nous pouvons l'utiliser pour capturer de beaux spécimens que nous conserverons pour bien les examiner et pour le plaisir que nous en tirons. Dans un journal sur les anges, vous entrez en contact avec votre expérience et, de là, découvrez le côté spirituel des événements ordinaires. L'écriture est aussi comme la construction d'une carte. C'est un moyen pour décrire le territoire que vous parcourez, d'identifier et de marquer les endroits significatifs. Écrire aux anges, quand vous en faites l'expérience en profondeur, vous fait franchir le seuil de la perception spirituelle et vous fait rayonner de l'intérieur. »

— M. J. Abadie, *Awaken to Your Spiritual Self* (Éveillez votre être spirituel)

façon de donner une réalité concrète aux pensées et aux sentiments qui vous habitent ? Peu importe où vous en êtes dans votre vie — au début, au milieu ou près de la fin —, je vous incite à commencer votre journal sur les anges. Sinon, les manifestations angéliques pourraient vous échapper.

Peu importe votre activité actuelle, peu importe l'étape de la vie que vous traversez, vous cheminez sur le plan spirituel. Vous pouvez nommer cette réalité autrement : une quête du sens de la vie, la découverte de vous-même ou la découverte de ce que vous souhaitez accomplir dans la vie. Les étiquettes n'importent pas. La quête spirituelle est la vie, et la vie est une quête spirituelle. Cette quête est le centre, le point immobile, le moyeu de la roue de fortune à partir duquel procèdent toutes choses ; et tout au long de cette quête, les anges vous accompagnent et vous aident.

Sachez qu'il y a un ange spécial associé à chaque jour de la semaine. Michaël est associé au dimanche, Gabriel est associé au lundi, Samael au mardi, Raphaël au mercredi, Sachiel au jeudi, Anael au vendredi et Cassiel au samedi. Selon le jour, vous pouvez adresser vos lettres ou vos messages à l'ange qui lui correspond. De plus, des anges sont associés à chaque heure de chaque jour de la semaine ! Il y a tant d'anges que l'on ne peut tous les énumérer ici. Néanmoins, il n'est pas nécessaire de connaître leur nom pour s'adresser à eux ; ils se reconnaîtront. Par exemple, si vous avez un exposé à faire à ce moment ou un traitement médical à recevoir, pourquoi ne pas envoyer un message électronique céleste à l'ange de quatorze heures du vendredi ?

L'essentiel des manifestations spirituelles se trouve dans les recoins de la vie quotidienne. Nous pouvons percevoir la présence d'un ange lorsque nous sommes en train de langer le bébé, de laver la voiture, de prendre une douche, de passer l'aspirateur, de poser une étagère, de râteler la pelouse ou de faire les courses. Les anges nous accompagnent lorsque nous faisons la queue à la banque, effectuons une réservation pour un voyage, mangeons au restaurant ou passons la journée à flâner dans la maison. Bien que les anges apparaissent parfois dans des circonstances extraordinaires (celles dont nous entendons le plus souvent parler), les anges se manifestent souvent par une combinaison d'aspects intérieurs et privés du soi et de détails ordinaires de la vie de tous les jours. C'est dans la vie quotidienne que nous trouvons l'esprit, la nourriture vraie dont notre âme a besoin.

L'or de l'ange

« Il m'arrive souvent d'imaginer ce qu'a dû éprouver Howard Carter, lorsque, après des années de recherches et de prospection dans le désert inhospitalier, muet de stupéfaction devant l'extraordinaire vision de murs et de sols recouverts d'or et l'accumulation d'objets incrustés de joyaux qui s'offraient à lui, il distingua parmi les décombres le tombeau rempli de richesses de Toutankhamon. Figurativement parlant, c'est l'expérience qui vous attend si vous procédez à ce que j'appelle la « prospection de l'âme » et entamez la découverte des trésors qui vous habitent. En y mettant des efforts, et grâce à un patient travail d'introspection, vous trouverez de l'*or*, non pas le métal qui s'échange sur les marchés financiers, non pas même l'or poli de grande valeur, mais l'or de l'âme. »

— M. J. Abadie, *Awaken to Your Spiritual Self* (Éveillez votre être spiritual)

La technique de suivi

Lorsque nous vaquons à nos activités quotidiennes, nous sommes généralement sous l'emprise d'un brouillard de pensées et d'activités préprogrammées et automatiques. La plupart de nos processus mentaux ressemblent à une photographie floue. Généralement, ce n'est qu'en des moments de crise que l'image est au foyer. Le résultat, c'est que souvent nous ressentons de l'ennui et une impression d'absence. Notre vie quotidienne est si routinière que nous n'entendons pas ce que les anges tentent de nous dire. Pour combattre ce phénomène, j'ai mis au point et enseigné une technique que j'appelle le « suivi » et qui constitue une façon de se concentrer sur les événements de la journée, au moment où ils se produisent ou au cours de brèves périodes de réflexion.

Si, au départ, l'idée d'effectuer le suivi de vos pensées et de vos émotions vous semble décourageante, ne laissez pas cette prévention vous empêcher de l'essayer. Cela semble d'abord peu pratique et impossible, comme apprendre à faire de la bicyclette, mais soudain — bingo ! —, vous voilà en selle et pédalant avec aisance.

Commencez par emmagasiner consciemment dans votre mémoire vos pensées, vos émotions et vos réactions se rapportant aux événements du jour. Si vous avez de la difficulté à vous en souvenir, prenez l'habitude de prendre des notes brèves durant la journée, soit au moment où se produisent les événements, soit après leur occurrence. Prenez note des détails de la situation ainsi que de vos réactions. Quelques mots suffiront. De plus, avec le temps, vous apprendrez à écrire en abrégé. Ces notes vous serviront plus tard à stimuler votre mémoire et vous permettront de vous rappeler l'événement dans son ensemble, sans oublier l'ambiance émotionnelle qui l'accompagnait.

La tenue d'un journal sur les anges, en tant que recueil de faits nous concernant, constitue un processus de transformation et ne diffère pas en cela de la démarche de l'artiste travaillant la matière de son œuvre en même temps qu'il travaille à satisfaire les aspirations de son âme. En suivant la direction indiquée par notre âme — ce que j'appelle les « impératifs intérieurs » —, nous effectuons une trajectoire qui comblera les besoins véritables de notre être, laissant de côté les conditionnements sociaux ou les traumatismes personnels qui ont terni notre soi authentique.

Beaucoup souffrent de l'angoisse de la page blanche. Ils éprouvent de la timidité, comme lorsque l'on rencontre un puissant inconnu pour la première fois. Ils se soucient de la bonne manière de procéder, empêchant ainsi leur esprit de transmettre à leur main les mots devant être écrits. Ce n'est pas nécessaire qu'il en soit ainsi. Notre journal est quelque chose de personnel, et il faut le préserver des indiscrétions. Il n'y a qu'à ouvrir les vannes, le flot coulera de lui-même, créant une liaison entre notre être et les anges, et reliant nos actes à notre réflexion.

L'auteure américaine du dix-neuvième siècle Willa Cather parle du « mobilier de l'esprit » en ces mots : « Les miracles semblent se produire… lorsque nos perceptions se raffinent au point où, pour un moment, nos yeux voient et nos oreilles entendent ce qui est toujours là, de toute façon. » En d'autres mots, les observations que nous faisons consciemment de notre réalité intérieure et extérieure meublent notre esprit.

Partout, on assiste à une renaissance de l'écriture personnelle ; des gens écrivent leur histoire, interrogeant leurs parents et leurs grands-parents sur les souvenirs qu'ils ont de leur vie. L'autobiographie, autrefois considérée comme un genre mineur, regagne de la popularité. De nombreux volumes sur les anges sont remplis de descriptions de rencontres avec des anges venant de personnes qui jusqu'alors n'en avaient jamais parlé. Des gens ordinaires, dont la vie est banale, s'expriment au grand jour sur la question des anges et disent comment ces derniers interagissent avec les humains. De plus, ils écrivent des livres pour raconter leurs expériences.

L'écriture est un processus de triage. C'est aussi un grand professeur. Un dialogue avec un ange n'est jamais ennuyeux ou inintéressant. Une fois que vous avez fait la connaissance de votre ange, les niveaux profonds de votre être sont activés. De plus, vous éprouverez la joie ultime de faire les expériences de votre vie directement, et non par l'entremise d'émissions télévisées ou de journaux racontant des histoires de gens qui ont rencontré des anges ou qui ont conversé avec eux!

S'il vous plaît, laissez de côté vos craintes de ne pas y arriver correctement. Il n'y a pas de bonne ou de mauvaise façon. Que votre calligraphie soit affreuse ou, au contraire, celle d'un maître, que vous ayez abandonné l'école au lycée ou que vous soyez docteur en lettres : peu importe. Et si vous n'êtes pas très habile avec l'écriture, quel bon moyen de vous améliorer! Écrivez, c'est tout. Ne vous préoccupez pas des détails. Jetez simplement sur le papier ce que vous jugez bon. Vous pouvez aussi dessiner les anges comme vous les voyez ou comme vous les avez vus, ou coller des découpures d'images d'anges, si cela vous fait plaisir. Si vous aimez les choses bien structurées, soyez net et ordonné. Autrement, gribouillez comme vous l'entendez, pourvu que vous puissiez vous relire.

Si des pensées et des émotions émergent de votre être intérieur, ne les ignorez ni ne les repoussez; prenez-en bonne note mentalement, ou matériellement, afin qu'elles ne tombent pas dans le puits de l'oubli. Le jour, dans vos moments perdus ou libres — en train d'attendre l'autobus, assis dans le train ou faisant la queue quelque part —, révisez ce que vous avez noté pour bien l'ancrer dans votre esprit et pour pouvoir y réfléchir plus tard.

Le soir, prenez quelques minutes pour examiner tous les « intrants » de la journée afin d'y déceler des messages des anges. Notez vos pensées et vos émotions ainsi que toutes les circonstances matérielles les entourant.

Le moment venu, vous percevrez des modèles de signification. Votre existence n'est pas un événement fortuit et aléatoire; elle a un sens et un but. La tenue d'un journal vous aidera à les découvrir.

Si l'écriture d'un journal n'est pas quelque chose de familier pour vous, cela peut nécessiter quelque temps avant de prendre l'habitude régulière d'écrire sur vos expériences avec les anges. L'un de mes amis a pris l'habitude de composer tous les jours une prière pour un ange. En voici un exemple : « Cher ange, accompagne-moi aujourd'hui et veille sur moi. Donne-moi la grâce de prendre conscience de ta présence à mes côtés. »

Pour votre journal, choisissez le support qui vous convient. Pour moi, un cahier relié est ce qu'il y a de mieux, car j'aurais tendance à perdre des feuilles autrement. Un simple cahier à reliure spirale coûte peu, ou vous préférerez peut-être un cahier relié toile.

La relecture de vos écrits le jour suivant, ou l'année suivante, s'avère une expérience éclairante. D'abord, cela vous remémorera

L'écriture aux anges aide à perdre du poids

À la suite d'un divorce et de la mort de sa mère, une amie gagna du poids jusqu'à peser presque cent cinquante kilos. Elle travaillait dans l'industrie de la mode comme maquilleuse professionnelle et elle se sentait constamment déprimée à la vue des beaux mannequins sveltes. Je lui parlai du journal sur les anges, et elle se mit à écrire à propos de son stress au lieu de manger pour le combattre. En un an et demi, elle passa d'une taille 54 à une taille 40, sans trop d'efforts conscients. Elle constata qu'elle avait moins d'appétit. Si vous avez un problème de poids, demandez l'aide de l'ange de la perte de poids!

les messages de vos anges et les rencontres que vous avez eues avec eux ! Profitez bien de votre journal ; voyez-le comme un ami avec qui vous partagez des moments d'intimité.

Chaque fois, écrivez au moment qui vous convient et prenez le temps qu'il vous faut. Si vous êtes une personne aimant travailler avec un emploi du temps, eh bien, placez la tenue d'un journal dans votre emploi du temps. Autrement — et je crois cette éventualité préférable —, laissez votre spontanéité se manifester. De toute façon, le mieux est de procéder selon ce qui fonctionne bien pour vous.

En tenant votre journal régulièrement, vous pouvez profiter de l'occasion pour écrire vos sentiments concernant toutes les expériences de votre vie, qu'elles soient reliées aux anges ou pas. Le docteur James W. Pennebaker, professeur au département de psychologie de l'université Southern Methodist, a créé une technique efficace d'écriture : on écrit vingt minutes sans s'arrêter et sans se préoccuper de grammaire et d'orthographe. Cet exercice favorise la manifestation des émotions ; des larmes peuvent même surgir, mais ce seront des larmes de soulagement. Cette méthode est excellente pour prendre conscience du sens de votre existence.

Votre journal sur les anges s'avère également un bon moyen pour réduire votre stress et faire face à l'anxiété ou à la dépression. S'engager à écrire régulièrement est la clé du succès.

Communication angélique

« La simple présence d'un ange est une forme de communication. Et lorsqu'un ange traverse notre route en silence, c'est Dieu qui nous dit : "Je suis là. Je suis présent à tes côtés." »

— Tobias Palmer, *Un ange auprès de moi*

Conseils pour l'écriture d'un journal sur les anges

Voici quelques conseils qui vous aideront à écrire votre journal :

- Décidez si vous allez écrire à la main ou utiliser un clavier.
- Si vous décidez d'écrire à la main, prenez des feuilles volantes ou un cahier relié.
- Choisissez un cahier s'ouvrant à plat.
- Choisissez du papier ligné ou non.
- Utilisez un stylo qui ne bave pas et dont l'encre est permanente. C'est une bonne idée d'avoir une plume ou un stylo spécialement réservé à cet usage.
- Si vous utilisez un clavier, prenez du papier à trois trous et rangez vos feuilles dans un classeur à anneaux. Ou bien, créez un dossier spécial dans votre ordinateur.
- Allez fureter dans une papeterie à la recherche de stylos, de marqueurs et de crayons de couleur que vous pourrez utiliser pour exprimer vos diverses humeurs et expériences. L'une de mes clientes écrit tous ses rêves en violet.

Exercices pour l'écriture d'un journal sur les anges

Voici quelques exercices d'écriture :

- ✎ Faites l'exercice de l'écriture automatique, c'est-à-dire écrivez tout ce qui vous vient à l'esprit pendant quinze minutes.
- ✎ Énumérez des points marquants de votre vie sur lesquels vous reviendrez plus tard.
- ✎ Demandez-vous où vous en êtes maintenant et écrivez à ce sujet.
- ✎ Écrivez un court essai au sujet de votre journal.
- ✎ Réalisez un dessin ou une petite œuvre d'art sur le thème des anges pour votre journal.
- ✎ Visualisez une rencontre avec un ange et décrivez la scène.
- ✎ Écrivez vos impressions sur la question des anges.
- ✎ Méditez sur un symbole représentant un ange pour vous. Écrivez à ce sujet ou dessinez ce symbole.
- ✎ Trouvez des images représentant des anges et faites-en un collage.
- ✎ Faites une description de votre moi enregistreur.
- ✎ Faites une description de votre moi agissant.
- ✎ Écrivez un dialogue entre les deux.
- ✎ Écrivez une lettre à votre ange pour lui parler de votre journal.
- ✎ Écrivez une lettre à votre ange gardien et invitez-le à participer à l'écriture de votre journal.
- ✎ Écrivez une lettre à l'ange d'une autre personne.

La tenue d'un journal sur les anges peut constituer une pratique spirituelle en soi, ou elle peut servir de complément à toute autre pratique. Dans ce journal, vous conservez à votre seule intention des faits concernant votre croissance spirituelle. La tenue de ce journal vous aidera à comprendre le sens de votre parcours sur cette Terre. C'est une aventure unique qui vous fera découvrir votre être véritable. L'écriture d'un journal correspond à un aspect gratifiant et important de l'ensemble de votre développement spirituel.

Quel moment de la journée ou de la semaine doit-on consacrer à l'écriture d'un journal ?

Il n'existe pas de « bon » moment pour écrire son journal, non plus qu'il n'y a de prescription quant à la durée de cette activité. Suivez votre rythme. Lorsque l'ange se manifeste à vous, laissez-le vous parler. Je vous recommande de pratiquer régulièrement l'écriture, chaque jour si possible. La période de calme précédant le moment de se mettre au lit est indiquée, car vos écrits peuvent alors avoir une influence sur vos rêves. Il est aussi excellent d'écrire au réveil. J'aime bien ce moment pour écrire, car il me permet d'associer les rêves de la nuit avec les expériences de la journée précédente.

Existe-t-il des conditions idéales pour écrire son journal sur les anges?

Les conditions varient pour chaque personne selon l'espace et l'intimité dont elle dispose. Idéalement, il serait bon d'avoir un endroit tranquille et isolé que vous pouvez utiliser régulièrement, comme un bureau, une chambre ou la table de la cuisine. Le fait d'utiliser toujours le même endroit permettra à votre ange de comprendre facilement que vous êtes dans votre lieu d'écriture et prêt à prendre contact avec lui.

Quelle longueur les écrits de votre journal sur les anges doivent-ils avoir?

Vous seul pouvez répondre à cette question. Mon seul conseil est d'écrire tout ce que vous souhaitez aussi longtemps que vous le souhaitez. S'il vous semble n'avoir rien à dire à votre ange, n'écrivez rien. Selon les différentes périodes de votre vie, vous pouvez écrire beaucoup ou peu, ou les deux en même temps. Il n'y a pas de limites, ni inférieures ni supérieures. Parfois, je ne jette sur le papier que quelques mots; à d'autres moments, je remplis des pages entières. Pour ceux qui ont l'habitude de prendre des notes, écrire quelques lignes en abrégé peut suffire à activer leur mémoire au moment de la relecture. Pour d'autres, une profusion de détails sera nécessaire.

Signez une entente avec vous-même vous engageant à tenir votre journal

Réfléchissez quelques instants sur le but que vous poursuivez en écrivant votre journal sur les anges et décidez si vous souhaitez vous engager à faire l'exercice régulièrement. Puis, jetez sur papier le résultat de votre réflexion. Examinez ce que vous avez écrit et décidez si vous êtes satisfait de votre objectif; sinon, modifiez-le. Votre énoncé d'objectif pourrait ressembler à ceci :

Je tiens un journal sur les anges dans le but d'entrer en contact avec les anges qui me protègent et qui me guident, et d'accéder à une meilleure conscience de moi-même.

Je souhaite devenir plus attentif aux messages que me transmettent les anges et utiliser cette information pour croître et me développer sur le plan spirituel.

Je crois que la tenue d'un tel journal facilitera ce processus en me fournissant un cadre dans lequel je pourrai recueillir mes expériences, réfléchir à leur sujet et prendre conscience de mes progrès.

Quand vous êtes satisfait de votre énoncé d'objectif, rédigez un contrat, lequel pourrait ressembler à ceci :

[Énoncé d'objectif.]
En foi de quoi, j'établis une entente avec moi-même pour poursuivre cette pratique régulièrement.
Je m'engage à écrire dans ce journal [...].

Vous remplissez le blanc comme il vous convient, par « chaque jour », ou « quand j'en sentirai le besoin », ou quoi que ce soit d'autre.

Rappelez-vous que vous prenez cet engagement envers vous-même, et il n'en tient qu'à vous de vous conformer aux termes du contrat. Vous pouvez faire confiance à votre ange pour respecter sa part de l'entente.

Considérez ce journal comme un cadeau que vous vous faites. Vous pouvez aussi le voir comme une pratique spirituelle ou une façon d'apprendre à communiquer avec les anges. De plus, la relecture est un moyen agréable de vous remémorer les expériences que vous avez faites.

Considérez les anges comme des amis et des compagnons, des êtres vers qui vous tourner quand vous avez besoin d'encouragement ou de parler à quelqu'un. Savourez leur présence comme vous savourez la présence d'amis très chers qui s'intéressent à vous, à vos problèmes, à votre vie de tous les jours, à vos succès, à vos revers, à vos rêves et à vos buts.

Voyez le temps que vous passez en compagnie d'un ange comme du temps passé avec votre soi élevé, la source divine, ou Dieu, selon ce qui correspond le mieux à votre système de croyances.

La conscience

Un symbole mythologique bien connu représente deux oiseaux : l'un mange, l'autre observe celui qui mange. Ce symbole évoque les deux aspects de notre être : le faiseur et l'observateur, que l'on

Les anges enregistreurs

La différence entre les anges gardiens et les anges enregistreurs n'est pas claire ; néanmoins, il semble que la fonction particulière d'ange enregistreur existe. Vous rappelez-vous le poème concernant Abou Ben Adhem ?

> « Abou Ben Adhem (longue vie à sa descendance !) s'éveilla une nuit, après un rêve profond de paix [...] »

et près de son lit se tenait un ange qui écrivait dans un livre d'or. L'ange demanda à Abou ce qu'il souhaitait que l'on conserve de son existence dans les registres éternels des cieux ; cependant, le pauvre Abou — réveillé en sursaut d'un profond sommeil — ne put trouver ce qu'il souhaitait voir écrit dans le grand livre éternel. Pris de compassion, l'ange revint la nuit d'après, et cette fois, Abou était prêt : il demanda que l'on écrive qu'il aimait ses frères humains. La troisième nuit, l'ange revint et montra à Abou les mots suivants écrits dans le livre d'or : « Et regardez ! le nom d'Abou Ben Adhem est devant les autres. »

La conscience

« Nous apprenons la conscience en étant à l'écoute des événements comme ils se produisent en nous et à l'extérieur de nous. Développer la conscience de soi signifie devenir de plus en plus attentif aux événements intérieurs, aux événements du corps et aux événements interpersonnels. Un soi conscient fait l'expérience des différentes composantes de l'être, comprenant les émotions, les besoins, les instincts et les valeurs. Un soi conscient mène une existence consciente. »

— Gershen Kaufman et Lev Raphael, *The Dynamics of Power* (La dynamique du pouvoir)

appelle aussi l'« acteur » et l'« enregistreur ». À l'acteur correspond votre existence extérieure, vos luttes et vos réalisations, les mouvements que vous faites vers les autres, votre participation à la vie.

L'enregistreur est associé à votre vie intérieure, à vos pensées, émotions, attitudes, croyances, espoirs et rêves. Cette dimension du soi réfléchit aux gestes que pose l'acteur; c'est une dimension contemplative.

Ensemble, l'acteur et l'enregistreur constituent la conscience. De la même façon que la pensée sans l'action est vaine, l'action sans pensée est un mouvement vide de sens. Les deux sont nécessaires à l'être conscient de lui-même et de ses actions. Vous rappelez-vous votre premier moment de conscience? En effet, il arrive un moment où nous ouvrons les yeux pour la première fois sur le monde, nous voyant à la fois séparés de ce monde, mais aussi participant à ses réalisations. Les psychologues pour enfants ne sont pas tous d'accord sur l'âge où ce phénomène se produit. Selon moi, c'est un processus continu dont le développement monte en spirale. À chaque tour, nous acquérons plus de conscience. Nous devenons plus conscients de notre conscience. Tout cela s'accomplit grâce à l'interaction des dimensions « acteur » et « enregistreur » de notre être.

La conscience est notre bien le plus précieux. Sans elle, nous ressemblerions à des robots, traversant le mouvement de la vie sans réellement vivre. La capacité que nous avons de penser, de réfléchir, de nous interroger est une richesse plus grande que tous les trésors des pyramides d'Égypte, que tous les fastes immenses de l'Orient ou les vastes mines de diamants de l'Afrique du Sud. Sans la conscience, nous ignorerions qui nous sommes et serions incapables de le découvrir. Nous devons prendre soin de ce don inestimable et l'utiliser à bon escient. L'esprit humain peut s'observer en train de penser : à la fois sujet et objet d'une action. Nous pouvons nous voir en action. La conscience est un compagnon intérieur qui ne nous quitte jamais. Il a même été démontré que des patients ayant subi une chirurgie se sont réveillés avec des souvenirs d'événements s'étant déroulés dans la salle d'opération, lorsqu'ils étaient sous anesthésie. La raison de ce phénomène est fort simple. La conscience est toujours là, jusqu'à un certain point.

Parfois, nous confondons « conscience », au sens moral, avec « conscience » : perception que l'être humain a de lui-même. La conscience, au sens moral, guide nos comportements sur le plan moral et éthique; cependant, si nous ne sommes pas conscients de la signification exacte de nos gestes, nous ne pourrons les évaluer. Et c'est ici que l'autre conscience intervient. Cette conscience est notre capacité de nous rendre compte. Par exemple, quand nous prenons conscience d'un modèle de comportement ou de pensée, nous sommes en mesure de le modifier pour le mieux.

La communication avec les anges a pour but d'aider le pèlerin en marche sur la voie spirituelle à élever son niveau de conscience. À mesure que nous avançons sur le chemin, la conscience émerge à la lumière de la spiritualité, et nous percevons non seulement l'existence de notre être véritable, mais aussi l'existence de l'être chez ceux qui nous entourent, et nous souhaitons en faire la connaissance au lieu de rencontrer les fausses représentations qu'ils nous montrent. L'émergence de la conscience est comme peler un oignon.

Il faut avoir la conscience de tous les éléments différents qui constituent notre être pour pouvoir percevoir les conseils que murmurent les anges. Trop souvent, la voix de l'ange qui nous parle est noyée dans les bruits dont nous nous entourons. La conscience s'épanouit dans le silence de la réflexion.

On peut percevoir le message d'un ange simplement comme une sensation vague, mentale ou émotionnelle. Il peut se manifester comme une tension ou le sentiment que quelque chose est sur le point d'arriver. La conscience ne notera rien de plus qu'un sentiment éphémère d'un certain état, comme lorsque l'on oublie quelque chose d'important que l'on est incapable de se rappeler, même au prix de sa propre vie. Parfois, les anges nous communiquent des idées sous forme d'émotions, ou tout à coup, nos valeurs se modifient comme après un moment de crise.

Quand nous écoutons notre petite voix intérieure et lui portons attention, nous sommes réceptifs à la guidance des anges. Les suggestions dont nous avons le plus besoin viennent de l'intérieur, mais peuvent aussi être réfléchies par les situations extérieures. La question est : comment trouver dans la multitude d'émotions, de sensations, d'intuitions, de pensées et de réactions ce qui constitue l'essence de la matière spirituelle ?

Apprivoisez les anges

« Apprenez à connaître les anges, et pensez à eux souvent ; car, même invisibles, ils sont près de vous. »

— Saint François de Sales

Les anges qui nous visitent en rêve

Selon le grand psychologue suisse Carl Jung, le rêve est « la voie royale qui mène à l'inconscient ». Il constitue également la porte qui ouvre sur le royaume subtil où résident les esprits. Certains disent aussi que les rêves sont de longues lettres que l'on s'adresse à soi-même. Selon un de mes amis, un rêve dont on ne se souvient pas est une « lettre de Dieu non ouverte ».

Les rêves parlent leur propre langage, et les anges qui nous rendent visite en rêve utilisent ce moyen pour nous communiquer leurs messages, lesquels doivent cependant être interprétés. La raison pour laquelle l'état du rêve est si propice à la communication avec les anges est qu'il se rapproche des caractéristiques propres aux anges : la fluidité, l'ouverture, l'intemporalité. Quand nous dormons, nous abandonnons le fonctionnement rigoureusement organisé, linéaire et très strict de notre cerveau gauche, lequel domine généralement durant nos heures de veille. Endormis, nous ne sommes soumis à aucun emploi du temps; nous flottons librement dans la substance magique dans laquelle résident les créatures des profondeurs et nous avons des visions d'une créativité incroyable. Les rêves sont le territoire des anges.

Quand on entreprend un voyage en territoire inconnu, il est préférable de se faire accompagner par un guide expérimenté connaissant le terrain, parlant la langue des habitants, et qui est au courant des coutumes. Le dieu de la Grèce classique, Hermès, le « guide des âmes », aussi appelé « aggelos », est un modèle typique de ce genre de guides. Selon l'érudit classique Karl Kerényi, l'activité d'Hermès renvoie aux « possibilités qu'offre la vie, à la dissolution des opposés immuables, aux violations secrètes des limites et des lois », en d'autres mots, au renversement du monde rationnel dominé par l'intellect et à la découverte des pouvoirs magiques du monde intérieur.

En fait, le guide est un symbole désignant la sagesse profonde que nous portons dans notre être intérieur, et grâce à laquelle nous entrons en contact avec les énergies célestes, la vie surnaturelle et non organique, et le cosmos lui-même.

Au cours de ma vie, j'ai rencontré de nombreux anges qui se sont présentés comme des guides. Vous ferez également l'expérience de plus d'un guide durant votre existence; de plus, vous pouvez faire appel à ces accompagnateurs cosmiques chaque fois que vous avez besoin d'être guidé.

Un ange peut prendre la forme d'un archétype — un vieil homme, une femme sage, un visage humain que vous pouvez reconnaître ou non, un animal parlant ou communiquant par télépathie, une entité spirituelle comme une « intelligence » venant d'une autre dimension, ou même un rocher ou une étendue d'eau. Ces symboles peuvent se modifier avec le temps ou selon le sujet à propos duquel vous demandez d'être guidé.

Ainsi, la demande de conseils pour la guérison peut avoir comme résultat l'apparition d'un personnage correspondant à l'idée que vous vous faites d'un guérisseur. Acceptez l'image qui vient, car elle émerge de votre être, de l'endroit où réside votre essence sacrée.

En vous efforçant de rencontrer l'ange se manifestant à vous et de converser avec lui, vous établirez les bases d'une aide que vous pourriez obtenir d'une manière constante, peut-être sans même la demander. De plus, votre ange peut vous mettre en garde contre des problèmes futurs ; grâce à lui, vous pouvez faire des prises de conscience pénétrantes, et il peut vous révéler les subtiles significations se cachant dans les situations de votre vie quotidienne.

Par exemple, il y a quinze ans, dans un rêve exceptionnellement coloré, j'ai fait la rencontre de neuf hommes.

Le rêve du feu vert

Je suis avec une jeune amie dans une grande maison entourée d'arbres. Dehors, il fait tempête. J'entends que l'on crie mon nom. Je suis incapable d'imaginer qui pourrait m'appeler ainsi, tard le soir, pendant que la tourmente fait rage. Cependant, je sens que je dois aller voir si quelqu'un en difficulté requiert mon aide.

M'emmitouflant dans un manteau, je fonce dans la neige, en direction de la voix qui m'appelle. Traversant une forêt épaisse, j'arrive à une clairière entourée d'un cercle fait d'un feu de bois vert. À l'intérieur de ce cercle, pas de tempête : tout est tranquille, calme, paisible et chaud. Neuf hommes vêtus de longues tuniques à capuchon brunes, comme des moines, une corde dorée nouée à la taille, sont assis en rond à l'intérieur du cercle de feu. Au centre du cercle se trouve un petit bûcher brillant avec un éclat émeraude comparable à celui du cercle extérieur.

Ils me font signe de me joindre à eux dans le cercle. Je quitte le tourbillon déchaîné de la tempête et je saute dans cet endroit de calme, de sécurité et de chaleur absolus. Un immense sentiment de paix m'envahit, comme si, enfin, je revenais à la maison. Sous le capuchon, je vois les visages des hommes ; ils sont tous vieux, ridés et flétris, et leurs yeux, sombres et profonds, ressemblent à des puits de sagesse insondables. Je sens qu'il émane de leur personne un sentiment de protection à mon égard.

L'un d'entre eux se lève et marche vers moi, et je vois qu'il tient mon chat, Fuzz, dans ses bras. Je me rends compte que la voix que j'ai entendue est celle de mon Fuzz chéri, qui était perdu dans la tempête

Une bénédiction

« Un bruissement d'ailes, une chanson, un courant d'air
— "garde la foi", chantent-ils ;
les rêves humains sont la nourriture des anges, les actions humaines sont leur boisson.
Quand vous vous rassemblez ainsi, les cieux sont emportés par l'imagination, et nous voyons vos âmes voyager entre les mondes. Au point de rencontre coule une fontaine de vie ; ton art te guidera vers ses eaux. Adieu.
Nous sommes toujours près de toi. Dans ton œil intérieur, perçois notre iris de cristal et, sous tes pieds, la palmure du cygne. »

— M. C. Richards

et avait besoin d'être secouru. D'une manière cérémonieuse, comme un cadeau que l'on offre lors d'une occasion spéciale, l'homme me tend mon chat. Je vois que celui-ci est sain et sauf et qu'il n'a pas souffert de l'expérience traumatisante qu'il vient de faire de se perdre dans le froid et la neige. Le prenant des mains ridées du vieux moine, j'éprouve un profond et total sentiment de paix et de sécurité.

À mon réveil, je cherchai le symbolisme de ce rêve, et la réponse m'apparut immédiatement : Fuzz représentait mon cœur. Dans ce rêve, on me dit que mon cœur — plus d'une fois terriblement blessé, c'est-à-dire perdu dans le froid de la nuit — avait été secouru et gardé en sécurité. On me le rendait, intact et apaisé.

Ces neuf hommes m'apparurent plusieurs fois au cours des années suivantes, toujours accompagnés de glace et de neige, contre lesquels ils étaient immunisés et à l'intérieur desquels ils créaient une oasis de chaleur. Même s'ils apparaissaient sous l'aspect humain, je savais qu'ils venaient du monde des anges.

Dans un autre rêve, ils me donnèrent un grand livre fait de feuilles parcheminées ; anciennes et jaunies par le temps, ces pages étaient couvertes d'écrits mystérieux que je ne pouvais déchiffrer, mais que je savais constituer un important savoir ésotérique. Je pris conscience que ces neuf hommes étaient des sages célestes venus d'un monde où le temps n'existe pas. J'en vins à les appeler le « Conseil des neuf ». Plus tard, j'écrivis un poème que j'intitulai « Le retour » et qui parlait de mon expérience avec ce merveilleux groupe de sages.

Quand je lus *Dans les bras de la lumière*, de Betty Eadie, je découvris avec stupéfaction que l'un des chapitres s'intitulait « Le conseil des hommes ». Dans une vision, elle fit la rencontre de douze hommes, assis autour d'une table galbée, desquels émanait, à son intention, un « amour absolu ». De plus, elle apprit de ces hommes de nombreuses choses fascinantes sur elle-même et sur sa vie. Les nombres douze, neuf et trois sont reliés, car ils sont tous divisibles par le nombre premier trois. Le nombre trois représente la Trinité, ou le triangle, ou l'union esprit-corps-âme et la triple nature de la divinité, et revêt une grande importance symbolique. Le nombre neuf représente la complétude, l'humanitarisme et la compassion universelle. Le nombre douze, qui est le nombre des signes du zodiaque, se ramène à trois quand on emploie la réduction de numérologie $12 = 1 + 2 = 3$.

Tous, nous pouvons faire l'expérience d'un contact symbolique avec les aspects profonds de notre être. C'est grâce aux symboles que nous pouvons accéder à ce qui ne peut être vu, entendu, touché, goûté ou senti. Les formes que vos guides angéliques prennent dépendent de vous, des formes auxquelles vous êtes attentif et auxquelles vous réagissez. Pour ma part, ces symboles ont souvent quelque chose à voir avec l'art et les livres.

Le rêve de la grande bibliothèque

Je visite la maison d'un homme dont le surnom est Winnie (un nom dérivant peut-être du verbe « win »). Il me dit que si je poursuis mes études de doctorat, il m'enseignera toutes les connaissances contenues dans les livres de sa bibliothèque. Il me montre une magnifique collection de papyrus anciens, des tomes entiers de manuscrits remontant à l'Antiquité, des manuscrits enluminés, des livres médiévaux sur les plantes médicinales, des textes mystérieux portant sur l'alchimie, sur les sortilèges et sur des enseignements ésotériques de toutes sortes et venant de toutes les époques. Les livres semblaient briller de puissance magique. Je lui demande :*

— Avec toutes ces connaissances, qu'est-ce que je pourrai accomplir ?

Ce à quoi il répond :

— Rien.

J'interprétai le message de ce rêve ainsi : il me faut abandonner la façon traditionnelle que j'ai de voir les choses, représentée par les études de doctorat et l'obsession de notre société selon laquelle les diplômes sont le seul moyen de parvenir au succès dans la vie, et la remplacer par les puissants savoirs antiques, qui sont de loin supérieurs aux savoirs académiques arides, lesquels valorisent plus que tout la réflexion rationnelle linéaire et les démonstrations pouvant être effectuées en laboratoire. Toutefois, l'acquisition de la sagesse antique n'aura pas comme résultat l'« accomplissement » au sens habituel que donne à ce mot notre mentalité limitée. Ce n'est pas là l'objectif de la connaissance ésotérique. Quoique l'on puisse se servir de cette connaissance sur le plan matériel, c'est-à-dire pour s'enrichir, le but véritable qu'elle poursuit est le développement de la vie spirituelle.

Il se peut que nous oubliions les enseignements des anges quand l'état modifié de conscience qui nous a permis d'en faire l'expérience s'est dissipé ; cependant, ils ont un impact sur notre être, de la même façon que les rêves dont nous avons perdu le souvenir en ont un.

* *« Win » est l'anglais du verbe « gagner ». (N.d.T.)*

« Mouvement vers Dieu »

« Le véritable mystique ne fait pas que s'adonner à des réflexions ésotériques et entretenir de belles visions de Dieu dans le ciel. Il s'absorbe totalement dans un mouvement de vie, un voyage au cours duquel l'essence de son être — le soi véritable — vient à la vie avec Dieu et en Dieu. Ce "mouvement vers Dieu", comme on l'appelle, est le voyage. »

— Marsha Sinetar, *Ordinary People as Monks and Mystics* (Des gens ordinaires, moines et mystiques)

Une grande partie de ce que vous avez appris à l'école est aujourd'hui oubliée : qui se souvient de l'algèbre ou du latin appris au lycée ? Néanmoins, l'apprentissage de ces matières se confond avec un modèle général d'apprentissage de la pensée.

Certains privilégiés, qui font l'expérience d'états modifiés de conscience, sont en communication régulière avec des anges ; ils se souviennent de tout et ils peuvent tout noter. Viola Petitt Neal, auteure de *Through the Curtain* (À travers les rideaux), raconte qu'elle assistait à des « cours du soir », qu'elle dictait à madame Shafica Karagulla dans un état modifié de conscience. Les auteures de ce volume parlent d'un Conseil des sept (qui est le nombre d'archanges et qui combine le nombre trois avec le nombre quatre, lequel correspond au nombre des points cardinaux, chacun étant représenté par un ange ; on représente aussi souvent figurativement le nombre sept par un triangle inclus dans un carré, lesquels symbolisent la Trinité et les quatre points cardinaux).

D'autres expériences d'états modifiés de conscience

Il est même possible pour quelqu'un de recevoir des conseils de l'ange d'une autre personne. Quand je commençai à pratiquer l'astrologie professionnellement, je fis une expérience de ce genre. Une amie aveugle, Josephine Corado, qui est médium, m'invita pour le week-end chez elle à Long Island et organisa pour moi des rencontres avec plusieurs de ses clients afin que j'établisse leur carte du ciel. J'arrivai le vendredi après-midi, apportant quelques volumes d'astrologie. À l'époque, j'avais l'habitude de prendre trois ou quatre heures pour préparer une carte du ciel, et la plupart des cartes que j'avais à présenter étaient prêtes, sauf une.

Ce soir-là, tandis que nous bavardions dans la salle de séjour de Jo, installées, elle, dans le fauteuil inclinable, et moi, sur le canapé, elle éclata soudainement de rire.

— Qu'y a-t-il de si drôle ? lui demandai-je, intriguée.

— Akhenaton, répondit-elle. Il se tient droit devant toi.

Je savais qu'Akhenaton était le nom qu'elle donnait à son ange ; cependant, il n'y avait rien d'autre devant moi que la table basse.

— Où ? poursuivis-je, jetant un regard autour de moi.

— Juste là, dit-elle en pointant le doigt vers mon abdomen.

— Qu'attend-il de moi ? demandai-je, perplexe.

— Je n'en ai aucune idée, fut sa réponse, qui n'était d'aucune aide.

Peu de temps après cet échange, elle annonça qu'elle allait se mettre au lit tôt, car elle ne se sentait pas bien. Je lui rappelai que j'avais encore une carte à terminer avant ma première lecture qui avait lieu à midi. Elle promit de me réveiller à neuf heures. Il était environ vingt-deux heures quand elle se retira dans sa chambre. Pour ma part, étant un oiseau de nuit, je ne savais trop que faire pour m'occuper. Comme Jo est aveugle, il n'y a pas de livres ni de téléviseur dans la maison. Et je n'avais pas envie de lire des livres d'astrologie, les seuls que j'avais. Je m'allongeai donc sur le canapé pour méditer.

Tandis que je me reposais, bien éveillée, mais très détendue, une chose étrange se produisit. Tout mon corps se mit à vibrer comme si l'on m'avait branchée dans une prise électrique. C'était une sensation très intense, quoique pas vraiment inconfortable. Son origine semblait se situer au centre de mon front (à l'endroit où se situe le « troisième œil »). Je ne comprenais rien à ce qui m'arrivait ; toutefois, comme je me trouvais dans une atmosphère que je reconnus comme remplie de spiritualité, je ne fis aucun effort pour me lever. La pièce n'était pas dans le noir ; il y avait un lampadaire dans la rue qui éclairait directement la fenêtre sans rideaux. Je regardai autour de moi, mais je ne vis rien de particulier.

La sensation cessa finalement au bout de trois heures. D'une manière aussi inattendue et inexplicable qu'elle avait commencé, elle s'arrêta, comme lorsque l'on éteint une lampe. Il m'a semblé que la source sur laquelle j'avais été branchée s'était tarie. Cette expérience ne me fit aucun mal ; je me relevai et allai au lit. Comme promis, le lendemain matin, Jo me réveilla, et je m'assis à la table de la cuisine pour préparer ma lecture. Je m'absorbai dans mon travail, ne consultant mes volumes qu'occasionnellement, et quand j'eus terminé, je demandai l'heure à Jo, qui avait une montre parlante.

— Il est neuf heures quarante-cinq, me répondit-elle.

Je savais que cela était impossible, car j'avais commencé un peu après neuf heures et j'avais abattu l'équivalent de trois heures de travail.

— C'est impossible, lui dis-je, peux-tu vérifier de nouveau ?

Elle vint vers moi et tendit le poignet dans ma direction. J'entendis une petite voix mécanique disant :

— Neuf heures quarante-six.

Un ange dans le coin

« Quand ma fille avait trois ou quatre ans, nous avions coutume, elle et moi, d'aller à la librairie théosophique de Seattle. Elle courait toujours à un coin de la boutique. Il n'y avait pas de livres pour enfants ni de jouets dans cette partie du magasin, ni rien de particulièrement intéressant pour elle. Néanmoins, elle courait à cet endroit et y demeurait pendant que je furetais dans le reste du magasin. Je racontai ce fait à une auteure théosophique âgée qui, elle aussi, fréquentait la librairie. Elle parut surprise et me dit : “Oh, ma chère ! Ne le savez-vous pas ? Il y a un ange dans ce coin-là ?” »

— Denise Linn, *Les espaces sacrés*

« Comment cela se peut-il ? » me demandais-je. Je n'avais pas eu l'impression d'être poussée par le temps. J'avais travaillé à mon rythme habituel, lent et méthodique, ou du moins, je le croyais, et j'avais terminé. Afin d'être certaine, je téléphonai à l'horloge parlante. Puis, je me rappelai l'étrange expérience que j'avais faite le soir précédent, et aussi Jo qui avait dit qu'elle voyait son ange se tenant devant moi. Était-il possible d'établir un lien ?

Au cours des semaines suivantes, il devint évident pour moi que j'avais maintenant une compréhension et une connaissance de l'astrologie beaucoup plus considérables que celles que j'avais avant ce week-end à Long Island. Lors d'une rencontre où j'étais invitée comme conférencière, une astrologue très aguerrie, qui pratiquait son métier depuis vingt ans, est venue me dire que j'étais la « meilleure astrologue sur le plan technique » qu'elle connaissait. Étonnée, je compris que ce soir-là, j'avais reçu de puissants enseignements, comme une injection de connaissances directement dans le cerveau. Depuis lors, mes consultations en astrologie ont atteint une envergure qui m'étonne encore, car je sais que je n'ai rien fait pour disposer des connaissances que j'ai, et que ces connaissances sont un cadeau reçu d'un ange. Existe-t-il un ange de l'astrologie ?

La guidance par les anges est une expérience très personnelle, et parfois profonde. On ne peut transmettre autrement l'information concernant les anges qu'en racontant ses expériences.

Je fis une telle expérience, un triste soir de février qu'il neigeait, la dernière nuit que je passai dans ma maison de Woodstock, dans l'État de New York.

À contrecœur, je quittais Woodstock pour retourner vivre à New York. La mort dans l'âme, car j'avais vécu dans cette maison de riches expériences spirituelles, j'avais fait mes paquets et j'étais prête à partir lorsque l'ami qui devait me conduire à New York en voiture appela pour dire qu'il aurait deux heures de retard. Il n'y avait rien à faire dans la maison vide, aussi, je m'allongeai sur le lit pour méditer et passer le temps. Je dérivai dans un léger état de transe.

Je vis une lumière brillante, comme celle de la pleine lune, et je me levai pour aller voir la lune scintiller sur la nouvelle neige, un spectacle que j'aime bien. Cependant, quand je me levai, je constatai que la Lune n'était pas pleine et qu'elle n'était même pas visible derrière les nuages. Il faisait sombre dans la pièce. Intriguée, je me recouchai. Puis, je sentis une présence me toucher légèrement. J'appris que j'allais recevoir un traitement guérissant. Pendant plus d'une heure, je sentis une légère pulsation qui me parcourait le corps ; je pris contact avec des parties de moi dont, depuis longtemps, je n'avais pas conscience. Pour la première fois, je sentis mes jambes, autrefois endommagées par la polio, se mettre à revivre. Je m'ouvris comme une fleur sous l'effet bienfaisant de cette vibration guérissante. C'était un cadeau d'adieu de la part de l'ange de cette maison bien-aimée.

Cette histoire nous donne un exemple de manifestation de la région profondément mystérieuse du monde invisible, où résident des anges de toutes sortes. On me demande parfois : « Quelle est la différence entre un ange et un guide ? » Honnêtement, je ne sais pas. Il n'y a peut-être pas de différence. Les anges et les guides sont peut-être des formes différentes de la même énergie de base. Comme toute vie est énergie, et comme l'énergie peut prendre n'importe quel aspect, il n'y a pas moyen de savoir avec certitude. Lorsque nous nous aventurons dans le monde invisible, nous côtoyons le mystère, car les catégories bien définies nous permettant de répartir notre monde rationnel en événements et en objets reconnaissables n'existent pas. Dans le monde invisible, tout est instable et changeant, comme dans un rêve.

Quand vous devenez réceptif au monde d'Hermès, ne vous étonnez de rien de ce qui peut arriver. Pour ma part, j'ai eu de nombreuses aventures fantastiques et étonnantes au royaume merveilleux et mystérieux du monde invisible.

L'énergie angélique

Il n'est pas nécessaire d'apercevoir un personnage d'ange véritable, quoiqu'il semble que ce soit la forme habituelle que les anges prennent. Il suffit de percevoir ou de sentir la présence d'une énergie angélique.

Des anges de différentes natures

Des anges de différentes natures se manifestèrent à moi. Ainsi, au moment où j'étudiais le tarot, je reçus de l'information et des conseils grâce à des sons particuliers que j'entendis. J'identifiai des énergies de trois natures différentes : la première faisait entendre un son léger, haut perché, à peine audible, mais toutefois perçant. Un deuxième son était plus bas, mais encore dans les notes hautes, et semblait couvrir une étendue légèrement plus importante que le premier. Un troisième son était beaucoup plus grave, presque une basse, et couvrait un champ encore plus large. Chacun de ces sons transmettait un type d'information différent.

Ainsi, quand j'entendais la note la plus haute, je savais qu'il me fallait m'asseoir calmement et méditer, car un « message » me serait transmis grâce à cette vibration. J'entendais ces sons à tout moment, jour et nuit, à la maison ou ailleurs. Ils semblaient me suivre. Donc, sachez que, pour vous guider, les anges peuvent se présenter sous divers déguisements.

Voici une méthode pour prendre contact avec un ange guide. Vous pouvez l'employer à tout moment lorsque vous en sentez le besoin. Un ange guide peut vous accompagner pendant une période de temps, longue ou courte. Ou vous pouvez rencontrer des anges différents à différents moments de votre vie. Il n'y a pas de bonnes ou de mauvaises façons de procéder pour prendre contact avec un ange ; certains apparaissent même spontanément sans qu'on les appelle.

La rencontre de votre ange

Dans la méditation suivante, vous allez faire la rencontre de quelqu'un en qui vous pouvez avoir confiance et sur qui vous pouvez compter. Voici ce qu'il faut faire pour se préparer :

1. Pensez à une question que vous souhaitez poser à votre ange. Formulez votre question avec clarté et concision. Des questions vagues entraînent des réponses vagues. Soyez précis.
2. Ne posez pas de question à répondre par « oui » ou « non ». Le but de l'exercice est de prendre contact avec votre ange.
3. Tenez-vous-en à votre situation actuelle. Évitez les généralités.
4. Ne posez pas de question dont la réponse exige une prédiction. En général, cela est le signe d'un manque de foi. Demander l'aide d'un guide est toujours une bonne chose. Exposez le sujet sur lequel vous souhaitez recevoir l'aide de votre guide.
5. Soyez disposé à faire confiance à votre ange et à accepter toute forme sous laquelle il se présentera. Si vous ne réussissez pas, essayez de nouveau à un moment où vous serez plus détendu.
6. Quand votre ange se manifeste, portez attention à son apparence. Demandez-lui son nom ou un symbole vous permettant de le reconnaître à l'avenir.

Une fois que vous vous êtes préparé à rencontrer votre guide, assurez-vous de disposer d'une demi-heure de tranquillité et de solitude. Utilisant l'une ou l'autre des techniques de respiration ou de relaxation données précédemment, détendez-vous complètement et laissez aller les tensions et les préoccupations quotidiennes.

Transportez-vous mentalement dans un endroit quelque part dans la nature — une forêt, le bord de la mer, un pré rempli de fleurs, la rive d'un lac, une crique, un boisé —, comme bon vous semble. Dans cet endroit agréable, visualisez devant vous un objet recouvert d'un voile, plein de mystère. Un coup de vent emporte le voile, et votre ange vous apparaît. Acceptez toute image qui se présente et engagez la conversation. Posez votre question et attendez la réponse. Si elle ne vient pas immédiatement, faites preuve de patience. La réponse peut arriver sous forme de mots, grâce à l'intuition, ou par télépathie, comme une image, ou même comme un bout de chanson, ou comme l'instruction de lire un livre ou un article de magazine.

Les détails ne sont pas aussi importants que d'établir le contact. Tout ce qui jaillit dans votre esprit est la bonne réponse. Votre ange est en contact avec la part la plus profonde de votre être, laquelle est liée à toute la réalité, partout, en tout temps et en tous lieux.

Quand vous avez établi le contact avec votre ange, présentez-vous et posez votre question. Soyez attentif aux détails de l'endroit où vous êtes; ainsi, vous pourrez y revenir quand vous le souhaiterez. Imprimez-les dans votre mémoire. Quand vous avez obtenu la réponse à votre question, remerciez votre ange et dites-lui que vous espérez le rencontrer de nouveau.

Si vous n'obtenez pas de réponse, ou si la réponse ne semble pas avoir de sens, acceptez le fait et réessayez plus tard. Rappelez-vous que vous êtes en train d'acquérir une nouvelle habileté.

L'influence angélique

« Les anges ne peuvent pas directement déterminer les actions relevant du libre arbitre des humains. L'inviolabilité de la liberté humaine interdit ce genre d'intervention de la part des anges autant que de celle des hommes. Néanmoins, de la même façon qu'un être humain peut exercer une influence sur un autre être humain en utilisant la persuasion ou en l'encourageant à agir d'une certaine manière en faisant appel à ses sentiments, les anges ont ce pouvoir encore plus considérable d'influencer les choix des personnes par ces moyens indirects. »

— Mortimer J. Adler, *The Angels and Us* (Les anges et nous)

POSTFACE

Les anges dans le monde d'aujourd'hui

En 1943, Mortimer J. Adler, l'un des philosophes majeurs de l'époque, fut choisi pour diriger la publication de *The Great Books of the Western World* (« Le grand livre du monde occidental ») entreprise par *l'Encyclopédie Britannica*. Cette publication devait permettre aux lecteurs d'avoir accès à tous les ouvrages qui façonnèrent notre culture. Et finalement, cette collection d'écrits servit littéralement de fondement à des milliers de groupes de discussion.

Adler se passionna pour le sujet. Il répertoria cent deux grandes idées sur lesquelles il souhaitait écrire un essai, dans le but de rendre les ouvrages en question plus accessibles au public. Le comité consultatif chargé de ce projet se montra d'accord avec toutes ses idées sauf une : celle qui concernait les anges.

L'éditeur, le sénateur William Benton, fut étonné que l'on puisse considérer les anges comme une question importante et porteuse de valeur culturelle, ainsi que le furent Robert Hutchins, président de l'université de Chicago, et d'autres membres du comité. Néanmoins, Adler n'en démordit pas. Il fit remarquer pertinemment que tous les grands ouvrages ayant été choisis pour faire partie de la collection étaient parsemés de propos sur les anges.

En fin de compte, Adler l'emporta. Le premier article de son recueil d'essais, intitulé *The Syntopican* (Le syntopican), a comme titre « Angels » (« Les anges ») et comporte cinq mille mots!

Billy Graham, prêcheur évangéliste bien connu et conseiller spirituel de plusieurs présidents américains, décida, en 1975, de faire un sermon sur les anges. Entreprenant des recherches, il s'aperçut avec étonnement qu'il avait peu de volumes sur cette question dans sa bibliothèque. Poursuivant plus loin ses recherches, il découvrit qu'au cours des soixante-quinze dernières années, peu de livres sur les anges avaient été publiés.

Pour remédier à cette situation, Graham écrivit et publia un livre intitulé *Les anges, agents secrets de Dieu*. Presque immédiatement, ce livre devint un succès de librairie, et il fut réédité plusieurs fois. Il

publia une nouvelle édition augmentée en 1986, et depuis lors, l'intérêt pour les anges a véritablement explosé.

Les anges sont partout. Une revue des titres sur Amazon.com (une librairie en ligne) effectuée récemment nous donne des douzaines de volumes sur les anges, et nous fournit, sous diverses formes, plusieurs milliers de références se rapportant aux anges. Partout où l'on regarde, il y a des anges, sans oublier les douzaines de boutiques de cadeaux offrant des objets liés aux anges partout au pays. Les catalogues de vente par correspondance proposent des douzaines de ces objets. On trouve de tout, des bijoux et des figurines d'anges aux pendentifs, aux draps et aux serviettes imprimés aux motifs d'anges, et aux boîtes à trésors gravées. Il existe des ours en peluche vêtus de tuniques d'ange, des cartes pour toutes les occasions et des jeux de cartes oracles (une sorte de tarot) avec des anges.

Aujourd'hui, les anges rendent visite ou parlent à ceux qui peuvent trouver en eux le silence et l'état d'esprit favorable pour les percevoir, les voir ou les entendre. De plus, l'intérêt actuel manifesté pour les anges dépasse de loin la pratique religieuse traditionnelle.

Les anges ont envahi magistralement l'industrie du spectacle. L'émission *Les routes du paradis* a inauguré une série qui a lancé les émissions « angéliques » populaires, comportant maintenant *Les anges du bonheur* et plusieurs autres émissions. On discute des anges dans des contextes profanes autant que religieux; tous, aujourd'hui, semblent à l'aise avec l'idée de l'existence des anges.

Une religieuse catholique romaine a même fondé une station de télévision catholique appelée le Eternal World Television Network (Réseau de télévision du monde éternel). Ignorant absolument tout du fonctionnement d'une chaîne de télévision, la fondatrice, mère Mary Angelica, aidée d'un groupe de ses sœurs, mit sur pied la station.

Des millions de téléspectateurs regardent EWTN, et tous les visiteurs du complexe abritant la station sont impressionnés de l'exploit que — grâce à l'aide de Dieu — mère Angelica a accompli. L'ensemble, situé au centre du bastion du fondamentalisme, comprend le monastère Notre-Dame des Anges, les installations du réseau télévisuel, sept grandes antennes paraboliques, une boutique d'art et une chapelle.

L'histoire de mère Angelica est exceptionnelle. Elle a grandi dans un milieu catholique. À la suite du divorce de ses parents, mère Angelica a eu une enfance malheureuse.

Les joailliers spécialisés[*]

Angel World, P.O. Box 210425, Columbia, SC 29210

Martha Power utilise l'étain, l'argent et l'or pour réaliser ses objets d'art. Son histoire a été racontée dans *Les anges du bonheur.* C'est elle qui eut l'idée des broches représentant l'ange gardien que l'on fixe sur son épaule.

Hand and Hammer, Woodbridge, VA, 800 — SILVERY

Grâce au procédé de fonte en cire perdue, H et H fabrique des anges en argent aux détails raffinés pouvant servir d'ornements, ou à porter comme broches ou pendentifs. Appelez pour recevoir un catalogue illustrant ses produits.

Jeff Stewart Antiques, P.O. Box 105, Newton, SC 28658

Envoyez une somme de deux dollars américains à cette adresse afin de recevoir un catalogue d'objets et de bijoux en argent ayant pour thème les anges, et comprenant les pièces de H et H.

James Avery Craftsman, P.O. Box 1367, Kerrville, TX 78029, 800 283-1770

James Avery Craftsman fabrique des breloques, des boucles d'oreille, des bracelets et des bagues en or et en argent. Ces objets sont offerts chez les détaillants ou obtenus par catalogue.

[*] Les adresses sont situées aux États-Unis. (N.d.É.)

Un guide des boutiques de cadeaux

Pour obtenir une liste des boutiques où vous procurer tous genres d'objets se rapportant aux anges, allant de la girouette en forme d'ange à la veilleuse, consultez le livre d'Eileen Elias Freeman : *Angelic Healing* (La guérison par les anges).

Enfant, elle ne songeait aucunement à se faire religieuse. Elle trouvait les religieuses inintéressantes et revêches : « J'étais convaincue que c'étaient les gens les plus malheureux de la terre », dit-elle. Cependant, un événement étonnant changea son opinion du tout au tout.

Un soir, à onze ans, elle marchait dans une rue très fréquentée du centre-ville, le cœur triste et solitaire. « Je traversais une rue très encombrée, lorsque j'entendis le cri perçant d'une femme derrière moi. » Regardant autour d'elle pour voir si quelqu'un était en détresse, elle vit une voiture qui fonçait dans sa direction. Les phares l'aveuglaient, et elle n'avait pas le temps de se rendre à la zone de sécurité se trouvant au milieu de la large rue. Rita, tel était son nom alors, ferma simplement les yeux et se dit qu'elle mourrait quand la voiture heurterait inévitablement son corps frêle.

Elle sentit deux fortes mains la saisir et l'élever très haut en l'air. Après un moment, elle ouvrit les yeux pour s'apercevoir qu'elle était sur le trottoir, de l'autre côté de la rue ! Les témoins de la scène crurent voir l'enfant se faire heurter, être projetée en l'air sous la force de l'impact et son corps meurtri retomber sur la chaussée. Ils s'attendaient à voir un cadavre, et non une petite fille saine et sauve, quoique terrifiée, debout sur le trottoir opposé. Le fait qu'elle s'en sorte indemne mystifia totalement les badauds.

Très étonné, un autre témoin de l'événement, un chauffeur d'autobus, rapporta que, du haut de son siège, il avait vu Rita sauter, ou être lancée, en l'air suffisamment haut pour éviter la zone de sécurité au centre de la rue et la voiture fonçant à toute allure. D'autres hochaient la tête, perplexes.

Après cet incident, la petite Rita mit sa confiance en les anges et elle en vint à sentir qu'ils la protégeaient et veillaient sur elle. Mère Angelica entra au couvent des Clarisses à Cleveland, en Ohio. Un an plus tard, elle déménagea au monastère de Canton, en Ohio, et fonda ensuite le monastère Notre-Dame des Anges de Birmingham, en Alabama, où elle vécut avant de déménager à Hanceville, en Alabama, pour diriger son réseau de télévision. Deux fois par semaine, elle anime sa propre émission : *Mère Angelica en direct*, au cours de laquelle elle reçoit des appels de partout au pays. Elle aide les téléspectateurs et donne des conseils à tous ceux « pour qui, peut-être, téléphoner à l'émission est le seul moyen de demander du secours ».

« Les anges apparaissent comme des gens ordinaires » entend-on répéter partout de nos jours. L'article « Portraits des anges d'à côté »

Livres métaphysiques sur les anges

D'ANGELO, Dorie. *Living with Angels*, First Church of the Angels.

DANIEL Alma, Timothy WYLLIE et Andrew RAMER. *Ask Your Angels*, Ballantine.

GOLDMAN, Karen. *The Angel Book et Angel Voices.* Simon and Schuster

HODSON, Geoffrey. *The Kingdom of the Gods and the Brotherhood of Angels and Men*, Quest Books (œuvre classique théosophique).

HOWARD, Jane M. *Commune with the Angels*, A.R.E. (témoignage personnel de ses expériences avec les anges).

LEICHTMAN, Robert et Carl JAPIKSE. *Working with Angels*, Enthea Press

MACLEAN, Dorothy. *To Hear the Angels Sing: An Odyssey of Co-Creation with the Devic Kingdom*, Lindisfarne Press (la fondatrice de Findhorn parle de ses expériences avec les anges)

NEWHOUSE, Flower. *The Kingdom of the Shining Ones*, *Natives of Eternity*, et *Rediscovering the Angels*, The Christward Ministry (trois volumes par le célèbre mystique).

PARISEN, Maria. *Angels and Mortals: Their Co-Creative Power*, éd., Quest Books (une compilation d'extraits et d'articles de sources diverses).

SNELL, Joy. *The Ministry of Angels, Here and Beyond*, Citadel Press (sous-titré *A Personal Account of What Lies Beyond*).

TAYLOR, Terry Lynn. *Creating with the Angels*, *Messengers of Light*, et *Guardians of Hope*, H.J. Kramer (trois volumes).

du numéro de décembre 1999 de la revue *Good Housekeeping* parlait de gens ordinaires qui sont considérés comme des anges à cause des bonnes œuvres qu'ils accomplissent. L'un d'entre eux, une docteure, ne demandait à ses patients que neuf dollars l'heure. Quand la journaliste demanda à sa fille ce qu'elle pensait d'une mère qui travaillait si fort pour gagner une somme aussi dérisoire, la fillette répondit : « Je trouve cela super. Mon amie dit que ce ne sont que des gens comme cela qu'on voit dans les films. C'est épatant qu'il existe quelqu'un de si exceptionnel dans la vie réelle ! »

En plus des émissions télévisées sur les anges qui existent, Hollywood a produit des longs métrages comme *Un ange sur le dos, Honni soit qui mal y pense, Milagro* et le vieux succès *La vie est belle*, mettant en vedette l'ange Clarence. Le cinéaste allemand Wim Wenders a réalisé un film donnant la vedette à des anges, *Les ailes du désir,* et illustrant que le cinéma est un moyen merveilleux pour dépeindre des anges.

En outre, les livres sur les anges continuent de se multiplier. L'auteure Joan Wester Anderson a recueilli des douzaines d'histoires d'anges de la bouche de gens ordinaires et les a publiées dans ses livres, comme le firent William et Marilynn Carlson Webber, auteurs de *A Rustle of Angels* (Le bruissement des anges), volume écrit après que l'Associated Press a retenu un article parlant de Marilynn.

Sophy Burnham, auteure du *Livre des anges* — le livre à l'origine de l'explosion de l'intérêt actuel pour les anges —, reçut des milliers de lettres de gens ordinaires de partout au pays en réaction à son livre. Des gens de tous horizons sentirent qu'ils avaient fait l'expérience de présences angéliques, et ils souhaitaient ardemment raconter leur histoire. Ce qui amena Burnham à publier un deuxième volume : *Angel Letters* (Des lettres d'anges), lequel comporte bon nombre de ces histoires de première main.

Les romanciers n'ignorèrent pas les anges non plus. Andrew Greeley écrivit *Angel Fire* (Le feu des anges), qui obtint un grand succès, et dont le format poche se vendit dans les supermarchés et les petits commerces. Ce livre populaire, traitant entièrement des anges gardiens, est rédigé dans un style facile à lire.

Les anges abondent également dans la littérature pour enfants. Pour une liste partielle des principaux titres, voyez *Angelic Healing* (La guérison par les anges) d'Eileen Elias Freeman, ou consultez Amazon.com en ligne. Il y a même un livre pour enfants, *The Tiny Angel* (Le petit ange), qui s'accompagne d'un collier.

Livres d'intérêt général et de référence sur les anges

ADLER, Mortimer. *The Angels and Us,* Collier Books (essai philosophique dans un style populaire).

BOROS, Ladislaus. *Angels and Men*, Seabury (introduction aux anges).

BURNHAM, Sophie. *A Book of Angels*, Ballantine (le livre initiateur du déluge de livres sur les anges).

CAMERON, Ann. *The Angel Book* (un guide-ressource sur le sujet).

CONNOLLY, David. *In Search of Angels,* Putnam (introduction générale).

DAVIDSON, Gustav. *A Dictionary of Angels*, Free Press (un guide-ressource indispensable ; inclut une bibliographie qui comprend des douzaines de pages).

GIOVETTI, Paola. *Angels: The Role of Celestial Guardians and Beings of Light*, Samuel Weiser (traduction d'une œuvre italienne qui mêle des éléments métaphysiques, catholiques et artistiques, avec hors-texte).

HALL, Manly P. *The Blessed Angels*, Philosophical Research Society (une courte monographie sur le sujet, avec illustrations).

HUMANN, Harvey. *The Many Faces of Angels*, De Vorss Publications (livre d'intérêt général qui inclut la Bible, Edgar Cayce, William Blake, etc.).

MACGREGOR, Geddes. *Angels: Ministers of Grace*, Paragon (traitement éclairé de différents points de vue, avec bibliographie et index).

RONNER, John. *Do You Have a Guardian Angel?*, Mamre Press (écrit sur le ton de la conversation).

RONNER, John. *Know Your Angels*, Mamre Press (ouvrage très instructif ; présente des traditions et des faits intéressants sur les anges dans l'histoire, l'art, la littérature, la religion, etc.).

La musique est une autre voie populaire où l'on retrouve les anges. Il semble que les anges utilisent ce moyen d'expression pour manifester leur présence dans notre culture. Depuis 1950, les paroles de chansons comme *Earth Angel, Angel Eyes, Johnny Angel, I'm Living Right Next Door to an Angel, Where Angels Fear to Tread* et le succès populaire *You Are My Special Angel* comportent souvent des passages concernant les anges.

Il n'y a pas que par la musique que les anges contribuent à rendre les gens heureux. Il y a des municipalités, des organismes caritatifs, des groupes d'aviateurs (comme les fameux acrobates aériens de la marine américaine : « Les anges bleus ») et même des équipes sportives, qui sont nommés d'après un ange. À New York, des jeunes, se faisant appeler les « Anges Gardiens » et se revêtant de tee-shirts portant un emblème constitué d'un œil, d'ailes et d'un bouclier, ont formé des équipes bénévoles pour patrouiller les rues et le métro. Selon Curtis Sliwa, fondateur et directeur de cet extraordinaire groupe bénévole de protecteurs des citoyens ordinaires, « les Anges Gardiens offrent leur protection à tous, même à ceux qui ne le souhaitent pas ».

De plus, il existe une association nationale d'amateurs d'anges : le Angel Collectors Club of America. Les membres publient un bulletin et tiennent un congrès annuel. À Tucson, en Arizona, une boutique pour enfants ayant pour nom « Fils d'anges » n'offre que des articles se rapportant aux anges. À Cleveland, en Ohio, une garderie porte le nom de « Les anges du ciel ». Signalons aussi l'existence d'une entreprise de vente par correspondance, dont le siège est situé à Riverside, en Californie, offrant aux collectionneurs des objets se rapportant aux anges.

À Toronto, le Canadien Toller Cranston, six fois champion de patinage artistique, a rempli sa maison de tableaux figurant des anges, de mobiles et d'autres objets d'art d'inspiration céleste, car, dit-il, « les anges n'ont pas à se préoccuper de la gravité », un exploit que tout athlète de patinage artistique accomplit chaque fois qu'il participe à une compétition !

Les auteurs Alma Daniel, Timothy Wyllie et Andrew Ramer, dans leur volume *Demandez à vos anges*, parlent en ces mots de leurs expériences avec les anges :

> Nous remarquons que nos amis célestes manifestent leur rayonnement de diverses façons. Paroles de chanson, publicités, séquences télévisées et jingles nous rappellent

*Groupes religieux**

Philangeli (amis des anges)

1115, East Euclid Street
Arlington Heights, IL 60004
Groupe de prière catholique

Opus Sanctorum Angelorum

Marian Center, 134, Golden Gate Avenue
San Francisco, CA 94102
Groupe de prière catholique

First Church of the Angels

P.O. Box 4713
Carmel, CA 93921
Nouvelle Église qui a pour thème les anges et la guérison

Questhaven

P.O. Box 20560
Escondido, CA 92029
Parraine des retraites et des ateliers à caractère religieux accordant une place importante aux anges ; groupe du Rév. Flower Newhouse

Angel Walk

P.O. Box 1027
Riverton, WY 82501
Centre non confessionnel, religieux et métaphysique

---

* Ces groupes sont situés aux États-Unis. (N.d.É.)

inopinément, et avec une régularité étonnante, la présence de nos compagnons invisibles. Des chauffeurs de taxi prénommés Angelo surgissent fréquemment avec à-propos dans des situations significatives.

Partout, d'innombrables personnes racontent la même chose. Cela n'arrive pas qu'à nous, ou à vous. Les anges se manifestent à tous, empruntant tous les moyens qu'ils peuvent, et à un degré jamais atteint auparavant.

Index

Également disponibles dans la même collection :

AdA Inc.
www.AdA-inc.com
info@AdA-inc.com